Taipei main railway station Feb.28 peace park SunYat-sen memorial hall Taipei 101 bldg. Lungshang temple The red house theatre Shilin night market Keelung river Beitou hot spring Taipei zoo Taipei municipal stadium Confucious temple Dihua street Hsing-tien temple Taoyuen international airport National palace museum MRT Damshui-xinyi line National Taiwan university Ximen Crushed ice dessert Ta-an park Ningxia St. night market Pearl milk tea Taipei fine arts museum Sonshang airport Martyrs' shirine Beef noodles Presidental office bldg. Manhua Liaoning night market Chang-Kai-sek memorial hall Zhongxiao dunhua Linsen road north

ブルーガイド
わがまま歩き……37
台北

バラエティーに富んだ食と
やさしい人々が
旅心を満たしてくれる街

JN160633

ブルーガイド わがまま歩き……㊲ 台北 Taipei

# CONTENTS

## 基本情報と最新情報で知る台北
台湾／台北 旅行基本情報 ………… 6

### ＜台北熱潮流＞
誠品生活松菸店 ……………………… 10
迪化街 ………………………………… 12
赤峰街 ………………………………… 14
MAJI MAJI 集食行樂
　（MAJI SQUARE） ……………… 15
台北 街歩きモデルコース ………… 16

### ＜市内地図＞
台北広域 ……………………………… 19
台北中心部 …………………………… 20
台北車站（駅）／西門／龍山寺 …… 22
中山北路 ……………………………… 24
善導寺／忠孝新生／忠孝復興 ……… 26
忠孝敦化／市政府 …………………… 28
台湾北部 ……………………………… 30

## 台北の歩き方
ウォーキングの基礎知識 …………… 34
MRT（捷運）使いこなし行き先マップ… 36
台北車站（駅）南部 ………………… 40
西門町／龍山寺 ……………………… 42
台北車站（駅）北部 ………………… 44
忠孝東路Ⅰ …………………………… 46
忠孝東路Ⅱ …………………………… 48
圓山周辺 ……………………………… 50
信義／市政府 ………………………… 52
師大路／公館 ………………………… 54
木柵／猫空 …………………………… 56
士林／天母 …………………………… 58
北投温泉 ……………………………… 60
淡水 …………………………………… 62
富錦街散策 …………………………… 64

## 食べる
台菜（台湾料理） …………………… 66
台湾の麺 ……………………………… 68
小籠包 ………………………………… 70
台湾小吃 ……………………………… 72
地方の味 ……………………………… 74
北京料理 ……………………………… 76
四川／上海料理 ……………………… 78
広州／潮州／雲南料理 ……………… 80
客家料理 ……………………………… 82
火鍋 …………………………………… 84
海鮮料理 ……………………………… 86
素食（台湾ベジ料理） ……………… 88
美食廣場（フードコート） ………… 90
冷たい系デザート …………………… 92
ヘルシーデザート …………………… 94
水果（果物） ………………………… 96
ビールがうまい店 …………………… 98

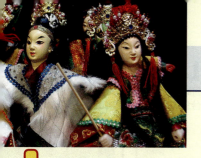

## 見る・遊ぶ

- 朝市と伝統市場 …………………… 100
- 廟と寺 ……………………………… 102
- 算命街（占い横丁）………………… 104
- 健康歩道 …………………………… 105
- 國立故宮博物院 …………………… 106
- 永康街 ……………………………… 110
- 迪化街 ……………………………… 112
- 歴史的建物 ………………………… 114
- ミュージアムⅠ …………………… 116
- ミュージアムⅡ …………………… 118
- 古典芸術 …………………………… 120
- 写真館 ……………………………… 121
- 茶館 ………………………………… 122
- カフェ ……………………………… 124
- 日帰り温泉 ………………………… 126
- 展望風景 …………………………… 128
- 乗り物遊び ………………………… 130
- 夕景スポット ……………………… 131
- 夜市Ⅰ ……………………………… 132
- 夜市Ⅱ ……………………………… 134
- 按摩（マッサージ）………………… 136
- エステ／ヘアサロン ……………… 138
- バー／ラウンジ …………………… 140

## 買う

- 鳳梨酥（パイナップルケーキ）と牛軋糖 … 142
- 烏魚子（からすみ）………………… 144
- 超市（スーパー）…………………… 145
- 台湾茶 ……………………………… 146
- 雑貨Ⅰ ……………………………… 148
- 雑貨Ⅱ ……………………………… 150
- 服飾衣料 …………………………… 152
- 楽器・書道具 ……………………… 154
- 玉・骨董 …………………………… 155
- デパート／モール／専門店街 …… 156
- おいしくて楽しいおみやげ ……… 158

## 台北近郊

- 台北近郊 見どころマップ ……… 160
- ウォーキングの基礎知識 ………… 161
- 九份／金瓜石 ……………………… 162
- 陽明山 ……………………………… 168
- 金山／野柳 ………………………… 169
- 平溪線沿線 ………………………… 172
- 鶯歌／三峡 ………………………… 176
- 大溪 ………………………………… 180
- 新竹 ………………………………… 182
- 基隆 ………………………………… 184
- 坪林 ………………………………… 187
- 烏來 ………………………………… 188
- 宜蘭 ………………………………… 191

## 泊まる

- ホテルカタログ …………………… 196

## トラベルインフォメーション[日本編]

- 出発日検討カレンダー ……………… 206
- 旅のスタイルを決める ……………… 208
- 得するための航空券選び …………… 210
- ホテルを決める ……………………… 211
- パスポート …………………………… 212
- 通貨とクレジットカード …………… 213
- 海外旅行保険、運転免許証ほか … 214
- 日本での情報収集 …………………… 215
- 気候と服装 …………………………… 216
- 持ち物チェックリスト ……………… 217
- 空港に行く …………………………… 218
  成田国際空港／東京国際空港（羽田空港）／関西国際空港／中部国際空港／出国手続きの流れ／空港利用のプラスワザ

## トラベルインフォメーション[台北編]

- 入国ガイド …………………………… 226
- 帰国ガイド …………………………… 228
- 台湾桃園国際空港 …………………… 230
- 台北松山空港 ………………………… 232
- 空港から台北市内へ ………………… 233
- 台北市内交通
  MRT（捷運）…234／タクシー…236／バス…237／台鉄…238
- 国際電話、Wi-Fi …………………… 240
- レストラン …………………………… 241
- 旅の安全と健康 ……………………… 242

## レファレンス

- 目的別さくいん ……………………… 244
- 台北MRT（捷運）路線図 …… 裏表紙裏

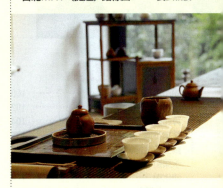

### とっておき情報

- ブルーガイド
  トラベルコンシェルジュ ……… 32
- 臭豆腐の深坑老街 ………………… 57
- 天燈よ、空高く舞い上がれ …… 175
- タクシー交渉用カードを利用しよう … 236
- 未然に防ぐタクシートラブル …… 243

## この本の使い方

### ●通貨記号
元（正式には新台幣、NT$とも表記）。1元≒3.5円（2019年9月現在）

### ●地図記号
- H…ホテル
- R…レストラン
- S…ショップ
- …茶館・カフェ
- …マッサージ
- N…ナイトライフ
- E…エンターテイメント
- M…美術館、博物館
- 〒…郵便局
- …派出所、警察
- …学校
- …空港
- …病院
- 卍…寺・廟
- …温泉、冷泉
- …観光案内所
- …ゴルフ場
- ▲…山
- …バス停
- ――…鉄道
- ――…MRT（路線別に色わけ表示）
- ❶MRT出口番号

- この色の建物は主な見どころ
- この色の道路はショッピング街・専門店街
- この色のエリアは夜市開催地
- この色の部分は地下に地下街
- この色の建物はショッピングセンター
- この色の建物はホテル

### ●ホテルカタログ記号
ホテルの紹介欄では、設備・サービスを以下のマークで示しました。

両替可 レストラン 喫茶室 バーラウンジ ショップ プール Wi-Fi 冷蔵庫 ドライヤー 温泉

●レストラン紹介欄の予算は1人1回あたりの食事の目安です。飲み物は含んでいません。データ欄内のMはメニューに表記されている言語、語は店内で使える言葉です。中＝中国語、日＝日本語、英＝英語を表わしています。

●本書で紹介している地名や店名、会話などのルビ（読み方）は、一部を除いて基本的に現地で一般的に使われている中国語（一部台湾語）の発音に基づいています。

●見どころ、レストラン、ショップで無休の表示がある場合でも、春節（旧正月／1月下旬から2月上旬）、除夕（旧正月の前日）などは休業する場合がありますので、ご注意ください。

●ホテル紹介欄の宿泊料金は基本的にS＝シングル、W＝ダブル、T＝ツインの1部屋の宿泊料金（朝食を含む）を記しています。通常10％のサービス料が加算されます。

●料金、営業時間、定休日、電話番号、交通機関など各種データは2019年7月現在のものです。取材後の変更も考えられますので重要なデータはWebサイトや現地でご確認ください。

●マークは0120のフリーダイヤル、FREEは現地のフリーダイヤルを示します。

# まずは知りたい
# 台湾/台北 旅行基本情報

## 概 略

### 地 理

台湾は、台湾本島および澎湖諸島・蘭嶼などの周辺諸島と、金門・馬祖地区、東沙諸島、南沙諸島から構成される。

台湾本島は中国大陸の東南、福建省から約150kmの海上に位置し、沖縄県の那覇からは約600kmの距離にある。紡錘形をした台湾本島は、南北の最長が394km、東西の最大幅は144km、海岸線の全長は1139kmある。日本の東京から台北まで直線で2110km、福岡からだと1280kmになる。

### 面 積

台湾の面積は約3万6000km²で、日本の九州ほどの広さ。台北市の面積は約271.8km²。

### 正式名称

台湾の正式名称は中華民国。英語名はRepublic of China。略称としてTaiwan、R.O.Cなどと表記される。

### 人 口

台湾の総人口は、2359万人（2019年5月現在）。そのうち台北市の人口は266万人、新北市の人口は400万人。

### 年 号

台湾では西暦のほかに「民国」という年号が行事や食品の賞味期限などに使用されている。

西暦1912年（辛亥革命の翌年）が民国元年で、民国年号、たとえば民国109年なら1911を足して、2020年が西暦年号となる。書類等にはただ「109年」と表記されることが多いので注意が必要だ。

### 国 旗

「青天白日満地紅旗」と呼ばれる。

赤、青、白の3色は、孫文の唱えた三民主義を象徴したもの。赤は民族主義と友愛を、青は民権主義と自由を、白は民生主義と平等を表す。

台湾全図

子を祀る孔子廟も多い。また少数ながらキリスト教やイスラム教を信仰する人もいる。

## 行政区分

台北、新北、桃園、台中、台南、高雄の6直轄市と、基隆、新竹、嘉義の3市、13の県の、合計22の行政区があり、それぞれ地方行政を担っている。

## 日台関係

1972年に日本と中華人民共和国の間に国交が成立したため、日本と中華民国（台湾）の国交が断絶した。しかし、日本と台湾の関係は深く、貿易、経済、文化、技術など各方面で実務的な関係を維持するために、日本は「財団法人日本台湾交流協会」を、台湾は「台北駐日経済文化代表処」を外交の窓口機関として設置している。どちらも民間の機関だが、実質的には大使館や領事館の役割を果たしている。「日本台湾交流協会」の事務所は台北と高雄にある（→p.242）。

## 祝　日

台湾の祝日は1年に8日あるが、新暦のものと旧暦（農暦）のものがあるので注意が必要だ。1月1日の中華民国開国記念日、2月28日の和平記念日、4月4日の児童節、4月5日の清明節、10月10日の国慶節は新暦によるが、それ以外は旧暦によっている。春節（チャイニーズ・ニューイヤー）は旧暦の1月1日、端午節は旧暦の5月5日、中秋節は旧暦の8月15日にあたる。

【2020年の祝日】

| | |
|---|---|
| 開国紀念日 | 1月1日 |
| 春節（旧正月） | 1月25日（旧暦1月1日）※1月23～29日まで7連休となる。 |
| 和平紀念日 | 2月28日 |
| 児童節 | 4月4日 |
| 清明節 | 4月4日※ |
| 端午節 | 6月25日（旧暦5月5日）※ |
| 中秋節 | 10月1日（旧暦8月15日）※ |
| 国慶節 | 10月10日※ |

【2021年以降】

| | 春節 | 端午節 | 中秋節 |
|---|---|---|---|
| 2021年 | 2月12日 | 6月14日 | 9月21日 |
| 2022年 | 2月1日 | 6月3日 | 9月10日 |
| 2023年 | 1月22日 | 6月22日 | 9月29日 |

## 言　語

公用語は中国語（北京語。「国語」とも呼ばれる）。その他に台湾語、客家語、および各原住民族の言語がある。

空港や大きなホテル、デパートなどでは英語や日本語を話せる人も多く、中国語が話せなくても旅行に不自由しない。日本統治時代に日本語教育を受けた年配者のほか、日本語を学習している若者も多い。

## 民　族

漢民族と16の原住民族に分かれるが、人口の約98％は漢民族。漢民族は、日本統治時代以前に台湾へ渡って来た「本省人」と、中国国民党政府の統治後に台湾に渡ってきた「外省人」とに分けられ、人口の約85％が本省人。

## 宗　教

道教と仏教が盛んだが、その区分はあいまいで、融合している部分もある。媽祖信仰も盛んで、各地に媽祖廟（天后宮）がある。孔

※清明節は4月2～5日の4連休、端午節は6月25～28日の4連休、中秋節は10月1～4日の4連休、国慶節は10月9～11日の3連休となる。

# 旅行情報

## 気候と服装

台湾は北半分が亜熱帯気候で、南半分が熱帯気候となる。1年の平均気温は約22℃で、日本ほど明瞭ではないが、ゆるやかな四季がある。

**春** 3～5月の気温は18～25℃、晴れた日は暑く感じるものの、過ごしやすい季節で、旅行にも適している。5月上旬から6月にかけて雨期に入り、蒸し暑くなる。

**夏** 6～8月の気温は28～38℃。湿度も高く本格的な暑さだ。日差しも強いので、帽子やサングラス、日焼け止め、水分の補給などの注意が必要。交通機関や屋内に入ると冷房が強く効いているので、日差しと冷房対策に薄手の長袖シャツなどを持参したい。

また7月から9月にかけては台風シーズン。日本とは比較にならないほどの大量の降雨がある。県・市単位で学校や職場が公休となる台風休暇が発令されることもしばしばである。

**秋** 9～11月の気温は18～28℃。朝晩の気温差は比較的大きいが、晴れた日が多く、最も旅行に適したシーズンだ。

**冬** 12～2月の気温は14～20℃。夜や雨の日はかなり寒く、上着が必要。台北など北部は雨量は少ないものの雨の日が多い。

## 日本との時差は1時間

日本と台湾の時差は1時間。日本時間から1時間を引くと台湾時間となる。たとえば日本の11時は台湾では10時。サマータイムはない。

## 飛行時間は3～4時間

台湾桃園国際空港へは、東京成田から約3時間40分、大阪・名古屋から約3時間、札幌から約4時間、福岡から約2時間20分、那覇から約1時間30分。台北松山空港へは、東京羽田から約3時間30分。帰国便の飛行時間は、往路より30分ぐらい短い。

## 通貨（元／ニュー台湾ドル）

台湾の通貨の単位は「元（ユエン）」。正式名称は「新台幣（シンタイビー）」「NT＄（ニュー台湾ドル）」で、「台湾元」「TWD」などとも表記される。通貨には「圓」と書かれ、口語では「塊（クァイ）」という。

紙幣は100元、200元、500元、1000元、2000元の5種類、硬貨は1元、5元、10元、20元、50元の5種類がある。

左上から2000元、1000元、500元、200元、100元の紙幣、右上から50元、20元、10元、5元、1元の硬貨

## 両替は空港の銀行窓口で

日本円と台湾元の交換レートは、日本国内より現地が有利なので、現地空港に到着後、ロビーにある銀行窓口で両替するのがおすすめ。ホテル、デパートなどの両替所でもできるが、レートはあまりよくない。空港の銀行窓口は飛行便に合わせて時間外も営業しているので心配ない。また24時間営業のATMが、銀行のほか駅、コンビニなどに設置されているので、クレジットカードや国際キャッシュカードを持っていれば、台湾元で引き出すことができる。（→交換レートはカバー折り込みを参照）

## チップは基本不要

基本的に必要ないが、ホテルで特別なサービスや頼みごとを依頼したときなどには、心付けとして渡すとよい。目安は50元。

## 消費税

台湾の商品やサービスには、日本の消費税にあたる5％の「営業税」が含まれている（内税方式）。だが、特定の条件を満たした場合は還付してもらうことができる。（TRS・特定商品還付→p.214）

## 電圧とコンセントは共通

台湾の電圧は110V、60Hz。ほとんどのコンセントは日本と同じ二極式。最近の携帯電話やデジカメなどの充電器やパソコンのアダプターは、AC定格入力が「100〜240V」などの範囲で規格されているものが多いので、そのまま使用できる。

## スマホ・携帯電話を使う

日本で使っているスマホや携帯電話が、国際ローミング対応の端末なら、国番号+相手電話番号で、日本からも台湾からも直接通話ができる。ただし、国際通話料金がかかるので、緊急連絡にとどめるのが無難だ。スマホのパケット通信は高額になるので、データ通信機能はオフにしてWi-Fiエリアだけの使用に限るか、台湾で使えるWi-Fiルーターをレンタルして持参するのがよい。

## Wi-Fiの使用環境

ほとんどのホテル客室でWi-Fiが使用できる。ほとんどのカフェやレストランでも使える。パスワードが必要な場合は店のスタッフから教えもらおう。駅、空港や公共施設では、公共フリーWi-Fiが使えるので、スマホやタブレットを持参するなら、登録しておくと便利だ。ただし、どのネットワークも安全性が保証されているわけではないので、使い方には注意が必要だ。(Wi-Fiについて→p.240)

## 度量衡(1斤=600g)

台湾では、メートル法が基本。ただし、お茶やフルーツなどを計り売りで買うときは、一般的にグラムよりも「斤」や「両」といった伝統的単位が使用されている。1斤=16両で、1斤が600g。1両は37.5gになる。

## 水道水はそのまま飲まない

生水は飲まないほうがよいが、水道水は沸かして飲めば問題ない。ホテルの客室にはたいてい無料のミネラルウォーター(礦泉水)のペットボトルが置いてある。外出の際は持って出かけるとよい。街中ではコンビニ(便利店)でミネラルウォーターが買える。

## トイレで紙は流さない

トイレは「化粧室」「厠所」「洗手間」などと表記される。公衆トイレは「公厠」で、あまり清潔でないところもある。大きなホテルやデパート、MRT(捷運)駅のトイレを利用するとよい。トイレはほとんどが日本と同じ水洗式。ただし大きく違うのは使用済みのトイレットペーパーを流さないこと。ペーパーは便器の脇に置かれたゴミ箱に捨てるのが台湾スタイル。

使用済みの紙は備え付けのゴミ箱に捨てる

## 公共の場所はタバコ厳禁

台湾は喫煙に関しての規制は厳しく、公共の場所での喫煙は基本的に禁止されている。ホテル(客室も含む)、レストラン、デパート、駅、空港などの建物内でタバコは吸えない。屋外でも路上の歩きタバコや公園での喫煙は禁止なので、喫煙者は要注意。違反すると最高1万元の罰金が課せせる場合がある。

---

### 電話のかけ方
▶ 日本の国番号は81
▶ 台湾の国番号は886

**日本から台湾にかける**

国際電話会社の番号(マイラインやマイラインプラスに登録してある場合は不要)
- 001 (KDDI)
- 0061 (ソフトバンクテレコム)
- 0033 (NTTコミュニケーションズ)

例)相手先電話番号が、02(台北の市内番号)-1234-5678

| 国際電話識別番号 | 台湾国番号 | 市外局番 ※0は省略 | 電話番号 |
|---|---|---|---|
| 010 | 886 | 2 | 12345678 |

携帯電話も0は省略

**台湾から日本にかける**

例)相手先電話番号が、03(東京の市内番号)-1234-5678

| 国際電話識別番号 | 日本国番号 | 市外局番 ※0は省略 | 電話番号 |
|---|---|---|---|
| 002 または 009 | 81 | 3 | 12345678 |

携帯電話も0は省略

# 台北熱潮流

台北で今、いちばんおもしろい場所はどこ？そんな疑問に答えて人気のエリアをご紹介。時代の先端と古き良き伝統が、上手にかみ合いミックスした、台北の「今」が感じられるはずだ。

## 進取の空気に充ちた、台湾カルチャーの発信エリア
### チョンピンションフオ・ソンイェンディエン
# 誠品生活松菸店

台湾で最大の書店で台湾カルチャーの先端を走る誠品書店が運営するショッピングセンター。B2F、1～3Fの4フロアに、書店、ショップ、レストランなど130余りのテナントが入る。建物は伊藤豊雄氏の設計。

MAP p.28-F
★ MRT 市政府駅1番出口から徒歩10分
住 台北市菸廠路88号（松山文創園区内）
開 11:00～22:00　休 無休
URL https://meet.eslite.com

## エクスポ ExPO  esliteX pltform original　2F

人気ブランド、最新デザインの旅用品、生活雑貨、ギフト商品などを集めたセレクトショップ。

台湾を代表するブランドがたくさん。商品も売り場レイアウトも楽しい

### リーハオ 禮好 LiHo 2F

個性豊かなデザインで人気のブランド（耳根硬、OOPS、HI DOTS、自做自售、WoodMan）のアクセサリー、雑貨を集めた店。

台湾テイストから無国籍までアイデアー杯、素材もいろいろ

### シャンシャンライチャー 山山來茶 3F

自然農法で育てた台湾茶葉にこだわりながら、新しいお茶の楽しみ方を提案する茶館。

試験管に茶葉のサンプルが。茶器もオリジナル

### シャンツァオプーズ 香草舗子 2F

ナチュラルでシンプルな生活を提案する「薫衣草森林」によるハーブ、アロマ関連商品の店。

ヘチマに天然香料の石けんが練り込んである

### ハオヤン・テンシー 好樣情事 VVG action B2

台北市内で個性的なレストラン・カフェを展開するVVGの店。テーマは豪華絢爛たる1920〜30年代。

照明器具など映画のセットをそのまま持ち込んだ店づくり。家具から小道具までこだわり抜いたディスプレー

台北熱潮流　誠品生活松菸店

## 歴史ある建物に吹き込む新しい風
### 迪化街 (ディーホアチエ)

MAP p.25-G

★ MRT 大橋頭駅から徒歩5分／北門駅から徒歩10分

迪化街一帯は大稲埕と呼ばれ、歴史的建物が建ち並び、乾物店、漢方薬店が多いことで知られる。しかしここにも時代の波は押し寄せ、新しい店が続々誕生、若者を引き付けるようになった。

### 小藝埕 (シャオイーチョン)

「○藝埕」と名前が付く建物は、迪化街に残る古い建物をリノベーションして、カフェや雑貨店などが入居するプロジェクトで、小藝埕がその先駆けとなった。爐鍋咖啡（カフェ）、ASW（紅茶専門店）、攸（レーザー彫刻）、布物設計（布雑貨）などが入っている。
🏠 迪化街一段 34 号

### 爐鍋咖啡 Luguo Café

リビングルームのような落ち着きがあって、思わず長居をしてしまう店内。自家焙煎のコーヒーがおいしい。
🕙 11:00 ～ 19:00

2階入口は共通

### ASW Tea House

クラシックな英国風店づくりの紅茶専門店。アンティークな家具や設えに囲まれて、本格紅茶をポットでゆっくりと味わえる。台湾産の代表的紅茶も揃っている。 🕙 9:00 ～ 18:00

## 民藝埕 ミンイーチョン

中庭を挟んで3棟の建物が奥に続く、大稲埕の典型的な三進造りの商家建築をリノベーションしたのが民藝埕。陶器・雑貨の陶一進、陶二進、LeZinc 洛（カフェバー）、南街得意（カフェ）などが入る。
🏠迪化街一段67号

### 陶一進・陶二進

表通りに面した1棟目の陶一進、中庭を挟んで2棟目の陶二進には、台湾作家の陶器の茶器やテーブルウェアが並ぶ。
🕙10:00～19:00

## Le Zinc 洛

中庭を挟んで3軒目はカフェ。ビールやワインもある。🕙10:00～24:00（金・土曜～翌1:00、日・月曜～19:00）

### 南街得意

2棟目の陶二進の2階にあるクラシックな洋風空間の茶館。台湾茶がシンプルな工夫茶器で運ばれてくる。🕙11:00～19:00

## 聯藝埕 リエンイーチョン

迪化街の北街と呼ばれる民生西路北側の古い大きな建物をリノベーション。鹹花生（パン、ケーキ）、豐味果品（フルーツ）、繭裹子、孔雀などが入る。
🏠迪化街一段195～199号

### 繭裹子 Twine

フェアトレード雑貨の店。台湾でデザインされ、アフリカやアジア諸国で作られた手作りの雑貨や衣服が並ぶ。🕙10:00～19:30

### 孔雀 Peacock Bistro

広い中庭を抜けた1階奥にある西洋料理のレストラン。建物は往時の姿そのままに改修されている。
🕙11:30～22:30　休火曜

## 目立たない裏通りが、注目スポットに変貌
# 赤峰街
ツーフォンチエ

MAP p.25-H

台北熱潮流

MRT中山駅と雙連駅の間、中山北路の繁華街からちょっと離れ、時代から取り残されたような路地裏の商店街。近年ここに小さなカフェや雑貨店が次々に進出、多くの若者が集まるようになり、新旧が交錯した独特の雰囲気を生み出している。赤峰街に平行して、MRT上の緑道が走っている。

★MRT中山駅／雙連駅から徒歩1分

## 小器生活道具 The Xiao Qi

日常使いの食器やキッチン雑貨を揃えた店。主張しすぎず、使いやすく、ちょっとおしゃれで身近に置きたいデザインばかり。隣が小器食堂。小器梅酒屋も近く。
営12:00～21:00

## 公鶏咖啡
### Rooster Café & Vintage

地下にMRTが走る緑道が借景のようになったカフェ。洋風朝ごはんがゆっくり楽しめると人気の店。
住南京西路25巷20-5号 営8:00～21:00 休月曜

## 鹿皮商店
### Loopy

ガガとラッキーの若い2人が立ち上げた小さな服飾、文具、雑貨の店。かわいいオリジナル作品がたくさん。カタログ写真にも自分たちが登場。店は2階。住赤峰街41巷24号2F
営14:00～20:00（土曜13:00～） 休無休

台北熱潮流

丸ごと台湾が楽しめるショッピングパーク
# MAJIMAJI 集食行樂(MAJI SQUARE)

MAP p.24-B、51-A

MRT 圓山駅の目の前、花博公園のいちばん駅近の一角にできた、買い物や食事が一度に楽しめるエリア。神農市場、フードコート、ショッピングアーケードなどからなる。土・日曜にはファーマーズマーケットが開かれる。

★ MRT 圓山駅1番出口すぐ（花博公園内）
http://www.majisquare.com

## 神農市場 MAJI FOOD & DELI

台湾産農産物や食材の食品スーパーで、調味料やジャムなどの加工品も豊富。おみやげ探しにもぴったり。ビュッフェスタイルのレストランも併設。(→p.158)
営10:30～21:00（土・日曜、祝日～21:30）休無休

## 寰宇小吃攤
### MAJI Food Court

屋外にあるフードコートで、台湾小吃から韓国料理、日本風ラーメン、エスニック系までさまざまな国の料理が集まっていて、よりどりみどりで楽しめる。 営11:30～20:30（金曜～21:30、土・日曜、祝日 10:30～21:30）

## 玻璃屋市集 MAJI Market

服飾雑貨、アクセサリーなどのクリエイティブショップがぎっしりと軒を連ねて、見本市のような雰囲気。
営11:00～21:00（店によって異なる）

## 好,丘 Good Cho's

ベーグル（貝果）専門店で、焼きたてのベーグルは15種類。羽のようなラスクがのったアイスクリーム（拉思古冰）が大人気。営9:00～17:00 休第1月曜

赤峰街／MAJIMAJI 集食行樂

# 街歩きモデルコース

## ★1 故宮＋九份＋夜市の王道コース

午前中はお宝がいっぱいの國立故宮博物院、午後は一番人気の観光地九份、夜はのんびり夜市をぶらり、台北歩きの王道コース

● MRT淡水信義線士林駅からバス10分

### 9:30 國立故宮博物院

故宮博物院は8時30分開館。見学時間は最低2時間、ちょっと興味のある人なら3時間は欲しい（→p.106）

● 故宮博物院の敷地内

### 12:30 故宮晶華/府城晶華

昼食は故宮博物院別棟の高級レストラン故宮晶華か、同じ建物地下にありお手軽価格で台湾料理が食べられる府城晶華で

● MRT淡水信義線士林駅→板南線忠孝復興駅20分

### 13:30 忠孝復興駅

復興北路のバス停から九份行き（終点は金瓜石）に乗る。タクシーだと、一台1000元が目安。4人以上のグループなら選択肢の一つになる

● バス1時間30分

### 15:00 九份

名物芋圓のデザートを食べて、茶館でひと休みして、2〜3時間は滞在したい。夕景を楽しみ、食事をして夜まで長居するのもあり（→p.162）

● バス1時間30分（タクシー1時間）

### 19:00 台北市内で夕食

台北の楽しみは食にあり。台湾料理（→p.66）、火鍋（→p.84）、海鮮料理（→p.86）など店を選んで、夕食を楽しむ。九份からタクシーで市内のレストランまで直行も便利

● タクシー

### 21:00 寧夏夜市

こぢんまりとして歩きやすく、雰囲気がいい。食後の散歩がてら豆花などのデザートを（→p.45、134）

バラエティーに富んだ街、台北には、魅力がいっぱい。
初めてならいろいろ見たいし、リピーターならテーマを絞りたい。
欲張りな旅行者に台北を楽しんでもらう3つのコースをご紹介。

## 2 午前中から目いっぱい。朝便利用のお遊びコース

羽田発早朝便のメリットを生かして、一日フルに遊びきろう。楽しさいっぱい、その上ちょっぴりロマンチックな雰囲気も味わえる

● 東京羽田空港7時10分発

**10:15 台北松山空港**

東京羽田空港朝7時10分発のチャイナ エアライン223便なら台北松山空港着がなんと10時。ホテルに荷物を預け、11時には街に飛び出せる！

● 台北松山空港→市内ホテルへ、タクシー10〜20分

**11:30 西門町**

「西門駅6番出口」は有名な待ち合わせスポット。ここから西門町ぶらぶら歩きがスタート（→p.42）。小腹が空いたら阿宗麺線（→p.69）へ

● MRT松山新店線西門駅→中山駅乗り換え→淡水信義線東門駅8分

**14:00 永康街**

有名かき氷店や茶館、カフェ、雑貨店が集まるおしゃれな街。街歩きも、ひと休みも、OK。（→p.110）

### 市内めぐりのポイント
**これで台北街歩きの達人になれる！**

● MRT（捷運）の路線図を頭に入れておこう（→裏表紙裏）

● 改札がスムーズなプリペイドの悠遊カードを持とう（→p.234）。

● タクシーも積極的に利用しよう。

街歩きモデルコース

● 東門駅→MRT淡水信義線淡水駅45分

**16:00 淡水散策**

駅前から、屋台や小吃店を冷やかしながら淡水河に沿って歩く。淡水河に沈む夕日はロマンチックな眺め（→p.62, 131）

**20:00 淡水紅樓**

夕食は、由緒のある赤レンガの建物、淡水紅樓で海鮮料理を楽しむ

● MRT淡水信義線淡水駅→剣潭駅30分

**22:00 士林夜市・市林市場**

台北最大規模の夜市。屋台の数、人の数に圧倒される。評判の店には行列ができる。MRTの終電は深夜0時（→p.132）

# 台北

## ディープな旅で台北の魅力再発見

歴史の重みと庶民の暮らしの息づかいを感じながら街を歩く。ちょっと渋いけど、台北のおもしろさが詰まったコース

●MRT松山新店線北門駅から徒歩10分、または淡水信義線雙連駅からタクシー5分

### 9:30 迪化街小吃朝食

ホテルの朝食はパスして、台北っ子の朝ご飯を食べよう。迪化街の永楽市場周辺は、朝食の地元民でにぎわう（→p.112）

### 10:00 迪化街散策

乾物、漢方生薬材料、茶葉、布などの店が並ぶ。昔ながらの景観を残しながら、街並み改修が進行中で、今風の雑貨店やカフェも続々と誕生している（→p.12、112）

●タクシー5分

### 12:00 保安宮・台北孔廟

医学の神様、保生大帝を祀る保安宮、孔子を祀る台北孔廟をお参りして、健康も学問も安泰に（→p.50、51）

●徒歩15分

### 13:00 圓山花博公園

圓山駅前の花博公園にはたくさんの展覧館があるが、駅から最短の「MAJI MAJI集食行樂」が楽しい。台湾料理のほか、各国の料理が集まるフードコートでランチタイム（→p.15）

●MRT淡水信義線圓山駅→台北車站駅で板南線に乗り換え、龍山寺駅まで計30分

### 14:30 龍山寺

一日中線香の煙が絶えない下町の寺。お供えしたり経を唱えたりと、信仰に厚い人が多い（→p.102）

●タクシー5分

### 16:00 二二八和平紀念公園

台湾現代史に残る惨劇、二二八事件を記念する公園。疲れたら公園のベンチか二二八紀念館のカフェでひと休み（→p.41）

●MRT淡水信義線台大醫院駅から中山駅→松山新店線南京三民駅下車徒歩1分、計13分

### 18:00 御蓮齋でベジ料理

台北っ子は菜食主義者ではなくても、ふだんから素食（ベジ料理）をよく食べる。ベジ食べ放題の御蓮齋（→p.89）へ

●MRT南京三民駅から松山新店線松山駅まで2分

### 20:00 饒河街観光夜市

台北っ子おすすめの夜市。老店が多いのは人気の証。夜市入口の慈祐宮もお参り（→p.132）

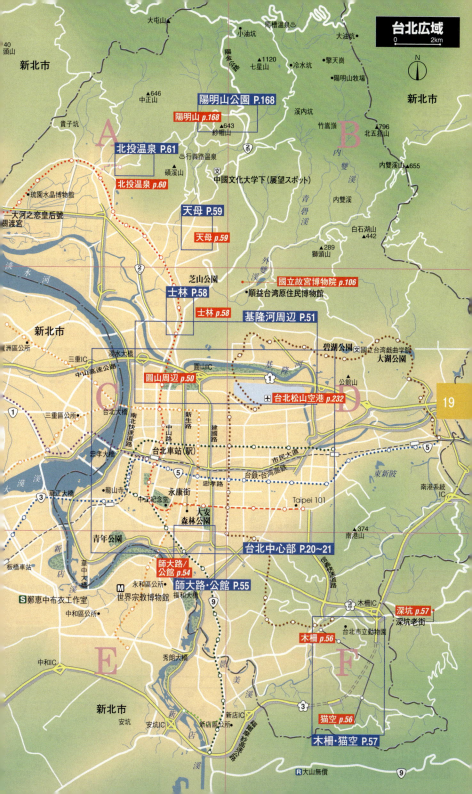

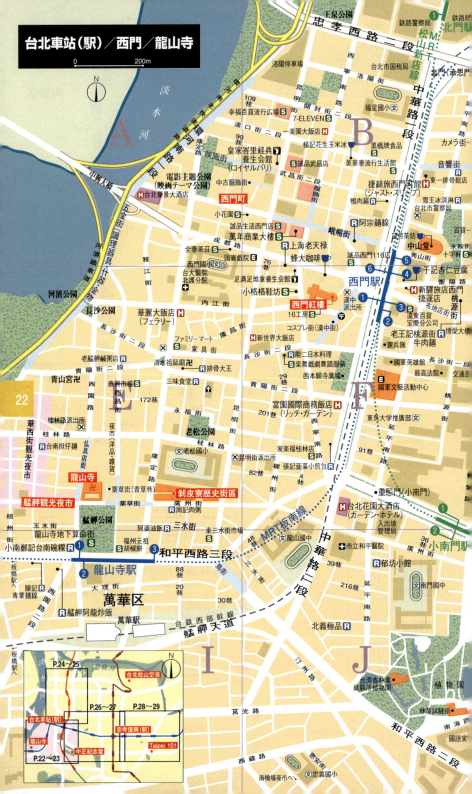

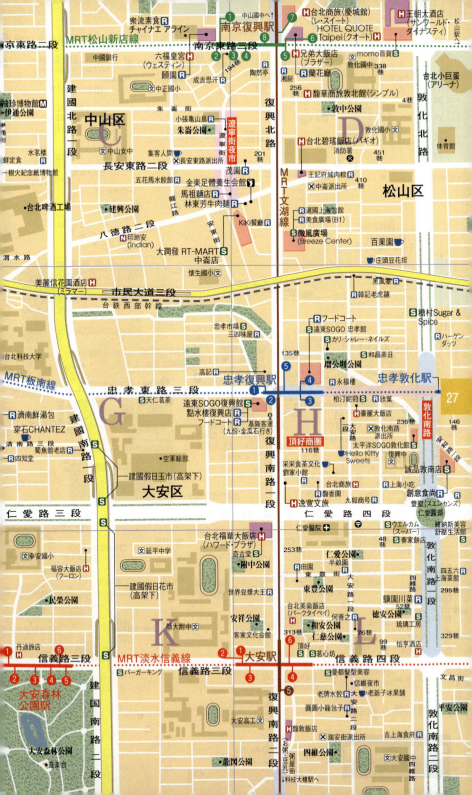

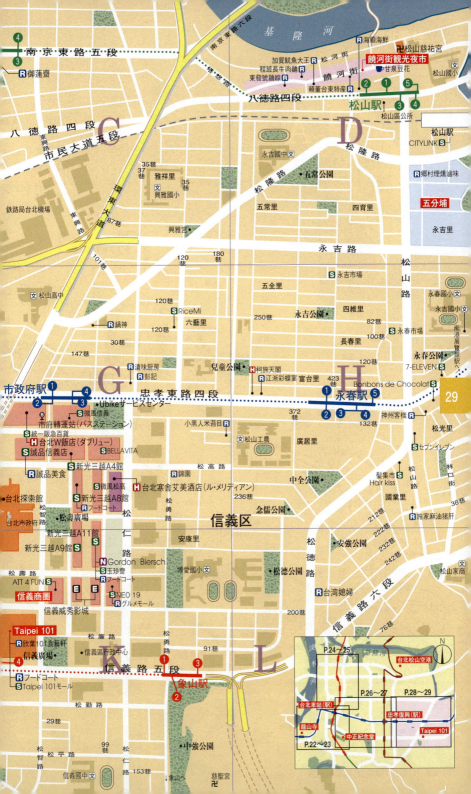

旅行ガイドブックのノウハウで、旅のプランを作成！

## ブルーガイド トラベルコンシェルジュ

### 旅行書の編集部から、あなたの旅にアドバイス！

ちょっと近場へ、日本の各地へ、はるばる世界へ。
トラベルコンシェルジュおすすめのプランで、
気ままに、自由に、安心な旅へ－。

### ココが嬉しい！ サービスいろいろ

◎旅行情報を扱うプロが旅をサポート！
◎総合出版社が多彩なテーマの旅に対応！
◎旅に役立つ「この一冊」をセレクト！

徒歩と電車で日本を旅する「てくてく歩き」、詳細な地図でエリアを歩ける「おさんぽマップ」、海外自由旅行のツール「わがまま歩き」など、旅行ガイドブック各シリーズを手掛けるブルーガイド編集部。そのコンテンツやノウハウを活用した旅の相談窓口が、ブルーガイド トラベルコンシェルジュです。

約400名のブルーガイド トラベルコンシェルジュが、旅行者の希望に合わせた旅のプランを提案。その土地に詳しく、多彩なジャンルに精通したコンシェルジュならではの、実用的かつ深い情報を提供します。旅行ガイドブックと一緒に、ぜひご活用ください。

■ **ブルーガイド トラベルコンシェルジュへの相談方法**
1. 下のお問い合わせ先から、メールでご相談下さい。
2. ご相談内容に合ったコンシェルジュが親切・丁寧にお返事します。
3. コンシェルジュと一緒に自分だけの旅行プランを作っていきます。お申し込み後に旅行を手配いたします。

■ **ブルーガイド トラベルコンシェルジュとは？**
それぞれが得意分野を持つ旅の専門家で、お客様の旅のニーズに柔軟に対応して専用プランを作成、一歩深い旅をご用意いたします。

**ブルーガイド トラベルコンシェルジュ
のお問い合わせ先**

Mail: blueguide@webtravel.jp
https://www.webtravel.jp/blueguide/

# 台北の歩き方

## ウォーキングの基礎知識
### 活気あふれる台北の街を思う存分、わがまま歩きしよう

**郊外への第一歩はMRTで淡水へ**

台北の主な観光ポイントはMRT（捷運）で回ることができる。本書では、MRTの路線範囲を台北市街エリアとして紹介、また行動の起点もMRT駅を中心に記述している。台北の街中だけではなく、郊外にも出てみたいと思ったら、MRTで簡単にアクセスできる淡水がおすすめ。台北駅からMRT淡水線で約40分の終点駅だ。半日はたっぷり遊べる見どころ豊富なエリアだ。（→p.62）

大稲埕碼頭の復原帆船

### 台北の道路表示の仕組み

```
○○路
○○路一段    ○○路二段
偶数××号   奇数××号
（西側）    （東側）

△△街
         奇数××号（北側）
××巷    偶数××号（南側）
××弄
```

### 台北の成り立ちと街のアウトライン

「台北市」は台湾の政治、経済の中心地で、南北約28km、東西約21km、総面積約271.8km²（東京23区のほぼ45％）の広さに、266万（2019年5月現在）の人々が暮らしている。

台北は淡水河、新店溪、基隆河の3河川の合流点にあり、水運を基礎にしながら、川港を中心に商業都市として発展してきた。清の時代、港は淡水河の河岸につくられたので、市の西側の淡水河沿いに古い街並みが多い。港は最初に萬華に開かれたが、川底に砂がたまって港が使えなくなると、大稲埕に移された。萬華は現在の龍山寺から西門にかけて、大稲埕は迪化街を中心にした一体である。現在の大稲埕には観光用の船着場があり、往時の面影を残している。街の発展とともに民衆の間の信仰も盛んになったので、この辺りには古い寺廟も多い。道路でいうと中山路の西側、MRTでいえば淡水信義線の西側にあたる。

清代も後半になり、人口が増えてくると街は次第に東へ、東へと広がっていく。清末から日本統治時代には、中山路の東側に官庁街やビジネス街、文教地域や住宅街が形成され、現在もその基本は変わっていない。にぎやかな台北駅の北側、林森北路一帯の繁華街は、この頃につくられた歓楽街である。

さらに時代が下って現代になると、忠孝東路に沿って新しい商業地域が次々に誕生し、ついには信義地区に新都心がつくられるに至る。Taipei 101は、その象徴である。今も台北の発展に歩調を合わせ、基隆河北側の内湖や淡水河西岸の三重や板橋、新店溪南の中和や新店に市街地が広がっている。

### 台湾では道路の表示が住所の表示

台北に限らず台湾の街は、通りの名前がそのまま住所になっている。通りの名前は、大きな通りが○○路、次が○○街で、路地は○○巷（シャン）、○○弄（ロン）となる。孫文や蔣介石の号にちなんだ中山路や中正路は街のメインストリート。民族路、民権路、民生路は孫文が唱えた三民主義による命名。

丁目の表示にあたるのが、○○段××号の○○の部分。段ではなく○○一路、○○二路と区別しているところもある。××号の部分は、基本的に南北の通りでは西（北に向かって左）側が偶数、東側が奇数。東西の通りでは、北（東に向かって左）側が奇数、南側が偶数になっている。

## 台北市内の街のしくみ

　台北市内を歩くときに基準になる通りは、台北駅の南側を東西に走る忠孝路と、台北駅の東側を南北に走る中山路。2つの通りは、交差点を境に、それぞれ中山北路、中山南路、忠孝西路、忠孝東路に分かれる。さらに、交差点から大きなブロックごとに一段、二段と段数が増えていく。同様に台北市内のほとんどの大きな通りは、この2つの通りを境に東西もしくは南北の名前がつけられている。

　市内の大きな通りには、進行方向に道路名が縦の標識で大きく掲示され、交差点では交差する通り名が表示されているので、自分がいる場所を確認するのにわかりやすい。

台北でも美しい通りの一つ、敦化南路。中央分離帯は野外美術館のよう。

## 中心エリアは約6km四方

　台北市街は西の淡水河から東の信義地区までだいたい6km、北の基隆河から南の公館あたりまでも、だいたい6km。ひたすら歩けば2時間ぐらいの距離だから、それほど広くない。とはいえ旅のスケジュールを組むときにはムダのないように考えたい。

中山北路に掲げられた道路標識

## 移動の基本はMRT（捷運）で

　台北市街のほとんどの見どころへは、MRT（捷運）で行くことができるので、移動の基本はMRTを考えるとよい。運転間隔も短く、午前0時まで運行しているので、とても便利だ。プリペイド式の悠遊カードを買っておくと、いちいち切符を買わなくてもすむ。（利用方法→p.234）（路線図→裏表紙裏）

　MRTの路線は路線図や構内案内図では5色に色分けされ、それぞれ番号が振られている。乗換駅はたくさんあるが、台北車站駅は広い上に混雑するので、他駅の利用がおすすめだ。

▼ わかりやすいMRT

MRT駅には、行き先表示や出入口の表示、周辺地図など、旅行者にもわかりやすい案内が整っているので、安心して利用できる。トイレやATM、Wi-Fiエリアもあるので、積極的に利用しよう。

## タクシー（計程車）を組み合わせて機動的に

　MRT駅から徒歩で15分以上離れている場所へは、積極的にタクシー（計程車）を利用しよう。どの駅前にもだいたいタクシー乗り場がある。タクシー料金は日本で考えるよりかなり安いので、上手に使いたい。（→p.236）

　また、見どころ周辺ではタクシーがつかまえやすいので、次のポイントまで直接タクシーを使う方法も考えられる。とくに、グループや家族で動くときは、そのほうが効率的で安く上がる場合もある。

▼ 九份へはバスか、または電車＆バスで

郊外の人気観光地・九份はバスか、または電車＆バスで約1時間の距離。本書では台湾近郊の項（→p.162）で紹介している。市内発のオプショナルツアー（→p.209）のコースにもあるので、ぜひ足を延ばして欲しい。

## バス（公車）の利用はワンポイントで

　台北市内にはバス網が張り巡らされていて、路線さえ頭に入っていれば、安いし、目的地近くまで行けるので便利だ。しかし、路線が複雑すぎて旅行者にはハードルが高い。①路線番号がはっきりしている、②降車バス停がはっきりしている（終点など）、の条件が合えば利用するのもよいだろう。（→p.237）

　MRT（捷運）＋タクシーの組み合わせが、時間と費用と使い勝手を考えたとき、旅行者にとってはいちばんおすすめの移動方法だ。（交通機関の利用方法はp.233以降で詳述）

# MRT（捷運）使いこなし
## 行き先マップ　Part 1

新北投

新北投支線

北投

淡水信義線

淡水

蘆洲へ

三重

桃園空港へ

**淡水（p.62）**　淡水信義線の最終駅。淡水河の夕日が有名。河に臨んだ堤防（榕堤）に遊歩道が続く。紅毛城の見学の後はシーフードやおしゃれなカフェでひと時を。

**北投温泉（p.60、126）**　淡水線北投駅から支線で一駅。駅を出ると公園に沿って温泉街への緩やかな坂道が続く。

廻竜へ

北門

**艋舺観光夜市（p.133）**　夜になると龍山寺角の交差点から廣州街に艋舺観光夜市が立つ。さらに進むと華西街観光夜市の入口がある。下町の雰囲気たっぷりの熱気とわい雑さがおもしろい。

**龍山寺（p.42）**　龍山寺は台北市内有数の古刹。お参りの後は周囲の街歩きが楽しい。このエリアは萬華（旧艋舺）と呼ばれる下町で、清水祖師廟や青山宮などの古廟が多く、ここかしこで下町らしい素朴な小吃が味わえるのも楽しみ。

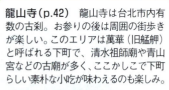

**西門町（p.42）**　MRT西門駅の西側に広がる西門町は若者の町。映画街、コスプレ街、古着街などが連なり、東京の原宿的な雰囲気。

西門

頂埔へ　板橋　板南線　龍山寺

## 台北の歩き方 MRT（捷運）使いこなし行き先マップ 1

**國立故宮博物院**（p.106） 故宮博物院へは、士林駅北側の中正路のバス停からシャトルバスで。士林夜市は隣りの劍潭駅前。

**圓山周辺**（p.50） 圓山駅の西側は台北孔廟、保安宮、大龍街がある下町エリア。東側には広い公園に、MAJI MAJI集食行樂、台北故事館、台北市美術館などが点在する。

士林 — 劍潭 — 圓山 — 民權西路 — 行天宮へ

大橋頭

**中和新蘆線**

**迪化街**（p.12、112） 漢方と乾物の店は健在だが、リノベーションが進み雑貨店やカフェが続々誕生し、興味が尽きない。

雙連

**林森北路**（p.45） 台北駅から北に延びるメインストリート中山北路の東側を並行する繁華街。日本統治時代には大正町と呼ばれた一帯で、飲食店やスナック、マッサージ店などが多く集まる。

南京復興へ

中山 — **松山新店線**

**台北車站（駅）北部**（p.44） 台北駅の北側にはバスターミナルや昔ながらの問屋街、華陰街がある。

桃園機場線 — 板南線 — 善尊寺 — 忠孝新生へ

台北車站

淡水信義線

**永康街**（p.110） 台北人気エリアの一つ。ヤングアダルトを中心に、観光客でにぎわう。ブティック巡りや雑貨探しの合間に小籠包やかき氷、牛肉麺有名店の味を堪能しよう。茶藝館や茶葉店の密度も台北随一で、お茶好きにはたまらない。東門駅下車。

**台北車站（駅）南部**（p40） 台北車站駅の南側、西門駅、台大醫院駅に囲まれた一帯には商店街や市場があり、多彩な顔を見せるエリア。

小南門 — 中正紀念堂 — 東門 — 忠孝新生へ / 大安森林公園へ

**中和新蘆線**

**中正紀念堂**（p.40） 広大な自由廣場に威容を誇る中正紀念堂は蔣介石を祀る建物。定番の観光コース、毎正時の衛兵交代式が見もの。

**松山新店線**

南勢角へ — 台電大樓 — 公館 — 新店へ

**師大路**（p.54） 台電大樓駅から和平東路の間の師大路は明るい雰囲気の学生の街。一本東の龍泉街周辺は、夜になると師大夜市でにぎわう。

# MRT（捷運）使いこなし
## 行き先マップ　Part 2

中山國小　　中和新蘆線　　松山機場　　劍南路

**行天宮（p.103）** 下町の龍山寺とはまた違った雰囲気の廟。環境にも配慮して、廟のシンボル、香炉と供物台を撤去し、信仰は形式ではなく心だと訴える。

行天宮

中山國中

松山新店線　　松江南京　　南京復興

板南線　　忠孝新生　　忠孝復興　　忠孝敦化

**華山1914文創園區（p.47）** 忠孝新生駅近くの日本統治時代の酒造工場。大規模リノベーションの先駆けで、カフェなどのテナントと展示施設が併存。

東門へ　　大安森林公園　　大安　　淡水信義線

六張犁

**大安森林公園** 台北市内に残る緑豊かな公園で、西側は永康街のエリアにつながる。駅も公園の雰囲気に溶け込んでいる。

**臨江街夜市（p.135）** 信義線の信義安和駅が開業してアクセスがよくなった。Taipei101観光と組み合わせるのもおすすめだ。

### 美麗華百樂園 (p.129)
劍南路駅前の大きな観覧車がランドマークのショッピングモール。ここから故宮博物院はとても近く、シャトルバスも出ている。

### 饒河街観光夜市 (p.132)
MRT松山駅前の媽祖廟、慈祐宮脇から続く一本道に、ぎっしりと屋台が並ぶ、密度の高い夜市。衣料品問屋街五分埔は駅の反対側。

文湖線　内湖

### 富錦街 (p.64)
静かなマンション街に、おしゃれなカフェやショップが増殖中で注目のエリア。台北松山空港から近く、帰国前の時間調整にも好都合な場所。

### 南港展覧館
文湖線は台北の新興エリアをぐるりと走り、高層マンション群も目につく。ホテルやレストラン、博覧会場など新施設も多い。

台北小巨蛋　南京三民　松山　南港展覽館

国父紀念館　市政府

### 國父紀念館 (p.53)
中華民国の建国の父、孫文を祀る國父紀念館、煙草工場跡地の松山文創園區に加え、台北大巨蛋（ドーム）も工事半ば。

### 信義エリア (p.52)
台北の新都心信義エリアへは、板南線市政府駅、または淡水信義線台北101／世貿駅が便利。眺望が人気のTaipei 101のほか、新光三越や誠品信義店などの大型店、イベントでにぎわう世界貿易中心などがある。

信義安和　台北101／世貿　象山

文湖線　木柵

### 木柵・猫空 (p.56)
文湖線終点はパンダが待つ動物園。猫空ロープウェイに乗れば、指南宮を経て猫空の観光茶園へ。

動物園南　指南宮　動物園　猫空

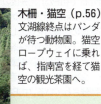

台北の歩き方　MRT（捷運）使いこなし行き先マップ2

# 台北車站(駅)南部
たいぺいしゃたんなんぶ

タイペイ・チャージャン

**MRT：台北車站・台大醫院**
MAP p.22・23

### アクセス access
台北駅から國立台湾博物館・二二八和平紀念公園まで徒歩7分。中正紀念堂まで徒歩15分。台北車站駅からMRT淡水信義線で中正紀念堂駅まで3分

### hint! 歩き方のヒント

| | |
|---|---|
| 観光 | ★★★★★ |
| 食べ歩き | ★★★ |
| ショッピング | ★★★ |
| MRT | ★★★ |
| 徒歩 | ★★★★★ |
| タクシー | ★★★ |

中華民国の元首、総統の官邸。日本統治時代に台湾総督府庁舎として建てられた

## 街のしくみ

### 時代を映す台北の街並み、歴史的な建物が集中するエリア

　台北駅南側の駅前には新光三越百貨（デパート）が入る新光摩天大樓がそびえ立つ。市内東のTaipei 101と並ぶ西のランドマークとして覚えておくと便利だ。

　駅南から西の西門町へかけては、いろいろな専門店街が形成されている。予備校街（安い食堂が多い）、書店街、布地店街、靴・鞄・洋服専門店・市場街、カメラ店や音響機器店街、ジュエリーの店や貴金属店が集まった銀楼街など、個性的な街並みが続く。

　駅前から真っ直ぐ南へ下ると、國立台湾博物館や台北二二八紀念館がある二二八和平紀念公園、総統府、さらに政府機関の建物群へと続く。専門店街のごちゃごちゃした街並みとは対照的にひろびろとしている。

　ここまで来ると、中正紀念堂の建つ自由廣場（中正紀念公園）までもうすぐだ。

　街歩きに疲れても、公園内や官庁街には休むところが少ない。國家戯院ロビーのカフェや台北二二八紀念館に併設されているカフェは休憩ポイントとしておすすめだ。

## 見どころ

### 中正紀念堂／自由廣場
ゾンジョン・ジーニエンタン／ズーヨウ・クワンチャン
ちゅうせいきねんどう／じゆうひろば
MAP p.23-H・L

#### 周囲を圧倒する巨大さ

　広大な自由廣場の入口には、巨大な門が立つ。蔣介石（中正公）死去後の1980年に完成した、高さ70mの巨大な記念堂は、2007年、蔣介石崇拝の影響力を除去しようとする民進党のもとで、一時、台湾民主紀念館と名前が変わった。廣場内には國家戯院と國家音樂廳があり、演劇やクラシック音楽のコンサートなどが開催されている。中正紀念堂内では、毎

正時に衛兵交代の儀式を見ることができる。
★MRT中正紀念堂駅5番出口から徒歩2分
住 中山南路21号　TEL 02-2343-1100　開 9:00〜18:00
休 無休　料 無料　URL https://www.cksmh.gov.tw/

白い大理石と青瓦が印象的な中正紀念堂

### アルアルバー・ホーピン・ジーニェン・コンユェン
### 二二八和平紀念公園
にいにいはちわへいきねんこうえん
MAP p.23-G

#### 台北駅から近い緑の濃い公園
　台北駅から南陽街を歩いていくと突きあたりにある。6万㎡の敷地内に、東屋のある蓮池、台湾ならではの健康歩道（→p.105）、台北二二八紀念館（→p.116）、國立台湾博物館（→p.116）などがある。早朝には、多くの市民が気功や太極拳などをしている。

★MRT台大醫院駅1番出口から徒歩2分
住 凱達格蘭大道3号　台北二二八紀念館／TEL 02-2389-7228　開 10:00〜17:00　休 月曜（祝日の場合は翌日）
料 20元　URL https://228memorialmuseum.gov.taipei/

1947年、日本の台湾統治が終わった直後の混乱期に、国民党軍が台湾民衆を弾圧した二二八事件を記念する公園。写真は二二八紀念碑

### チョンゾン・スーチャン
### 城中市場
じょうちゅういちば
MAP p.23-C

#### 日用衣料品の宝庫
　台北駅のすぐ近くにありながら、庶民的な雰囲気が満ちあふれた一画。ビルのあいだのうっかりすると見落としそうな路地に入ると、屋台村のような飲食店や衣料品、雑貨の商店街が続く。旅の途中の衣類の補充や、チャイナテイストのシャツや小物のおみやげ探しなど、実用的にも重宝する。

★MRT台大醫院駅4番出口から徒歩5分
住 武昌街と阮陵街の間　営 7:30〜17:30頃

旅行中の服の買い足しにも便利

### タオユエンチエ
### 桃源街
とうげんがい
MAP p.22-F

#### ぜひとも食べたい！牛肉麺＆ワンタン街
　牛肉麺と餛飩（ワンタン）の店が、狭い通りに集まっている。牛肉麺は、食べ比べしたくなる。具がたっぷりの大きなワンタン店も人気だ。どの店も混んでいるが、回転は早い。

★MRT西門駅3番出口から徒歩3分
住 桃源街

食べごたえのあるワンタン

## このエリアの おすすめスポット

| | | |
|---|---|---|
| ツォントンフウ 総統府 | MAP p.23-G | p.114 |
| クオリー・タイワン・ボーウークワン 國立台湾博物館 | MAP p.23-C | p.116 |
| タイター・イーユアン・ジョークワン 台大醫院旧館 | MAP p.23-G | p.115 |
| ナンメン・スーチャン 南門市場 | MAP p.23-K | p.101 |
| ウーゾンハン 伍宗行 | MAP p.23-G | p.144 |
| ワンツァオ・ツァンティン 王朝餐廳 | MAP p.23-C | p.81 |
| ターサンユェン・ジョウロウ 大三元酒樓 | MAP p.23-G | p.81 |
| ロンメン・クーザン・ジャオズクワン 龍門客棧餃子館 | MAP p.23-H | p.77 |
| シンクワン・サンユエ・タイペイジャンチエンティエン 新光三越台北站前店 | MAP p.23-C | p.90 |
| ラオパイ・コンユェンハオ 老牌公園號 | MAP p.23-G | p.95 |

台北の歩き方 / 台北車站（駅）南部

# 西門町/龍山寺
せいもんちょう/りゅうざんじ

シームェンティン/ロンサンスー

MRT：西門・龍山寺
MAP p.22

### アクセス access
台北車站駅からMRT板南線で西門駅まで3分、龍山寺駅まで5分

### hint! 歩き方のヒント
| | |
|---|---|
| 観光 | ★★★★★ |
| 食べ歩き | ★★★★ |
| ショッピング | ★★★ |
| 徒歩 | ★★★★ |
| タクシー | ★★★ |

西門町の公園で開かれるフリーマーケット。日本と変わらない風景

## 街のしくみ

### 若い娯楽の街とレトロな下町感覚の街が隣接する、活気と喧噪の地域

　西門町から龍山寺にかけては、台北でも古くから開けた歴史のあるエリア。かつては淡水河を遡ってこの辺りに港があった。龍山寺周辺は下町のにおいが濃厚だ。西門町はファッション、映画、娯楽が盛んな歓楽街。主役は10代、20代の若者だ。

西門町は若者に人気のエリア

## 見どころ

### 西門紅樓
シーメンホンロウ
せいもんこうろう

MAP p.22-F

### ユニークな八角形の建物は昔の市場

　日本統治時代の1908年(明治41)に公営市場として建てられた。上から見ると、手前正面は八角形、奥が十字形のユニークな設計。現在八角形部分は劇場やイベント会場として、十字形部分は16工房というクラフト系雑貨店を中心としたショッピングモールになっている。

★MRT西門駅1番出口から徒歩1分
住 成都路10号　TEL 02-2311-9380
開 11:00～21:30 (金・土曜～22:00)　休 月曜

赤レンガの建物は、八角堂と呼ばれていた

### 西門町峨嵋街
シーメンティン・アーメイチエ
せいもんちょうがびがい

MAP p.22-B

#### 西門町のメインストリート
　ファッションビルやブティック、雑貨店などが立ち並ぶ。小さな店が多く、原宿竹下通りのような感じ。通称オタクビル「萬年商業大樓」はこの通りの中央あたり。

★MRT西門駅6番出口から徒歩2分
住 峨嵋街（中華路～康定路）

通りには若者向けのアイテムがあふれる

廣州街の華西街観光夜市入口

### 華西街観光夜市
ホワシーチエ・クワングワンイエスー
かせいがいかんこうよいち

MAP p.22-E

#### ディープな雰囲気が味わえる夜市
　華西街観光夜市にヘビやスッポンなど強精をうたい文句にする店が多いのは、以前近くに花街があった名残だ。夜市の通りはアーケードになっている。龍山寺から夜市の入口までの廣州街は夜になると艋舺観光夜市となり、多くの屋台が出てにぎやかだ。（→p.133）。

★MRT龍山寺駅1番出口から徒歩5分
住 華西街（貴陽街～廣州街）　営16:00～24:00頃

### 龍山寺周辺
ロンサンスー
りゅうざんじ

MAP p.22-E・I

#### 下町のにぎわいと庶民の暮らし
　龍山寺のある一帯は萬華、旧名は艋舺（モンガー）と呼ばれ、18世紀に淡水河の水運を利用した貿易港として発展した。台北発祥の地ともいわれ、庶民的な雰囲気の古い街だ。古刹の龍山寺や近くの華西街、廣州街、梧州街で開かれる夜市には市民が繰り出す。朝・昼は駅近くの三水市場が買い物客でにぎわう。

西三水市場の福州元祖胡椒餅

### 剝皮寮歴史街區
ポーピーリャウ・リーシーチエチー
はくひりょうれきしがいく

MAP p.22-E

#### レトロ感いっぱいの古い街並み
　清朝末期から日本統治時代にかけての古い街並みを保存、改修して公開した一角。「剝皮寮」の名は、木材の加工が盛んだった時代の名残。昔の看板やポスターも再現され、かつての雰囲気がよく伝わる。

★MRT龍山寺駅3番出口から徒歩5分
住 康定路173巷　電02-2302-3199　開9:00～21:00（館内は18:00）　休無休

赤レンガの古い街並みが整備されてよみがえった

---

### このエリアの おすすめスポット

| | | |
|---|---|---|
| 📷 龍山寺 ロンサンスー | MAP p.22-E | p.102 |
| 📷 青山宮 チンサンゴン | MAP p.22-E | p.103 |
| 📷 龍山寺地下算命街 ロンサンスー・ディーシァ・スァンミンチエ | MAP p.22-I | p.104 |
| 📷 中山堂 ゾンサンタン | MAP p.22-B | p.114 |
| 🛒 16工房 シーリョウゴンファン | MAP p.22-F | p.149 |
| 📷 艋舺観光夜市 モンガー・クワングワン・イエスー | MAP p.22-E | p.133 |
| 🍴 阿宗麺線 アーツォン・ミエンシェン | MAP p.22-B | p.69 |
| 🍴 上海老天禄 シャンハイ・ラオティエンルー | MAP p.22-B | p.73 |
| 🍴 小南鄭記台南碗粿 シャオナン・チェンジー・タイナン・ワンクイ | MAP p.22-I | p.75 |
| 💆 皇家巴里烏龍養生会舘(ロイヤルバリ) ホアンジャー・バーリー・ウンロンヤンション・フイクワン | MAP p.22-B | p.139 |

# 台北車站(駅)北部
たいぺいしゃたんほくぶ

タイペイチャージャン

**MRT：中山・雙連・民権西路**
MAP p.25

有名ブランドショップが並ぶ台北の目抜き通り、中山北路

### アクセス access
台北車站駅からMRT淡水信義線で中山駅まで2分、雙連駅まで4分、民権西路駅まで6分

### hint! 歩き方のヒント
| | |
|---|---|
| 観光 | ★★★★★ |
| 食べ歩き | ★★★★ |
| ショッピング | ★★★ |
| MRT | ★★★ |
| 徒歩 | ★★★★★ |
| タクシー | ★★★ |

## 街のしくみ

### 落ち着いた空気と文化の色濃い台北を代表するストリート

　台北駅のすぐ北には、3棟の高層オフィスビルが並ぶ。地方へのバスターミナル台北轉運站やホテル、ショッピングモール、レストラン街の入った京站時尚廣場Qsquareもここだ。ビルの裏一帯は、がらっと雰囲気が変わって、服や旅行鞄、靴などの問屋街があり、庶民的なにぎわい。

　MRT淡水線中山駅周辺は新光三越百貨を中心にした繁華街。中山北路から一本東側の林森北路付近はレストラン、バー、スナックなどが軒を連ね、日本人客の集まる有名店も多い。

　MRT雙連駅から民権西路駅の間には朝市が立ち、庶民の活気にあふれる（→p.100）。少し足をのばせば寧夏路夜市や問屋街で有名な迪化街（→p.112）で、この辺りに宿をとれば、朝から夜まで徒歩圏内で台北のさまざまな面を楽しむことができる。

　民権東路と松江路の交差点角には、大きな廟・行天宮があり、交差点の地下歩道に占い街がある。松江路の地下にMRT中和新蘆線が通り、忠孝新生駅で板南線に乗り換えができる。

## 見どころ

### 中山北路周辺
ゾンサンベイルー
ちゅうざんほくろ

MAP p.25-H、K

**隠れ家風のカフェやブティックが増殖中**

　台北駅から北へのびる中山北路は、風格のある並木道で、高級ホテルや高級レストラン、ブランドショップも多い。

　一方裏道に入ると、センスのよいブティックやしゃれたカフェが多く、隠れた人気スポットになっている。

★MRT中山駅4番出口から徒歩3分
住 中山北路二段周辺

## 林森北路
リンシンベイルー
りんしんほくろ
MAP p.25-L・I

### 観光客には利用機会の多いエリア
東西にのびる忠孝路を境に、北が北路、南が南路。台北駅の北からのびる林森北路一帯は、日本統治時代以来の盛り場で、夜はネオンがきらびやかだ。日本人の駐在員や観光客の利用も多い。日本食レストランやバー、スナック、マッサージ店などもたくさんあり、夜中までにぎわう。

★MRT中山駅3番出口から徒歩5分
住 林森北路（市民大道～民権東路）

## 松江路周辺
ソンジャンルー
まつえろ
MAP p.20-F

### 有名ホテルも多く、落ち着いた通り
松江路はビジネス街の色濃い通りで、地下をMRT中和新蘆線が走る。北の行天宮、南の華山1914文創園區（→p.47）が観光のポイント。一本西の吉林路は昔ながらのにぎやかな商店街で、海鮮料理店をはじめ、手軽な価格で食事が楽しめるレストランが多い。行天宮のある民権東路二段との交差点地下の歩行者通路が、有名な占い横丁（→p.104）。

★MRT行天宮/松江南京/忠孝新生駅
住 松江路一段～二段

堂々たる構えの行天宮大殿門は、民権東路に面している

## 寧夏夜市
ニンシャー・イエスー
ねいかよいち
MAP p.25-G

### 食べ物屋台を楽しむ夜市
台北駅からもタクシーで10分と近いので、規模が小さいがおすすめの夜市。ここでは、バラエティー豊かな小吃を楽しみたい。（→p.134）

★MRT中山駅2番出口/雙連駅1番出口から徒歩10分
住 寧夏路（南京西路～民生西路） 営 17:00～24:00頃

おいしい食べ物屋台が並ぶので定評がある

## 雙城街夜市／晴光市場
スワンツェンチエ・イエスー／チングワンスーチャン
そうじょうがいよいち／せいこういちば
MAP p.24-F

### 朝も、昼も、夜も、小吃が食べられる
昼と夜二交代で朝から楽しめる食べ物屋台中心の夜市で、雙城美食街とも呼ばれる。昼間の屋台は安心感があるし、椅子席もあって、規模は小さいが初心者におすすめできる。すぐ隣に常設市場の「晴光市場」がある。

★MRT中山國小駅1番出口から徒歩5分／民権西路駅9番出口から徒歩8分
住 民権東路一段と農安街の間 営 8:00～24:00頃

夕暮れ時の雙城街夜市

---

## このエリアのおすすめスポット

| | | |
|---|---|---|
| 雙連朝市 スワンリェン・チャオスー MAP p.25-H p.100 | 國賓大飯店川菜廳 クオビンターファンティエン・ツォアンツァイティン MAP p.25-H p.78 |
| 行天宮 シンティエンゴン MAP p.20-B p.103 | 雙連圓仔湯 スワンリェン・ユェンヅタン MAP p.25-H p.93 |
| 紅磡新飲茶 ホンカン・シンヤムチャー MAP p.25-I p.80 | 一番大溪港亀山島海鮮 イーファン・ターシー・ダイシャンタオ・ハイシェン MAP p.25-G p.87 |
| R9 Café アール・ナイン・カフェ MAP p.25-H p.125 | 台湾好,店 タイワンハオ、ティエン MAP p.25-H p.148 |
| 梅子餐廳 メイズ・ツァンティン MAP p.25-L p.66 | 台北之家 タイペイジージャ MAP p.25-K p.151 |

# 忠孝東路 I
ちゅうこうとうろ

> ジョンシャオトンルー

**MRT：忠孝新生・忠孝復興**
MAP p.26-B・F、p.27-C・D・G・H

### アクセス access
台北車站駅からMRT板南線で忠孝新生駅まで5分、忠孝復興駅まで7分

### hint! 歩き方のヒント
観光　　　★★★★★
ショッピング　★★★
MRT　　　★★★★
徒歩　　　★★★

日本統治時代の日本酒工場跡を活用した華山1914文創園區

## 街のしくみ

### 台北市街の中心部。こんなところに思いがけない緑や歴史が残る

　台北市街は、西には台北駅を中心とする旧都心、東にはTaipei 101が象徴的な新都心があり、この東西2カ所を結ぶ大通りが忠孝路、その地下をMRT板南線が走っている。

　板南線で台北車站駅から2つ目が忠孝新生駅で、南北に走るMRT中和新蘆線の乗り換え駅。駅周辺にはIT街として有名な八德路、光華數位新天地、骨董品店街の三晋古董商場、光華觀光玉市、日本酒工場をリノベーションした華山1914文創園區など、見どころが目白押しだ。中和新蘆線に乗り換えて北に向かえば2駅目が行天宮駅、南に向かえば次が永康街の最寄り駅東門駅である。

　忠孝新生駅と忠孝復興駅の中間あたりを南北に走る建國路には高架の高速道路が併設され、高架下は駐車場になっている。この駐車場で土・日曜に限って開かれるのが、建國假日玉市／花市だ。

　忠孝東路をさらに東に進むと、頂好や東區の商業エリアが出現する。

## 見どころ

### IT街（電子街）
ディエンツチエ
アイティーがい（でんしがい）

MAP p.26-F

#### 電脳オタクで遅くまでにぎわう

　東西南北に走る道路が多い台北の中で、珍しく斜めに交差する八德路。忠孝新生駅近くの八德路一段がパソコンや携帯電話、ゲームソフトなどの店が集まるIT（電脳）街で、夜遅くまで多くの若者でにぎわっている。そのキースポットが、光華商場（光華數位新天地→p.157）と隣の三創生活園區だ。

★MRT忠孝新生駅1番出口から徒歩3分
住 八德路一段（金山北路〜新生北路）
営 11:00〜22:00頃（店により異なる）

八徳路の両側にずらりとIT関係の店が並ぶ

### ホアサン・イージョウイースー・ウェンチュアンユエンチー
## 華山1914文創園區
かざん1914ぶんそうえんく
MAP p.26-F

### 都会のオアシスのような工場跡地

若者達でにぎわう八徳路IT街を抜けると、広場に出る。その奥には大きな建物が立ち並び、煙突も見える。ここが華山1914文創園區で、日本統治時代の酒工場の跡地だ。工場や倉庫の建物をリニューアルして貸し出している。さまざまなイベントに活用され、かつての工場が文化活動の拠点に生まれ変わった。

★MRT忠孝新生駅1番出口から徒歩5分
住 八徳路一段1号　TEL 02-2358-1914
開 屋外は24時間開放、屋内は11:00～21:00（店により異なる）　休 無休
URL https://www.huashan1914.com/

カフェ、レストラン、雑貨店などもあって多彩に楽しめる

### シーワン・クワンチャン・ノンミンシージー
## 希望廣場農民市集
きぼうひろばのうみんししゅう
MAP p.26-A

### 週末開催のファーマーズ・マーケット

台湾各地の農家や組合が、野菜や果物などの農産物や特産品、加工品を販売する産直市場。

★MRT善導寺駅1番出口から徒歩2分
住 林森北路と北平東路の交差点　営 土曜10:00～19:00、日曜～18:00　URL http://www.ehope.org.tw/

台湾の農村の雰囲気がそのまま伝わる週末市場

### チェンクオ・チャーズー・ユースー／ホアスー
## 建國假日玉市／花市
けんこくかじつたまいち／はないち
MAP p.27-G・K

### 毎週土・日曜に開催される市

建國南路の高架下駐車場が会場。仁愛路をはさんで北側が玉市、南側が花市。玉は高級品もあるが、おみやげ用の小物探しがおもしろい。花市の南の「藝文区」ブロックには、書画、骨董などの店が出る（→p.155）。

★MRT忠孝新生駅3番出口から徒歩10分
住 建國南路一段　営 土・日曜9:00～18:00

花市では切り花、鉢物から園芸資材まで売っている

## このエリアの おすすめスポット

| | | |
|---|---|---|
| リァオニンチエ・イエスー **遼寧街夜市** | MAP p.27-C | p.135 |
| ビーイング・スパ **Being Spa** | MAP p.26-B | p.138 |
| ジンラー・ズーティ・ヤンションフイクワン **金楽足體養生会館** | MAP p.27-C | p.136 |
| チュアンシー **穿石 CHANTEZ** | MAP p.27-G | p.125 |
| チーナンシェンタンバオ **濟南鮮湯包** | MAP p.27-G | p.71 |
| イーシャンユエン **逸郷園** | MAP p.26-E | p.83 |
| リントンファン・ニュウローミェン **林東芳牛肉麺** | MAP p.27-D | p.69 |
| バイグオユエン **百果園** | MAP p.27-D | p.97 |
| タンツン・シュガー アンド スパイス **糖村 Sugar & Spice** | MAP p.27-H | p.143 |
| グワンホワ・クワンワン・ユースー **光華観光玉市** | MAP p.26-F | p.155 |

# 忠孝東路 II
ちゅうこうとうろ

ジョンシャオトンルー

**MRT：忠孝復興・忠孝敦化**
MAP p.27-H・L、p.28-E・I

### アクセス access
台北車站駅からMRT板南線で忠孝復興駅まで7分、忠孝敦化駅まで10分

### hint! 歩き方のヒント

| | |
|---|---|
| 食べ歩き | ★★★★ |
| ショッピング | ★★★★★ |
| MRT | ★★★★ |
| 徒歩 | ★★★ |

公園のような敦化南路の中央分離帯。後方は誠品敦南店が入るビル

## 街のしくみ

### 台北を代表するショッピングエリア。人気のレストランも集まる

　地下にMRT板南線が走る忠孝東路。台北駅方面から東に進み、松江路、建國路を過ぎて忠孝復興駅がある復興南路に来ると、一気に商業地域の雰囲気になる。復興南路との交差点にある忠孝復興駅は、市内東部を南北に走る高架式のMRT文湖線の乗り換え駅。人気観光地九份へ行くバスも近くから出ている。

　忠孝復興駅から忠孝敦化駅にかけての一帯は頂好商圏と呼ばれる繁華街。復興館と忠孝館の2つのSOGO百貨店がその中心である。忠孝敦化駅から仁愛路にかけての敦化南路一段には、おしゃれなショップやレストランが多い。忠孝敦化駅の東側一帯は東區商圈と呼ばれ、安和路周辺には人気レストランが並ぶ。一方、忠孝東路の北側には最先端のファッション系ショップやカフェ、居酒屋などが多く、若者に人気だ。

　さらに東に進んで延吉街には、個性的な味のレストランが多く集まる。ここまで来ると國父紀念館もすぐで、Taipei 101も大きく見える。

## 見どころ

### 敦化南路
トンホアナンルー
とんかなんろ

MAP p.27-H・L、28-E・I

### 緑濃い公園のような美しい街路

　敦化路は台北市内でも有数の美しい並木道で、台北松山空港からまっすぐ南に延びる幹線道路だ。八徳路より北は敦化北路、南が敦化南路。中央分離帯は広く公園のようで、野外彫刻作品なども置かれている。敦化南路のランドマークは、仁愛路との交差点にある仁愛圓環（ロータリー）。周辺には高級マンションが立ち並び、ハイソな雰囲気が漂う。

★MRT忠孝敦化駅6、8番出口

にぎやかな忠孝復興駅前でキャンペーン中

### ディンハオシャンチュエン／トンチーシャンチュエン
### 頂好商圏／東區商圏
ちょうこうしょうけん／ひがしくしょうけん
MAP p.27-H、28-E

## おしゃれなショッピングエリア

　MRT板南線の忠孝復興駅から忠孝敦化駅周辺の忠孝東路はにぎやかな商店街。頂好商圏、東區商圏といわれるエリアで、台北でももっともにぎわう場所のひとつだ。忠孝東路の忠孝復興駅と忠孝敦化駅の間は東區地下街で結ばれ、歩いても10分ほどの距離である。

　そして、今注目されているのが忠孝東路北側の市民大道に挟まれた「裏忠孝東路」などとも呼ばれる一角。小さなブティックや皮革、アクセサリーなど個性的なファッション小物の店がどんどん出店、カフェや日本風居酒屋なども増えて、新しさを求める若者たちに人

裏忠孝東路に集まる個性的なショップ

気のエリアとなっている。

★MRT忠孝復興駅、忠孝敦化駅周辺

東區商圏はヤングアダルト中心の街

### チョンピントンナンティエン
### 誠品敦南店
せいひんとんなんてん
MAP p.28-E

## 24時間営業の大型書店

　ハイセンスな街並みで、新しいカルチャーの牽引役を果たしている。MRT市政府駅近くの誠品旗艦店に規模は及ばないが、24時間営業であることが何より便利。書店は2階、1階は文具や雑貨のテナント、地下2階には音楽メディア関係やワインセラーもあり、各ショップとも置いてある商品のレベルは高い。

★MRT忠孝敦化駅6番出口から徒歩4分
🏠敦化南路一段245号　☎02-2775-5977
⏰24時間（2階書店）、11:00～22:00（その他フロア）
休無休　URL https://meet.eslite.com

### イエンジーチエ
### 延吉街
えんきつがい
MAP p.28-E

## 個性的な店が集まるグルメストリート

　延吉街の忠孝東路より南側は、手頃でセンスのよいレストランが多いことで知られている。火鍋、四川料理、エスニック料理、そして日本料理店も多く集まる。忠孝東路の北側には牛肉麵や台湾料理の店などもあって、もう少し庶民的な雰囲気。

★MRT國父紀念館駅2番出口から徒歩5分

## このエリアの おすすめスポット

| | | |
|---|---|---|
| トウ・シャオユエ<br>度小月　MAP p.28-E　p.74 | チーユエン・チュアンツァイ<br>驥園川菜　MAP p.27-L　p.85 |
| クワンシンユエン<br>寛心園　MAP p.28-E　p.89 | キキ・ツァンティン<br>KiKi餐廳　MAP p.28-F　p.78 |
| シェンイーシェン<br>鮮芋仙（忠孝店）　MAP p.28-E　p.95 | スーチュアン・ウーチャオショウ<br>四川呉抄手　MAP p.28-E　p.78 |
| トンチー・フェンユェン<br>東區粉圓　MAP p.28-E　p.94 | チャンパイ・シャオクワン<br>長白小館　MAP p.28-F　p.84 |

# 圓山周辺
えんざんしゅうへん

ユェンサン

**MRT：圓山・劍南路**
MAP p.20-A・B、p.51

### アクセス access
台北車站駅からMRT淡水信義線で圓山駅まで6分、劍潭駅まで8分

### hint! 歩き方のヒント
| | |
|---|---|
| 観光 | ★★★★★ |
| 食べ歩き | ★ |
| ショッピング | ★ |
| MRT | ★★★ |
| 徒歩 | ★★★ |
| タクシー | ★★★★ |

上：保安宮／下左：花博公園内の市場（土・日開催）／下右：保安宮後苑の物語人形

## 街のしくみ

### 頭上をかすめて着陸する飛行機。翼の下に点在する新旧の建築物が人をひきつける

　台北松山空港に着陸する飛行機の航路直下で、機窓からもよく見える一帯。MRT淡水信義線圓山駅の西側には、歴史を感じさせる台北孔廟、保安宮がある。東側の花博公園には、台北故事館、林安泰古厝の歴史的建物や、台北花博に合わせ建設された環境に配慮した斬新なデザインのパビリオンが点在していて、新旧が混在した新しい観光名所となっている。

　基隆河をはさんだ北側には、衛兵の交代式で知られる忠烈祠（将兵の霊を祀った廟）がある。中国宮殿風の建築で、深い緑の木々にとてもよく映えている。

　北部の劍潭山一帯は自然に囲まれ、圓山風景区となっている。朱赤の列柱が華麗で重々しいホテル、圓山大飯店もここにある。

## 見どころ

### 台北孔廟
タイペイ・コンミャオ
たいぺいこうびょう

MAP p.24-B、51-A

#### きれいになった孔子廟

　中国が世界に誇る聖人・孔子を祀った廟で、創建は清の光緒5（1879）年。2008年に改修工事をすませ、壮麗に蘇った。広い敷地には、中国・曲阜の孔子廟を模した立派な建物が並

祭りの日以外はいつも静かなたたずまい

ぶ。毎年9月28日の孔子の生誕記念日（教師節）には盛大な祭りが行なわれる。

★MRT圓山駅2番出口から徒歩7分
住 大龍街275号　TEL 02-2592-3934
開 8:30～21:00（日曜・祝日～17:00）　休 月曜
料 無料　URL https://www.ct.taipei.gov.tw

| パオアンコン<br>保安宮<br>ほあんぐう | MAP p.24-A、51-A |

### 病気を治してくれる神様

正式名称は大龍峒保安宮。孔廟の隣にあり、医薬と長寿の神様である保生大帝を祀る。旧暦3月15日には保生大帝の生誕を祝う「保生大帝生誕祭」が盛大に開かれる。正門を挟んだ向かいの後苑には、保生大帝にまつわる寓話が人形で物語られていて、おもしろい。

★MRT圓山駅2番出口から徒歩8分
住 哈密街61号　TEL 02-2595-1676　開 6:30～22:00
休 無休　料 無料　URL http://www.baoan.org.tw/

| タイペイ・グーシークワン<br>台北故事館<br>たいぺいこじかん | MAP p.20-B、51-A |

### 瀟洒で美しい西洋館

1914年に、台北の茶商だった陳朝駿が社交場として建てた、英国チューダー式の洋館。小規模だがおしゃれな建物で、現在は台湾の文化や生活を展示紹介するミニ博物館になっている。隣接して、ガラス窓が開放的なモダンなカフェレストラン「MILLS」がある。

★MRT圓山駅1番出口から徒歩10分
住 中山北路三段181-1号（花博公園内）　TEL 02-2587-5565　開 10:00～17:30（カフェ11:30～19:00）　休 月曜　料 無料　URL http://www.storyhouse.com.tw

美しく修復された洋館建築、台北故事館

| ツォンリエツー<br>忠烈祠<br>ちゅうれつし | MAP p.20-B、51-A |

### 一糸乱れぬ衛兵が印象的

抗日戦争や国民党政府のために命を落とした英霊を祀るため、1969年に創建された。広大な敷地の奥に北京の太和殿を模した中国宮殿風の本殿がある。正門前では毎正時に衛兵の交代式が行なわれる。写真撮影は問題ないが、兵士の身体や銃には触れないように。

★MRT圓山駅からタクシー5分
住 北安路139号　TEL 02-2885-4162　開 9:00～17:00
休 式典時　料 無料

一糸乱れぬ動きは厳粛そのもの

### このエリアの おすすめスポット

|  タイペイ・スーリー・メイスウクワン<br>台北市立美術館 | MAP p.24-C、51-A | p.119 |
|  ワンリン・ルーローファン<br>丸林魯肉飯 | MAP p.24-C、51-A | p.73 |
|  リンアンタイ・クウツオー・ミンスーウェンウークワン<br>林安泰古厝民俗文物館 | MAP p.24-C、51-A | p.114 |
|  ウェイゼン・ショウゴンブーバオ<br>葳臻手工布包 | MAP p.20-B、51-A | p.153 |

# 信義/市政府

しんぎ／しせいふ

シンイー／スージョンフー

**MRT：國父紀念館・市政府**
MAP p.28・29

### アクセス access
台北車站駅からMRT板南線で國父紀念館駅まで9分、市政府駅まで11分。淡水信義線でTaipei 101／世貿駅まで14分

### hint! 歩き方のヒント

| | |
|---|---|
| 観光 | ★★★★★ |
| 食べ歩き | ★★★★ |
| ショッピング | ★★★ |
| 徒歩 | ★★★ |
| レンタサイクル | ★★★★ |

國父紀念館が建つ中山公園からみるTaipei 101

## 街のしくみ

### 台北市街の東の中心
### 新都心のシンボルはTaipei 101

　MRT國父紀念館駅前の広い公園に建つのが、孫文を記念する國父紀念館。忠孝東路を挟んだ向かいでは、台北大巨蛋（台北ドーム）の工事が進んでいる。旧煙草工場をリノベーションした松山文創園区はその奥にある。

　ひとつ隣が市政府駅で、ここから南方向の淡水信義線Taipei101／世貿駅の間が、信義新都心である。かつての軍需工場跡地を再開発したもので、台北市庁舎、統一阪急や新光三越、誠品書店、メリディアンやハイアットなどの高級ホテル、Taipei 101を筆頭とする高層ビルが立ち並ぶ。台北世界貿易センター（世貿）でイベントが開催されると、たいへんなにぎわいとなる。かつての軍需工場関係者が住んだ眷村を保存した四四南村も見逃せないスポットだ。

背後にTaipei 101がそびえる四四南村

### 見どころ

**信義商圏** シンイー・シャンチュエン
しんぎしょうけん　MAP p.29-K

### 台北市街東側の新都心

　台北市街東側の商業中心地。副都心として開発が進行中で、大規模な商業ビルやホテルなどが次々に建設されている。新光三越百貨やTaipei 101のショッピングモールには有名ブランド店がズラリと並んでいる。このエリ

※眷村（けんそん）：蔣介石と共に大陸から渡ってきた軍人・家族などの外省人が暮らした町のこと

アの移動には、レンタサイクルU-bikeを利用すると便利。

★MRT市政府駅2番出口から徒歩すぐ
住信義路五段と忠孝東路五段の間

新光三越百貨には高級ブランド店が入っている

### Taipei 101
タイペイ・イーリンイー
たいぺい101
MAP p.29-K

#### 超速エレベーターで展望台へ
508mの高さを誇るTaipei 101。382mの89階展望台から360度のパノラマが楽しめる。ドリンクバーや記念品販売のほか、オーディオガイドの用意もある。入場券売り場はショッピングモール5階。ここから展望台へは直通エレベーターに乗りわずか37秒で到着する（→p.129）。地下1階には20余りの店が入った広いフードコート「Grand Market」がある。

★MRT台北101／世貿駅4番出口からすぐ
住信義路五段7号　展望台／TEL02-8101-8800
営9:00～22:00（入場は～21:15）　休無休　料600元
URLhttps://www.taipei-101.com.tw/

建物のデザインは天に伸びる竹のイメージ

周辺は広場で、散策する人も多い

### 國父紀念館
クオフウ・ジーニェンクワン
こくふきねんかん
MAP p.28-F

#### 孫文生誕100年を記念
館内は孫文に関する展示室のほか、約2600人収容のホールや図書館など文化施設としても使われている。4万㎡の広大な敷地は中山公園となっており、休日には多くの市民でにぎわう。毎正時に館内で衛兵の交代式がある。

★MRT國父紀念館駅4番出口から徒歩2分
住仁愛路四段505号　TEL02-2758-8008
開9:00～18:00　休旧暦年末年始　料無料
URLhttps://www.yatsen.gov.tw/

### 松山文創園區
ソンシャン・ウェンチュアンユェンチー
まつやまぶんそうえんく
MAP p.28-F

#### 煙草工場の跡地がデザイン文化の拠点に
日本統治時代につくられた煙草工場（後の松山菸廠）跡地にあり、「松菸」と呼ばれることも多い。古い建物を利用してデザインをテーマにした展示場やカフェ、ショップがある。敷地の一角に誠品書店が運営する誠品生活松菸店があり、台北おすすめスポットの一つ。

★MRT市政府駅1番出口から徒歩7分
住光復南路133号　TEL02-2765-1388　開屋外は24時間開放、室内は9:00～18:00、一部庭園は8:00～22:00　休無休　料無料（一部有料）
URLhttps://www.songshanculturalpark.org/

古い工場建物に隣接して日本人設計の新ビルが建つ

## このエリアのおすすめスポット

| | | |
|---|---|---|
| 四四南村 スースーナンツン | MAP p.28-J | p.115 |
| 臨江街観光夜市 リンジャンチエ・クワングワンイエスー | MAP p.28-I | p.135 |
| 象山 シャンサン | MAP p.21-L | p.128 |
| 明月湯包（支店） ミンユエ・タンパオ | MAP p.21-K | p.71 |
| 北平都一處 ベイピン・トウイーツウ | MAP p.28-F | p.76 |
| Gordon Biersch ゴードン・ビアーシュ | MAP p.29-K | p.98 |
| 誠品生活松菸店 チョンピンションフオ・ソンイェンディエン | MAP p.28-F | p.10 |
| 好,丘 ハオ,チュウ | MAP p.28-J | p.148 |

# 師大路/公館
## しだいろ／こうかん
### シータールー／コンクワン

**MRT：台電大樓・公館**
MAP p.20-J, p.55

**アクセス access**

台北車站駅からMRT淡水信義線で中正紀念堂駅乗り換え、松山新店線台電大樓駅まで9分、公館駅まで10分

**hint! 歩き方のヒント**

| | |
|---|---|
| 観光 | ★★★ |
| 食べ歩き | ★★★★ |
| ショッピング | ★★ |
| MRT | ★★★ |
| 徒歩 | ★★★★★ |

オブジェで飾られた師大路の歩道

## 街のしくみ

### ただの学生街だけにとどまらないエネルギッシュなエリア

隣り合わせの街、師大路と公館はともに台北を代表する学生街として知られる。前者は台湾師範大学、後者は台湾大学の学生たちでにぎわう。いずれも周辺には書店、安い食堂、喫茶店も多く、いかにも学生街らしい雰囲気。洋服、ジーンズやスニーカーの専門店、スマホやコスメ、アクセサリーショップ、飲食店などがぎっしりと並び、若い人たちにとって魅力的な街でもある。

夜は、ともに夜市が人気。師大夜市は師大路の一本東の龍泉街一帯で、公館夜市は大通りから一本南に入った汀州路一帯がメインエリア。また、あたりはタイ、ベトナム、インドなどのアジア料理店や西洋料理店が多いのも特徴。じっくり歩いてみたいエリアだ。

## 見どころ

### タイワンダーシュエ
### 台湾大学
たいわんだいがく

MAP p.55

**広大な敷地は開放感いっぱい**

台大（タイダー）は台湾随一の名門大学で、戦前の台北帝国大学。敷地内は昭和期のレトロ建築の宝庫。点在する学生食堂やカフェは、安くておいしいと評判なので時間があれば散歩がてらのぞいてみたい。

シンボルの椰林大道、正面がレトロ建築の図書館

★MRT公館駅3番出口から正門まで徒歩3分
住 羅斯福路四段1号　開 見学自由
URL https://www.ntu.edu.tw

## 師大路エリア
しだいろ
（シータールー）
MAP p.55

### 主役は若い女子向けカジュアル衣料店

台湾師範大学のお膝元の街。夕方になると夜市目当ての大学生や高校生が続々集まる。並木のある師大路には大型のレストランやファストフード店が多い。夜になって師大夜市（→p.133）の中心になるのは、師大路と並行する龍泉街と間をつなぐ横丁。衣料品の小さな店が軒を連ねる。食べ物では、台湾風おでんの滷味（ルーウェイ）が人気。

★MRT台電大樓駅3番出口から徒歩すぐ（夜市までは徒歩5分）
住 師大路・龍泉街一帯　開 師大路夜市は17:00〜24:00頃

## 公館エリア
こうかん
（コンクワン）
MAP p.55

### 昼間からにぎわう学生向けの商店街

台湾大学をはじめ複数の大学キャンパスがある公館一帯は、学生が主役の街。新生南路に沿った一角は、古本屋や喫茶店などが多く、静かな文教地区の雰囲気だが、羅斯福路のMRT公館駅周辺は一転して、学生をターゲットにしたショップや飲食店が立ち並ぶ商店街。学生に混じって観光客も多く、昼間からにぎやかだ。夜になると水源市場周辺に屋台が出て、にぎわいは公館夜市（→p.135）に引き継がれる。

★MRT公館駅1番出口から徒歩すぐ（夜市までは徒歩3分）
住 新生南路三段、羅斯福路四段あたり
開 公館夜市は15:00〜24:00頃

## このエリアの おすすめスポット

| | | |
|---|---|---|
| 自來水博物館 （ツーライスイ・ボーウークワン） | MAP p.55 | p.115 |
| 許記生煎包 （シュージャー・ションチエンバオ） | MAP p.55 | p.73 |
| 紫藤廬 （ツートンルー） | MAP p.55 | p.122 |
| 陳三鼎 （チェンサンディン） | MAP p.55 | p.95 |
| 台一牛奶大王 （タイイー・ニュウナイ・ターワン） | MAP p.55 | p.93 |
| 薫風堂 （フイフォンタン） | MAP p.55、p111 | p.154 |

台北の歩き方

55

師大夜市。屋台に群がる高校生たち

公館夜市。果物を水飴で固めた糖葫蘆（タンフールー）の屋台

師大路・公館

# 木柵/猫空
もくさく/ねこそら

ムーツァ/マオコン

MRT：動物園　纜車：指南宮・猫空
MAP p.19-F

### アクセス access
台北車站駅からMRT板南線忠孝復興駅乗り換え、文湖線動物園駅まで26分。MRT動物園駅から猫空纜車（ロープウェイ）で猫空駅まで25分

### hint! 歩き方のヒント

| | |
|---|---|
| 観光 | ★★★★ |
| 自然 | ★★★★ |
| 食べ歩き | ★★★ |
| ロープウェイ | ★★★★★ |
| 徒歩 | ★★★ |

高台にそびえる指南宮。参拝には猫空ロープウェイの指南宮駅が便利

## 街のしくみ

### 動物園でパンダと会った後は観光茶園で憩いのひとときを

　木柵・猫空は、台北東南部一帯の広い地域名。山や森が広がり、台北市内とは思えないほど豊かな自然に恵まれた地域だ。

　このエリアで特に最近注目されるのは、猫空纜車（ロープウェイ）の開通によって一躍脚光を浴びた猫空（マオコン）と呼ばれる地域だ。猫空では、台北市立動物園や有名な道教の廟、指南宮が観光ポイントとして知られている。動物園には大陸から贈られたパンダがいるので、パンダファンには見逃せない。台湾茶の有名品種木柵鉄観音茶の産地としても知られ、あたり一帯には茶園が広がる。その多くが観光茶園として、茶館を直営していて、大小あわせて60あまりの茶館が指南路沿いに点在している。

※猫空ロープウェイは毎週月曜はメンテナンスのため運休。ただし、第1月曜及び祝日の場合は運転。

## 見どころ

### 台北市立動物園
たいぺいしりつどうぶつえん
タイペイスーリー・トンウーユエン

MAP p.57-A

#### 3頭の親子パンダに会える

　園内の面積は182haとアジアでも最大級の広さ。この動物園の最大の特徴は、檻をなくし、動物たちの棲息地に近い環境を造りだしていること。そして目玉はジャイアントパンダ「團團（トアントアン）」と「圓圓（ユエンユエン）」、

広い園内はトレインバスの利用が便利

その子「圓仔（ユエンズ）」だ。パンダ館で見ることができるが入場者数に制限があるので、込んでいる日は動物園入口で「大猫熊参観券」をもらい、指定時刻に入場する。そのほか、総ガラス張りの蝴蝶館も必見だ。

★MRT動物園駅からすぐ
住 新光路二段30号　電 02-2938-2300　開 9:00～17:00（入場は～16:00）　休 無休（施設ごとに定休日あり）
料 60元　https://www.zoo.gov.taipei

### 指南宮
しなんぐう
ツーナンコン
MAP p.57-B

#### 台湾道教の聖地

1890年に創建された道教の廟。道教八仙の一人に数えられる唐代の道士・呂仙祖を祀り「仙公廟」とも呼ばれる。眺めがよく、黄昏時には台北の夜景を楽しむことができる。ただし、カップルで行くと、呂仙祖の嫉妬を受けて別れることになるとの言い伝えがある。信じるか信じないかはあなた次第。

★MRT動物園駅で空中纜車（ロープウェイ）に乗り換え20分、指南宮駅下車
住 萬壽路115号　電 02-2939-9922　開 4:00～21:00
休 無休　料 無料　http://www.chih-nan-temple.org

---

## とっておき情報

### 臭豆腐の深坑老街
シェンカンラオホえ
MAP p.19-F

深坑老街は臭豆腐料理で有名なところ。近くの豆腐の里、石碇で生産され、深坑の名物料理となった。休日は台湾各地から観光客が食を求めて集まる。2012年に改修工事が完成し、美しい赤レンガ街に整備された。老街の入口には「深坑神木」と呼ばれるガジュマルの大樹が枝を広げ、緑陰にも臭豆腐の屋台が並ぶ。料理の種類も豊富なので食べ歩きも楽しい。料理の口直しに「兜福工場」の豆腐アイスクリームまたは乾燥梅のジュース、酸梅湯がおすすめ。

★━━━━━━━━━━ アクセス

MRT文湖線木柵駅からバス660、666番で約30分、深坑下車。660番はMRT淡水線公館駅からも乗車できる。またはMRT木柵駅からタクシーで約20分。

#### 歩き方のヒント
集順廟の参道といった趣で、廟を中心にわずか200mほどのエリア。徒歩約20分で回れる。夜8時ごろまでにぎわっている。

---

### 木柵観光茶園
もくさくかんこうちゃえん
ムーツァ・クワングワンツァーユエン
MAP p.57-B

#### 見晴らしもお茶もたっぷり

台北市郊外の木柵地域は、清の時代からお茶の産地として有名だが、1980年代になって、農業を観光と結びつける試みとして誕生したのが観光茶園だ。多くは台北市内を遠望する斜面に建てられた茶館で、食事も提供する。最近はカフェスタイルの店も増えている。景色を眺めながら、のんびりお茶を楽しむことができる。

★MRT動物園駅で猫空纜車（ロープウェイ）に乗り換え25分、猫空駅下車
住 指南路三段あたりの沿道

台北市街の眺めがすばらしい

台北の歩き方

# 士林／天母
しりん／てんも

スーリン／ティエンムー

**MRT：劍潭・士林・芝山**
MAP p.19-A・C、p.58、p.59

### アクセス access
台北車站駅からMRT淡水信義線で劍潭駅まで8分、士林駅まで10分

### hint! 歩き方のヒント
観光　★★★
食べ歩き　★★★★★
ショッピング　★★
徒歩　★★★★★

「士林市場」地下の「美食區」はいつも大にぎわい

## 街のしくみ

### 蔣介石ゆかりの静かな文京地区も夜は台北最大の夜市で毎日がカーニバル

　MRT淡水信義線劍潭駅、士林駅の東側一帯には蔣介石の国民党政権下に政府関係の施設が多く設けられた。故蔣介石総統の官邸（現士林官邸）や國立故宮博物院、中国宮殿風の圓山大飯店もここにある。そのこともあって、このエリアには緑豊かな自然が残された。近年では天母を中心に大学や高校が集まる文教地区となり、日本人学校も置かれている。

　一方西側一帯、大東路を中心としたエリアはにぎやかな商業地となっている。夜はさまざまな屋台が出て、台北市内最大級の士林夜市が盛大に展開される。士林夜市の中心エリアはファッション系が充実。屋台料理を食べるのが目的なら、迷わず夜市内「士林市場」地下の美食區へ。熱気が待ち受けている。

　劍潭駅前には陽明山方面へのバス停、士林駅前には國立故宮博物院行きのバス停がある。

## 見どころ

### スーリン・イエスー／スーチャン・スーチャン
### 士林夜市／士林市場
しりんよいち／しりんいちば　　MAP p.58

#### 台北最大の夜市は，混雑も最大級

名前は士林夜市だが，最寄りMRT駅は剣潭なので要注意。夕方になると，続々と人が集まり始め，8時，9時がピークとなる。「大雞排」や「大腸包小腸」「泡泡冰」などの名物人気店には行列ができる。「士林市場」は夜市の中心にあるレンガ造りの建物の名前で，地下に屋台が集まった「美食區」がある。週末や休日は入場制限されるほどのにぎわい。

★MRT剣潭駅1番出口からすぐ。士林市場までは徒歩5分
住 文林路，基河路に挟まれた一帯　営 17:00〜24:00頃

士林市場以外にも夜市内には屋台料理の店がたくさん

### スーリン・クワンティー・コンユェン
### 士林官邸・公園
しりんかんてい・こうえん　　MAP p.58

#### 故蔣介石総統の官邸と庭園

日本統治時代には園芸試験場だったが，その後の国民党政権時代に故蔣介石総統の官邸となった。蔣介石の死後，1996年から一般に公開されるようになった。庭園は緑が豊富で，無料，無休で見学ができ，カフェもある。官邸の建物が「官邸正館」で庭園の奥にあり，見学は有料。入場者数を制限しているので，混雑時は待たされることもある。

★MRT士林駅2番出口から徒歩10分
住 福林路60号　庭園：TEL 02-2881-2512　開 8:00〜17:00（土・日曜，祝日〜19:00）　休 無休　料 無料
官邸正館：TEL 02-2883-6340　開 9:30〜12:00、13:30〜17:00（混雑時、入館制限あり）　休 月曜　料 100元

官邸を見学するために「官邸正館」前で順番を待つ観光客

### このエリアの おすすめスポット

| | | |
|---|---|---|
| 📷 クオリー・グーコン・ボーウーユェン<br>國立故宮博物院 | MAP p.19-D, 106 | p.106 |
| 📷 スンイー・タイワン・ユェンジュミン・ボーウークワン<br>順益台湾原住民博物館 | MAP p.19-D, 106 | p.117 |
| 🍴 ジンポンライ<br>金蓬萊 | MAP p.59 | p.67 |
| 🍴 トゥームー・プーリー・シャオツー<br>塗姆埔里小吃 | MAP p.59 | p.74 |

★市内中山北路からバス220番、MRT石牌駅からバス224、紅19番。MRT芝山駅から大葉高島屋の無料送迎バスあり。タクシーなら芝山駅から約10分

## ハイセンスタウン、天母

天母は、台北の北、陽明山の麓、台北市内から北上する中山北路の終点の街だ。日本人学校とアメリカンスクールがあり、両校に子どもを通わせる外国人が多く移り住んできたこともあって、インターナショナルな雰囲気が漂う街となった。

外国人が集まるパブやレストラン、欧米ブランドのショップ、日系の大葉高島屋百貨や新光三越などの大型店も進出。レストランもフランス料理、イタリア料理、韓国料理、日本料理、台湾の地方料理店など、個性的な店が多い。

天母廣場で毎月開催されるフリーマーケット

# 北投温泉
ほくとうおんせん

ベイトウ
ウェンチュエン

**MRT：新北投**
MAP p.19-A

### アクセス access
台北車站駅からMRT淡水信義線北投駅乗り換え、新北投支線で新北投駅まで40分

### hint! 歩き方のヒント
| | |
|---|---|
| 観光 | ★★★★ |
| 自然 | ★★★★★ |
| 文化 | ★★ |
| 徒歩 | ★★★★★ |

もうもうと湯気を上げる地熱谷。北投公園を上りつめたところにある

## 街のしくみ

### 北投温泉は台北市内からMRTで。日帰りでも楽しめる温泉地

　北投温泉はドイツ人が発見したのち、日本統治時代に日本人が温泉旅館を建てたのをきっかけに温泉地として発展してきた。一時はすっかりさびれてしまったが、MRTの開通や温泉博物館、公営露天風呂の開設に伴い再び人気を高め、今や高級温泉ホテルが立ち並ぶ温泉街となった。ほとんどの温泉ホテルは日帰り入浴が可能で、気軽に温泉が楽しめる。

　新北投駅を出ると、前方が緑豊かな北投公園。公園右側の坂道を登っていくと、次々と温泉ホテルが現れる。温泉街を上りきるには20〜30分、ほどよい散歩道だ。北投公園内の小川には温水が流れ、天然の足湯が楽しめる。台北からMRTでわずか40分、交通の便がよいので台北観光の宿泊地にも利用できる。

## 見どころ

### ルーティエン・ウェンチュエン・イーディー
### 露天温泉浴池
ろてんおんせんよくち

MAP p.61-A

#### 水着で楽しむ露天の温泉公園

　北投温泉博物館を過ぎて、2分ほどのところにある木造の立派な門「千禧湯」が露天風呂の入口。お湯の風呂4つと水風呂2つが斜面に並ぶが、露天風呂というよりも温泉プールといった趣きで、家族連れなどでにぎわう。

★MRT新北投駅から徒歩7分
住 中山路6号　TEL 02-2896-6939　営 5:30〜22:00（1日6回の入れ替え制）　休 年末年始　料 40元（水着着用。男性の短パン形水着は入場不可なので注意）

### 北投温泉博物館
ペイトウウェンチュエン・ボーウークワン
ほくとうおんせんはくぶつかん

MAP p.61-A

#### 日本統治時代の面影が残る

　世界でも珍しい温泉についての博物館。1階がレンガ、2階が木造の建物は、1913年築の日本統治時代の公衆浴場を修復したもの。修復には、淡江大学建築科の日本人教授、堀込教授が指導にあたった。館内は浴場時代の浴槽や大広間が修復・保存されているほか、北投の歴史や風俗、特産品のコーナーなどがある。建物周囲の芝も整備され、優美な姿は公園内でもひときわ目をひく。

★MRT新北投駅から徒歩5分
住 中山路2号　TEL 02-2893-9981　開 9:00～17:00
休 月曜・祝日　料 無料
URL http://hotspringmuseum.taipei/

修復されて美しい建物が周囲の緑に映える

### 地熱谷
ティーラークウ
ちねつだに

MAP p.61-B

#### 硫黄臭の漂う北投温泉の源泉

　沼地の泥をボコボコと割って熱湯が地底から沸き上がる様はまさに地獄谷。辺りを硫黄の匂いが濃く漂う。沼地を囲む遊歩道を一周できるほか、流れ出る温泉と川の水が混じる河原では足湯を楽しむこともできる。

★MRT新北投駅から徒歩15分
住 北投温泉公園奥　開 9:00～17:00
休 月曜

### 北投文物館
ペイトウ・ウェンウークワン
ほくとうぶんぶつかん

MAP p.61-B

#### 高級旅館が5年をかけてよみがえる

　温泉街を抜けた高台に、大正時代に建てられた高級旅館を修復して公開。当時の贅を尽くした日本建築が木組み、内装など細部まで見事によみがえった。館内のレストラン「怡然居」では風情ある庭を愛でながら昼の食事と下午茶（アフタヌーンティー）が味わえる。

★MRT新北投駅からタクシー5分、または徒歩20分
住 幽雅路32号　TEL 02-2891-2318
開 10:00～18:00
休 月曜　料 120元
URL http://www.beitoumuseum.org.tw

「怡然居」の窓外に和風の庭が広がる

### このエリアのおすすめスポット

| | | |
|---|---|---|
| スェイメイ・ウェンチュエンフイクワン<br>水美温泉会館 | MAP p.61-A | p.126 |
| チュンティエン・ジョウティエン<br>春天酒店 | MAP p.61-B | p.126 |
| サンアルシンクワン<br>三二行館 | MAP p.61-B | p.127 |

北投温泉

# 淡水 タンスェイ
たんすい

新北市

**MRT：淡水**
MAP p.30-B、p.63

### アクセス access
台北車站駅からMRT淡水信義線で淡水駅まで40分

### hint! 歩き方のヒント
| | |
|---|---|
| 観光 | ★★★★★ |
| 文化 | ★★★★ |
| 食べ歩き | ★★★★ |
| 徒歩 | ★★★★★ |
| バス | ★★★ |

淡水河に沿って飲食店や屋台が並ぶ環河道路

## 街のしくみ

### 台北からMRTでわずか40分。だれもが楽しめる観光スポット

　淡水河の河口近くに広がった淡水の街は、水辺から眺める夕日の美しさで人気急上昇。その美しさとよく調和しているのは紅毛城。観光ポイントの多くは、MRT淡水駅から紅毛城の間に集中している。駅前から延びる中正路と河岸の環河道路には、民芸品やみやげ物店、小さな飲食店がぎっしりと並んでいる。

　淡水のもう一つの人気ポイントが淡水河河口近くの漁人碼頭。淡水駅からは5km近く離れているので、駅前から紅26番バスに乗るか、環河道路半ば辺りのフェリー乗り場から船で渡るのがおすすめ。15分ほどの船旅だが、水面から見る街並みがロマンチックだ。碼頭に架かる橋は別名情人（恋人）橋。代表的夕日スポットに若者たちが集まってくる。

## 見どころ

### 淡水老街 タンスェイ・ラオチエ
たんすいろうがい

MAP p.63-B

**淡水名物の食べ物がいっぱい！**

　淡水駅前から西にのびる中正路と公明街一帯は淡水老街と呼ばれ、淡水名物やみやげ物の店が集まる。鉄蛋や魚丸、酸梅湯、阿給といった淡水名物はもちろん、中華菓子や南国のフルーツもたっぷり楽しめる。

★MRT淡水駅から徒歩3分
住 中正路、公明街の一帯

名物「鉄蛋」は、固くなるまで煮込んだウズラやニワトリの卵

### チンスェイイェン・ツウスーミャオ
## 清水巖祖師廟
せいすいがんそしびょう

MAP p.63-B

### 台湾で屈指の造形の妙をもつ廟

廟堂の屋根の「雙龍搶珠」は、台湾の廟のなかでも屈指の美しい装飾といわれている。この廟に祀られている清水祖師は、干ばつの際、雨乞いと医薬で人々を救った宋代の僧・陳昭応のことだ。その像は、なにか災いがある時は、事前に鼻が落ちるという伝説がある。

★MRT淡水駅から徒歩10分
住 新北市淡水区清水街87号

建物は文化財に指定されている

### ホアンホータオルー
## 環河道路
かんかどうろ

MAP p.63-B

### 淡水河沿いの美しい遊歩道

台湾のベニスと呼ばれる淡水のなかでも、特に景色の美しい河沿いの遊歩道。土・日曜は屋台が立ち並び観光客でごった返すので、ゆっくりと散策を楽しむなら平日がおすすめ。

★MRT淡水駅から徒歩2分
住 環河道路（捷運公園〜滬尾漁港）

### ホンマオツェン
## 紅毛城
こうもうじょう

MAP p.63-A

### 美しい建物が語る台湾の歴史

河岸の丘の上に建ち、淡水河や対岸の眺めがすばらしい。スペイン人が1629年に建てたサント・ドミンゴ城が、オランダ、鄭成功、清朝、イギリス、アメリカの手に渡り、1980年から中華民国所有となって公開されている。

★MRT淡水駅から徒歩25分、または指南客運バス7分、紅毛城下車
住 新北市淡水区中正路28巷1号　TEL 02-2623-1001
開 9:30〜17:00（土・日曜〜18:00）（屋外：4〜10月〜22:00）　休 旧正月　料 80元

赤い漆喰が瀟洒な紅毛城。奥は旧イギリス領事館

## このエリアの おすすめスポット

 ホンロウカーフェイクワン
**紅樓咖啡館** MAP p.63-B　p.131

 チンレンター
**情人塔** MAP p.30-B　p.129

バーリー・トゥチュアン
**八里渡船** MAP p.63-B　p.130

イーレンマートウ
**漁人碼頭** MAP p.30-B　p.131

淡水

## 注目のエリア
## 富錦街散策
（フージンチェ）

台北松山空港近くから東に延びる富錦街は、緑濃い並木道に中層マンションが連なる静かな住宅街である。道路に面したその1階にハイセンスなカフェや雑貨店が店を構えるようになった。観光客も少なく、静かに時間を過ごしたい台北っ子の人気エリアになっている。

富錦街は大きく育った並木が緑のトンネルを作る静かな住宅街

富錦街では老舗格の茶館「吉祥草」は空港に近いエリアにある。帰国の前の最後のひとときをゆっくり過ごすのに格好の店。

青島水餃は中華のレストラン。おすすめはもっちり皮に肉あんが詰まった看板料理の鮮肉水餃に酸辣湯。麺や炒飯もいろいろある。

Petite Provence（プチ・プロヴァンス）は、自然な色彩にあふれた南仏をテーマにした雑貨店。フランス直輸入の雑貨がたくさん。

泉發蜂蜜は、百年老舗の蜂蜜専門チェーン店。花別の各種蜂蜜やローヤルゼリー、ハニードリンクが揃う。化粧品や健康食品にも注目したい。

Fujin Tree 355は日本人オーナーのセレクトショップ。センスのよい台湾人作家の雑貨や服飾品が並ぶ。家具は向かいのFujin Tree 352で。

戴記福建涼麺は、お昼時には行列ができる人気の店。涼麺は汁なし麺にきゅうりをのせ、ゴマだれをかけたシンプルな麺。

食べる

## 台湾らしさを味わう おすすめ台湾料理
# 台菜
(タイツァイ)

台菜(台湾料理)に厳密な定義はない。台湾の伝統郷土料理と大陸から伝わった中国料理のミックスと考えてよい。より台湾らしさを求めるなら、地元素材にこだわろう。海鮮類はもちろん、野菜やキノコ、肉類なども地産地消でおいしい!

素材で味が決まる鶏のボイル。ショウガとタレで食べる(台湾媳婦)

**香腸** シャンチャン
台湾風腸詰め。ほんのり甘くて独特の香り(→p.73丸林)

**白斬鶏** バイザンジー

**蚵仔煎** オーアーゼン
台湾風カキオムレツ。台湾料理定番の一つ(→p.59士林市場)

台湾風醤油煮込みがルーウェイ。屋台料理でも人気(台湾媳婦)

**滷味拼盤** ルーウェイピンパン

---

MRT象山駅3番出口から徒歩10分　MAP p.29-L
タイワン・シーフー
### 台湾媳婦
**飾らない本場の味がある**
店名は台湾のお嫁さんの意味。地元台北っ子でいつもにぎわうのは、台湾伝統の味をしっかり守っているから。実際、わざわざ遠くから食べに来る人も多い。

🏠松徳路215号
☎02-2759-8202
営11:30〜14:30、18:00〜21:00
休旧正月・清明・端午・中秋
予算200元〜　擔仔麺65元　白斬鶏150元　M語中

---

MRT中山駅3番出口から徒歩10分　MAP p.25-L
メイズ・ツァンティン
### 梅子餐廳
**気軽に入れる人気の老舗**
日本人ビジネスマンが集まる林森北路で、古くから親しまれる店。担仔麺や魯肉など、定番の台湾料理にも定評がある。店内は落ち着いた雰囲気。

🏠林森北路107巷1号
☎02-2521-3200〜3
営11:00〜14:30、16:45〜翌2:00、日曜〜翌1:00
休無休　予算500元〜　擔仔麺70元
M語中・日・英
URL http://www.umeko.com.tw/

---

MRT中山駅3番出口から徒歩5分　MAP p.25-L
チンイエ
### 青葉
**日本人の利用が多い有名店**
日本でも知られる台湾料理の老舗。代表的な台湾料理が揃う。1卓10人のコース料理は1100元〜。9品4人前コースは4988元。

🏠中山北路一段105巷10号
☎02-2551-7957
営11:00〜14:30、17:00〜22:30
休旧正月元旦
予算1000元〜
M語中・日・英
URL http://www.aoba.com.tw/

---

※料理説明末尾の(　)内は、本書で紹介しているレストラン名の略称です。
※市場や屋台ではクレジットカードは使えません。個人経営の小さな店では使えない場合もあります。

**鹹酥蝦** シェンスーシャー

エビの唐揚げ。パリパリした皮ごと食べるのが通（梅子）

**鹹蜊仔** ギャンラーアー

シジミの醬油漬け。味は濃いが酒のつまみにピッタリ（→p.73 丸林）

**蟳仔米糕** ジーマービーゴー

蟹おこわ。台湾料理の中でも豪華な一品（梅子）

**櫻花蝦炒竹筍** インホアシャーチャオジュースン

タケノコ炒めにサクラエビの香りがマッチ（大來小館）

**生炒透抽** ションツァオトウヨウ

スルメイカの炒め物。台湾はイカがうまい（→p.73 丸林）

## 地産地消

台湾料理のおいしさの秘密は地産地消にある。台湾は日本の九州ほどの小さな島国だが、地域ごとの特産品がたくさんあって、食材へのこだわりも強い。例えば、鶏肉などもおいしいのは地鶏（ニワトリ）や地鴨（カモ）。火鍋に入れるキノコ類もいろいろな種類があって、驚くほどだ。

食べる　おすすめ台菜（台湾料理）　67

---

### 茂園 マオユェン
MRT南京復興駅4番出口から徒歩5分　MAP p.27-D

**台湾家庭料理の老舗名店**

これこそ伝統の味、という料理を出す店。その日、市場で仕入れた食材を使って料理するので、季節によってメニューは変わる。客は食材や黒板を見て、料理を注文する。

住 長安東路二段185号
TEL 02-2752-8587
営 11:30～14:00、17:30～21:00
休 旧正月
予算 400元～
M/語 中・日

### 金蓬萊 ジンポンライ
MRT芝山駅からタクシー5分　MAP p.59

**伝統の味でミシュラン一つ星**

3代続く天母の老舗台湾料理店。骨付きの豚肉をカリッと揚げた「蓬萊排骨酥」や「佛跳牆」が有名。材料にこだわった料理で評判だ。

住 天母東路101号
TEL 02-2871-1517
営 11:30～14:00、17:30～21:00
休 月曜　予算 1000元～　佛跳牆1350元～　蓬萊排骨酥250元
M 中・日・英　語 中
URL http://www.goldenformosa.com.tw/

### 大來小館 ターライシャオクワン
MRT東門駅5番出口から徒歩3分　MAP p.26-J

**こだわりの魯肉飯の店**

一番の人気は、コンテストで2年連続1位の魯肉飯。3日間煮込んだ魯肉は、脂っこくないのにコクがある。虱目魚（サバヒ）の塩焼きもオススメ。

住 永康街7巷2号
TEL 02-2357-9678
営 11:30～14:00、17:00～21:00、土・日11:30～21:00
休 旧正月　予算 300元～　魯肉飯(中)50元　煎虱目魚肚200元
M 中・日　語 中

# 屋台からレストランまで 台湾の麺 (ミェン)

さすが麺の国だけあって、麺の種類やスープ、トッピングの違いなど、そのバリエーションは実にさまざま。また、同じ種類の麺でも、地方によって味や呼び方が違っていたりするのもおもしろい。

**蕃茄牛肉麺** ファンチエ・ニュウローミェン
トマト牛肉麺。トマトの酸味でスープがさっぱり味に（老董）

**清燉牛肉麺** チントン・ニュウロウミェン
だしの効いたさっぱりスープに柔らかい肉（桃源街）

**牛肉麺** ニュウローミェン
典型的な牛肉麺の味を求めるなら、これがおすすめ（林東芳）

**大腸麺線** ターチャン・ミェンシェン
モツ入りの細麺。麺といってもやわらかく、スプーンで食べる（阿宗）

**切仔麺** チエズミェン
さっぱり味のスープがおいしいラーメン（→p.66台湾媳婦）

## 麺 (ミェン)

台湾の麺をおさらいしてみよう。麺線は、小麦粉の細麺で、ほとんどそーめん。乾麺は汁なし麺のことで、具とかきまぜて食べる。米粉はお米のうどん。米苔目も同じだが、サツマイモのでん粉が入る。板條・河粉はどちらもコシの強いきしめんのようなビーフン。ほかにもいろいろあります！

**麻醤麺** マージャンミェン

乾麺で、ゴマだれをかきまぜて食べる（馬祖）

**排骨麺** パイグーミェン

パーコー麺。ボリュームたっぷりの豚肉が魅力（→p.77龍門客桟）

**米苔目麺** ミータイムーミェン

お米のさっぱり麺は朝食にもぴったり（永樂米苔目）

### ここもおすすめ

永康牛肉麺（ヨンカン・ニュウローミェン）　MAP p.26-J

老董牛肉麺（ラオトン・ニュウローミェン）　MAP p.25-H

清真中國牛肉麺館（チンゼン・チョングオ・ニュウローミェンクワン）　MAP p.28-E

---

**MRT南京復興駅4番出口から徒歩5分**　MAP p.27-D

リントンファン・ニュウローミェン
#### 林東芳牛肉麺

### 明け方まで客足が途切れない

数ある牛肉麺のなかでも、トップクラスの人気店。スープ、麺、牛肉のバランスがすばらしい。牛筋麺、半筋半肉麺など、部位の違いで注文できる。

住 八徳路二段322号
TEL 02-2752-2556
営 11:00〜翌3:00　休 日曜、旧正月、清明、端午　予算 160元〜
M 中　語 中・日

---

**MRT南京復興駅4番出口から徒歩5分**　MAP p.27-C

マーズー・ミェンティエン
#### 馬祖麺店

### 炸麻麺が食べられる店

ゴマだれがのった麻醤麺、肉味噌がのった炸醤麺。炸麻麺は麻醤麺と炸醤麺の両方がのって2倍楽しめる。乾麺で混ぜて食べる。「四郷五島」の看板が目印。

住 遼寧街7号
TEL 02-2771-5406
営 24時間
休 春節、端午、仲秋
予算 40元〜　M 語 中

---

**MRT雙連駅2番出口から徒歩12分**　MAP p.112

ヨンラー・ミータイムー
#### 永樂米苔目

### さっぱり味の米苔目麺専門店

薄味のスープ汁麺に、豚の内蔵の小皿を組み合わせて。内臓が苦手なら、赤身の嘴邊肉（ほほ肉）や揚げ豆腐がおすすめ。針生姜がたっぷりのってくる。

住 民樂街111号
TEL 02-2553-2020
営 7:00〜18:00、土・日曜〜17:00
休 旧正月　予算 50元〜　米苔目30元
M 語 中

---

**MRT西門駅6番出口から徒歩2分**　MAP p.22-B

アーツォン・ミェンシェン
#### 阿宗麺線

### 大腸麺線を食べるならココ！

メニューは大腸麺線のみ。モツの臭みはまったくなく、鰹節の味が効いている。好みで香菜をプラスできる。士林、忠孝店もある。スプーンで食べる。

住 峨嵋街8-1号
TEL 02-2388-8808
営 9:00〜23:00
休 無休
予算 55元〜　M 中　語 中・日（少し）

---

**MRT西門駅3番出口から徒歩3分**　MAP p.22-F

ラオワンジー・タオユエンチエ・ニュウロウミェン
#### 老王記桃源街牛肉麺

### 看板もない店だが味は一流

桃源街の通称「わんたん横丁」の一角にある。店名の看板も見当たらない簡素な店だが、大にぎわいで回転は早い。くせのない味にリピーターも多い。

住 桃源街15号
TEL 02-2375-8973
営 10:00〜21:00
休 不定休で店内に掲示　予算 220元〜
M 語 C 不可

---

※料理説明末尾の（　）内は、本書で紹介しているレストラン名の略称です。
※市場や屋台ではクレジットカードは使えません。個人経営の小さな店では使えない場合もあります。

## いつの間にか台湾名物
# 小籠包
(シャオロンパオ)

台北旅行中に、一度は食べに行かないと気がすまない、というくらいポピュラーになった小籠包。おいしい店は鼎泰豊だけではありません！ というわけで、気軽に入れて、おいしくて、安心して食べられるお店を紹介しよう。

小籠包（10個220元）：今や押しも押されもせぬ人気店。本店の混雑は相変わらずなので、ゆっくり食べるなら忠孝東路の支店がおすすめ（鼎泰豊）

明月湯包（8個130元）：「湯包」というだけあって、汁がたっぷりあふれ出るおいしさ（明月湯包）

蟹黄小籠包（10個320元）：おすすめの蟹黄小籠包はちょっと高いけど食べる価値あり。とろける味わい。高記小籠包は10個220元（高記）

MRT東門駅5番出口から徒歩2分
MAP p.26-J

**ヨンカンチエ・カオチー**
### 永康街高記

### 本格派上海料理の店
包み込まれた濃厚なスープが評判の上海小籠包など、160種もの点心を味わえる老舗。麺類、魚介の蒸し餃子など、江浙料理ならではの洗練された味わい。

住 永康街1号　℡02-2341-9984
営 9:30〜22:30（土・日曜8:30〜）
休 無休　予 400元〜
M 中・日・英　話 中・日
URL http://www.kao-chi.com/

小籠包子（8個120元）：しっかりした皮の小籠包はボリューム満点(金雞園)

### MRT信義安和駅4番出口から徒歩10分
MAP p.21-K

ミンユエ・タンパオ
**明月湯包（支店）**

### 何度でも食べたくなる小籠包

庶民的な雰囲気の本店、そのすぐ近くに、ゆったりと楽しめる支店がある。中日対照メニューがあるので安心。豚や鶏の煮こごりが入って、やわらかくジューシーな餡がくせになる。

**住** 通化街171巷40号
**TEL** 02-2733-8770 **営** 11:00～14:00、17:00～20:30 **休** 旧正月
**予** 200元～ **M** 中・日 **語** 中

### MRT忠孝新生駅6番出口から徒歩5分
MAP p.27-G

チーナンシェン・タンパオ
**濟南鮮湯包**

### 個性的な餡のスープが大人気

餡のスープは豚肉の味が充分に堪能できる。他では味わえない独特の味付けは、小籠包ファンなら一度は食しておきたい。庶民的な店構えの名店。

**住** 濟南路三段20号
**TEL** 02-8773-7596
**営** 11:00～14:30、17:00～21:00
**休** 旧正月 **予** 300元～
**M** 中・日・英 **語** 中・英

鮮小籠包（8個190元）：ボリュームがあって、味も量も満足(濟南)

### MRT東門駅5番出口から徒歩1分
MAP p.26-J

ティンタイフォン
**鼎泰豊**

### やわらかい皮は絶品

台湾だけでなく、日本やアメリカなど海外にも聞こえた上海点心の店で、いつも満員。少し待つぐらいの覚悟で行くしかない。忠孝敦化駅近くなどに支店がある。

**住** 信義路二段194号
**TEL** 02-2321-8928 **営** 10:00～21:00（土・日曜、祝日9:00～）**休** 無休
**予** 350元～ **M/語** 中・日・英
**URL** https://www.dintaifung.com.tw/

食べる

**71**

小籠包

休みなく包んで、次々と蒸籠ごと目の前へ。出来たての味は格別(盛園)

### MRT東門駅3番出口から徒歩7分
MAP p.26-I

シェンユエン
**盛園**

### 包子（パオズ）料理の専門店

小物は小籠包から大物は薬膳の餡が入った包子饅頭などが人気。なかでも餡にヘチマが入った絲爪小籠湯包（8個150元）は店の看板料理。他に上海小籠包も。

**住** 杭州南路二段25巷1号
**TEL** 02-2358-2253
**営** 11:00～21:30
**休** 旧正月 **予** 250元～
**M** 中・日・英 **語** 中・日

### MRT東門駅5番出口から徒歩5分
MAP p.26-J

ジンジーユエン
**金雞園（好公道の店）**

### 安くてうまくて、若者に大人気

人気のスポット、永康街の真ん中にあり、学生に大人気。その秘密は気取らない豊富な点心メニューにある。値段も味も量も十分に満足できて、幸せ！

**住** 永康街28-1号
**TEL** 02-2341-6980
**営** 10:00～21:00
**休** 水曜、旧正月 **予** 150元～
**M** 中・日・英 **語** 中・日・英

## ここもおすすめ

**小上海**（シャオシャンハイ）
MAP p.21-G

**杭州小籠湯包**（ハンジョウ・シャオロンタンパオ）
MAP p.26-I

※料理説明末尾の（　）内は、本書で紹介しているレストラン名の略称です。
※市場や屋台ではクレジットカードは使えません。個人経営の小さな店では使えない場合もあります。

# 食べども尽きない 台湾小吃 （シャオツー）

台湾には「小吃店（シャオツーティエン）」と呼ばれる食べ物屋がたくさんある。看板メニューだけの専門店もけっこう多い。夜市の主流も小吃。値段は手頃だし一皿一碗の量は少ないので、食べ歩きにはもってこいだ。

**生煎包** ションチエンパオ

日本のおやきのような焼き万頭。小ぶりで食べやすい（許記）

**粉腸** フェンチャン

ホルモンは麺類のおかずによく登場（永樂）

**鶏肉飯** ジーローファン

魯肉飯はちょっとしつこいと感じる人に、鶏肉の鶏肉飯がおすすめ。淡白な味わい（丸林）

日本でもおなじみの定番、豚肉そぼろご飯。どこの部位かで味も食感も違う（丸林）

**滷味** ルーウェイ

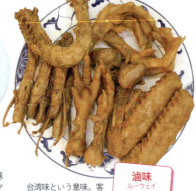

台湾味という意味。客が自分で選んだ鶏肉などの具材を目の前で煮てくれる（老天禄）

**魯肉飯** ルーローファン

**三味鶏** サンウェイジー

背中、腿、胸の3つの部位。台湾地鶏は肉が締まって味も濃く格別（鶏家荘）

**青菜** チンツァイ

台湾の食卓に野菜は欠かせない。その季節の青野菜をさっと炒める（丸林）

**蒸高麗菜** ツンカオリーツァイ

サクラエビがのった蒸しキャベツ。蒸しキャベツは蒸籠を使う小籠包店でよくみるメニュー（済南）

**油飯** ヨウファン

炒めたもち米を竹筒に入れて炊いた竹筒油飯。中にシイタケ、豚肉が入る

---

### ここも おすすめ

| 阿香蝦捲（アーシャン・シャーチュェン） | MAP p.63-A |
| 艋舺阿龍炒飯（モンガー・アーロンチャオファン） | MAP p.22-E |
| 可口魚丸（カーコウ・イーワン） | MAP p.63-A |

---

### MRT圓山駅1番出口から徒歩10分 MAP p.24-C、51-A
**丸林魯肉飯** ワンリン・ルーローファン

#### 屋台の味をそのままに
店名に魯肉飯が入っているのは、魯肉飯の屋台が出発点だったから。いまでは台北を代表する台湾料理店。屋台メニューがそのまま食べられることで大人気。料理は自分で選ぶセルフ方式。

- 住 民族東路32号
- 電 02-2597-7971
- 営 10:30〜21:00
- 休 旧正月7日間
- 予 100元〜
- M 中・日・英
- 語 中・日

---

### MRT西門駅1番出口から徒歩3分 MAP p.22-B
**上海老天禄** シャンハイ・ラオティエンルー

#### 台北で最も古い滷味の店
テイクアウトオンリーの滷味（ルーウェイ）の店。特にオススメなのが鴨舌、鴨翅。ちょっと珍しい鴨脚や鴨心もある。パイナップルケーキも売ってます！

- 住 成都路56号　電 02-2375-7575
- 営 10:00〜20:00
- 休 旧大晦日〜正月3日
- 予 100元〜　M 中　語 中・英
- URL http://www.laotienlu.com.tw

---

### MRT台電大樓駅3番出口から徒歩10分 MAP p.55
**許記生煎包** シュージー・ションチェンバオ

#### いつも作りたて。行列も納得
店先で手早く皮にキャベツと肉餡をのせ、包み、焼き上げる。焼き上がると煎りゴマを振りかける。休むことない手わざのおかげで焼きたてが食べられる！

- 住 師大路39巷12号　電 9110-083685
- 営 15:00〜23:00　休 無休　予 5個袋入り40元、12個紙箱入り90元　M 無　語 中
- URL http://www.hsu-ji.com/

---

### MRT中山駅4番出口から徒歩10分 MAP p.25-I
**鶏家荘** ジージャーチュァン

#### 鶏肉専門で30年以上
店の名前のとおり、鶏肉料理がメニューの中心。大衆的な雰囲気の店で、オススメは鶏家豆腐、三味鶏、そして麻油鶏。食後のたまごプリンがおいしい！

- 住 長春路55号
- 電 02-2581-5954
- 営 11:00〜22:00
- 休 旧正月　予 450元〜
- M/語 中・日・英

---

### MRT忠孝敦化駅8番出口から徒歩10分 MAP p.28-A
**村子口眷村風味小館** ツンズコウ・ジュエンツンフォンウェイ・シャオグワン

#### 眷村の味と雰囲気を残した店
戦後国民党軍と共に渡ってきた人々が住んだ村が眷村。彼らが好んだ牛肉麺や水餃子、滷味（ルーウェイ）などが看板メニュー。店内の飾りも昔まま。

- 住 八徳路三段12巷52弄34号
- 電 02-2579-6455
- 営 11:30〜14:00、17:00〜21:00
- 休 日曜　予 200元〜、牛肉麺100元〜
- M/語 中

---

※料理説明末尾の（　）内は、本書で紹介しているレストラン名の略称です。
※市場や屋台ではクレジットカードは使えません。個人経営の小さな店では使えない場合もあります。

# 台北で食べる 地方の味

台湾は小さな島だが、各地に名産、名物がある。地方出身者が集まる台北には、当然のこと、故郷の味を売りにする店も多い。同じメニューでも調理法が違っていたりする。観光客にとっても喜ばしいことで、大いに地方の味を楽しみたい。

**碗粿** ワァクイ
煮つめた米粥に肉そぼろと漬け物を混ぜ込んだような感じ（小南）

**担仔麺** タンズミェン
やっぱり発祥の店の担仔麺は絶品！（度小月）

**五味蚵仔** ウーウェイ・オーアー
台湾のカキは小粒でさっぱり味。軽く火を通すだけでOK（→p.66 台湾媳婦）

---

### MRT忠孝敦化駅3番出口から徒歩3分　MAP p.28-E
**度小月** トゥーシャオユエ

**台南の老舗で味わう担仔麺**
小ぶりの碗の麺または米粉にそぼろ肉と小エビをトッピングした汁麺は、台南の代表的な郷土料理。老舗の度小月台北支店がここ。小銭を手に手軽に老舗の味が楽しめる。

住 忠孝東路四段216巷8弄12号
TEL 02-2773-1244
営 11:30～22:00
休 無休
予算 50元～
M/語 中・日・英　語 中・日

### MRT芝山駅からタクシー5分　MAP p.59
**塗姆埔里小吃** トゥーム・プーリー・シャオツー

**台湾中部、埔里の料理を味わう**
台湾の人にとっても珍しい、埔里料理の専門店。サトウキビの芯やビンロウの花、ユリ根など、野趣あふれる食材を使う。人気メニューは鹹豬肉や炒溪蝦など。

住 天母東路8巷65号
TEL 02-2875-6552
営 11:30～14:00、17:00～21:00
休 毎月最終火・水曜
予算 300元～
M/語 中・日

### MRT南京復興駅6番出口から徒歩1分　MAP p.27-D
**蘭花廳** ランホアティン

**南国・台南の味わい**
台南の夜市の味わいに、独自の手法を加味し、洗練された料理にアレンジして提供。菜脯蛋（切干しダイコンのオムレツ）や甘醤蜆のほか、酔鶏、蝦捲などがおすすめ。

住 南京東路三段255号（兄弟大飯店2F）
TEL 02-2712-3456
営 11:00～15:00、17:00～22:30
休 無休
予算 350元～
M/語 中・日・英
URL http://www.brotherhotel.com.tw/

※料理説明末尾の（　）内は、本書で紹介しているレストラン名の略称です。
※市場や屋台ではクレジットカードは使えません。個人経営の小さな店では使えない場合もあります。

**肉圓** ローユェン（バーワン）

くず餅のような不思議な食感の皮で肉餡を包んだ一品。甘辛ソースがかかる（剣潭肉圓）

**猪脚** ジュージャオ

豚足の煮込み。安くておいしくて、コラーゲンもたっぷり！（阿水）

**蝦捲** シャーチュェン

エビ春巻き。エビ好きには外せない。外はカリ、中はプリッ！（→p.66梅子）

**虱目魚羹** シームーイーゲン

虱目魚（サバヒ）がそのまま入ったとろみスープ（小南）

食べる

75

地方の味

---

**MRT剣潭駅２番出口から徒歩20分**
MAP p.51-A

ジエンタン・ローユェンワン
## 劍潭肉圓王

### もっちり肉圓が口コミで人気

肉圓の皮がもちもちしておいしい。ふつう肉圓は油で揚げるが、蒸しているためさっぱりしていて食べやすい。もう一つの名物スープ、四神湯を一緒に注文するとよい。

住 承徳路四段12巷38号
TEL 02-2885-6677
営 11:00～21:00
休 無休
予算 80元～
M 語中

---

**MRT龍山寺駅１番出口から徒歩１分**
MAP p.22-I

シャオナン・チェンジー・タイナンワックイ
## 小南鄭記台南碗粿

### 碗粿と虱目魚羹の名店

台南の小吃である碗粿と虱目魚羹の専門店。碗粿はタレが少し甘めで台南風味。虱目魚羹はあっさりした味わい。メニューはこの２品のみだが多くの人が訪れる人気店。

住 西園路一段216号
TEL 02-2306-0935
営 10:00～23:30
休 旧正月
予算 40元～
M 中・日・英 語中

---

**MRT忠孝敦化駅２番出口から徒歩３分**
MAP p.28-E

アーシュイシー・デュージャオ・ターワン
## 阿水獅豬脚大王

### 秘伝のタレで煮込んだ豚足

台中に本店がある豚足料理の老舗。醤油ベースのタレでじっくり煮込まれ、お肉はコラーゲンたっぷり。何杯もご飯がすすんでしまう。紅焼猪脚がおすすめ。

住 忠孝東路四段235-1号
TEL 02-2752-1997
営 10:00～20:30
休 旧大晦日～正月３日
予約 100元～
M 語中
URL http://www.pigfood.com.tw

## おすすめ大陸料理①
# 北京料理

中国大陸の温暖な南部は稲作文化圏、北部は小麦文化圏といわれるだけあって、北京料理には小麦がいろいろな形で登場する。小麦粉の皮で素材を包んで焼いたり蒸したりする餡餅や餃子、小麦粉を皮を伸ばして焼いた餅など、おなじみの庶民的な料理が多い。

**肉絲荷葉餅** ロースー・ホーイエビン

牛肉の細切り炒めとネギ、キュウリを蒸かしたての饅頭に包む（餡老満）

**褡褳火燒** ターリェン・フオシャオ

豚肉やエビがたっぷりつまった大きな焼き餃子（北平）

**斤餅** ジンビン

斤餅という薄皮に、好きな料理をなんでも包んで食べる（種福園）

---

MRT松江南京駅7番出口から徒歩3分
MAP p.26-B

ジョンフーユエン
### 種福園

**手巻きで食べる家庭料理**
斤餅（ジンビン）という小麦粉の薄皮に味噌ダレを塗り、青椒牛肉絲や野菜炒め、エビ、竹筍など、好きな具材を巻きながら食べる。お腹に余裕があれば炒飯もおすすめ。

住 松江路123巷12之1号
TEL 02-2507-9229
営 11:00～14:00、17:00～20:30
休 無休
予約 300元～
M 中・日　語 中・日（少し）

---

MRT中山駅4番出口から徒歩2分
MAP p.25-K

ティエンツウ・ツァイクワン
### 天厨菜館

**北京ダックで知られる北京料理店**
本格的中国北方料理の店。上品な仕上げの料理が多く、魚羊雙鮮や天厨老豆腐などは、この店ならではの味と評判。外国人客も多い。北京ダックは予約なしでいつでもOK。

住 南京西路1号3・4階
TEL 02-2563-2171
営 11:00～14:00、17:00～21:00
休 端午、中秋
予約 700元～　北平烤鴨1200元
M 中・英　語 中・日・英

---

MRT國父紀念館駅3番出口から徒歩7分
MAP p.28-F

ベイピン・トゥ・イーツウー
### 北平都一處

**北京風小吃の伝統**
創業は1949年。焼餅、棒餃子の褡褳火燒など、北京料理の点心がことに有名な店。千切りの干し豆腐と高山白菜の芯、香菜を胡麻油であえた涼拌白菜心もさっぱりしておいしい。

住 仁愛路四段506号
TEL 02-2720-6417
営 11:00～14:00、17:00～21:00
休 旧正月
予約 400元～　褡褳火燒(2本)110元
M 　語 中・日・英

※料理説明末尾の（　）内は、本書で紹介しているレストラン名の略称です。
※市場や屋台ではクレジットカードは使えません。個人経営の小さな店では使えない場合もあります。

**牛肉餡餅** ニュウロー・シャンピン
牛肉餡の入った焼き饅頭（朱記）

**蒸餃** ジョンジャオ
たっぷり餡の入った餃子は一籠で満腹に（朱記）

**水餃** シュエイジャオ
水餃子は北方庶民料理の定番（龍門）

**酸辣湯** スァンラータン
体がポカポカ温まる酸っぱくて辛いスープ。麺入りは酸辣湯麺（朱記）

# 77 北京料理 食べる

---

**MRT大安森林公園駅6番出口から徒歩7分**
MAP p.26-J、p.111
ジューチー・シエンビンゾウティエン
### 朱記餡餅粥店（永康店）

中国北方の味と素材にこだわる
職人の手でこねて包んだ生地はもっちり。素材の味が生かされており油っぽくない。牛肉餡餅、鮮肉蒸餃がおすすめ。小米粥+砂糖と牛肉餡餅を一緒に注文するのが北方流。

住 永康街6巷10号
TEL 02-3322-2156
営 11:00〜21:30
休 無休
予算 100元〜　牛肉餡餅45元
M 中　語 中

---

**MRT松江南京駅3番出口から徒歩3分**
MAP p.26-B
シエンラオマン
### 餡老満（吉林店）

正統北京料理をカジュアルな店で
おなじみの水餃子、炸醤麺、餡餅などから、本格的宮廷料理までメニューは豊富で、アラカルトで注文できる。価格もリーズナブル。モダンで少人数にも対応できるテーブルがうれしい。

住 松江路90巷23号
TEL 02-2567-2028
営 11:30〜14:30、17:30〜21:00
休 無休　予算 300元〜　水餃子130元（2両=10個）
M 中　語 中

---

**MRT善導寺駅5番出口から徒歩7分**
MAP p.23-H
ロンメン・クーザン・ジャオズクワン
### 龍門客棧餃子館

台北っ子でにぎわうレトロ食堂
餃子はボリュームたっぷりの水餃子。排骨麺は、スープ入りの麺にカラッと揚げたスペアリブを自分でのせる。人気の滷味（ルーウェイ）はぜったいオーダーしたい。

住 林森南路61巷19号
TEL 02-2351-0729
営 17:00〜24:00
休 第2月曜、第4土曜
予算 100元〜　水餃子1個7元
M 中・日　語 中

## おすすめ大陸料理②
## 四川/上海料理

長江（揚子江）上流域の四川料理は麻婆豆腐に代表される辛くてメリハリのきいた味つけ。一方、長江下流域の江浙料理には、素材を生かした淡泊な味わいの料理が多い。台北には伝統の味が楽しめる名店がたくさんある。

**乾扁四季豆** ガンビエン・スージードウ
インゲンマメとひき肉のピリ辛炒め（川菜廳）

**宮保雞丁** コンパオジーディン
鶏肉とピーナッツを唐辛子味で炒めたもの（川菜廳）

**老皮嫩肉** ラオピーネンロウ
揚げ出し卵豆腐。ふわとろの中身と揚げた表面の食感が絶妙（kiki）

---

**MRT雙連駅1番出口から徒歩5分**
MAP p.25-H
クオピンターファンティエン・ツォアンツァイティン
### 國賓大飯店川菜廳

**四川の辛さをシックな店内で**
台湾随一と評される四川料理店。洗練された店内で、ゆっくり最上級の四川料理が食べられる。人数がいれば絶品といわれる掛炉烤鴨（北京ダック、要予約）がおすすめ。

住 中山北路二段63号（國賓大飯店12階）
TEL 02-2551-1111
営 11:30～14:00、17:30～21:00
休 無休
予算 700元～
M 中・英　語 中・日・英

---

**MRT國父紀念館駅2番出口から徒歩3分**
MAP p.28-E
スーツォアン・ウーツァオソウ
### 四川呉抄手

**四川の名物料理をお気軽に**
気軽に入れる四川料理店として、海外でも有名な店。「抄手」とは、四川の言葉でワンタンのこと。紅油抄手、粉蒸排骨、茄子田雞など、四川料理定番の名物料理が目白押し。

住 忠孝東路四段250号-3
TEL 02-2772-1707
営 11:30～14:30、17:30～21:30
休 無休
予算 500元～　紅油抄手100元
M/語 中・日・英

---

**MRT國父紀念館駅2番出口から徒歩4分**
MAP p.28-F
キキ・ツァンティン
### KIKI餐廳

**店も料理もスタイリッシュ**
モダンな空間の店で味わう四川料理が新鮮で根強い人気がある。伝統の味にスタッフがひと工夫を加えたメニューは、口によくなじむ。烏梅汁（梅ジュース）は隠れた人気商品。

住 光復南路280巷47号
TEL 02-2781-4250
営 11:30～15:00、17:15～22:30（日曜～22:00）　休 無休
予算 550元～　M 中・英
URL http://www.kiki1991.com/

---

※料理説明末尾の（　）内は、本書で紹介しているレストラン名の略称です。
※市場や屋台ではクレジットカードは使えません。個人経営の小さな店では使えない場合もあります。

**東坡肉** トンポーロー
江浙料理の定番、豚肉の角煮（天香樓）

**干焼蝦仁** ガンシャオシャーレン
紹興酒の酒粕入りエビチリ（上海）

**無錫排骨** ウーシーパイグー
無錫名物あばら肉の甘辛煮（上海）

**西湖醋魚** シーフー・ツオイー
甘酸っぱいソウギョの料理。くさみがなくおいしい（天香樓）

四川／上海料理

---

MRT中山國小駅4番出口から徒歩3分　MAP p.24-F
ティエンシャンロウ
### 天香樓

**杭州料理に中国の歴史を感じる**
ランディスホテル地下の本格的杭州料理の名店。西湖醋魚、東坡肉といった杭州料理が洗練された調理と盛りつけで運ばれてくる。プレートスタイルなので少人数でもOK。

住 民權東路二段41号（亞都麗緻大飯店B1）
TEL 02-2597-1234（代表）
営 11:30〜14:30、17:30〜22:00
休 無休　予算 月〜金曜600元〜／D1200元〜　M 語 中

MRT忠孝復興駅2番出口前　MAP p.27-G
ディエンシュイロウ
### 點水樓（復興店）

**江南料理の名店の味**
名物の小籠包は極薄の皮のアッサリ味。他に20種類以上ある江南風味のオリジナル料理がおすすめ。特に36時間煮込み続けた砂鍋火焖鶏腿湯は絶品。南京店も落ち着いた店。

住 忠孝東路三段300号（SOGO百貨復興館11階）
TEL 02-8772-5089
営 11:00〜22:00
休 無休　予算 600元〜
M 中・日　語 中・日（少し）
URL http://www.dianshuilou.com.tw/

MRT松江南京駅4番出口から徒歩1分　MAP p.26-B
シャンハイ・グーシー
### 上海故事

**落ち着いた高級感のある店内**
シックな店内は雰囲気もよく、グループでゆっくり食事をするには最適。おすすめはエビ料理。豌豆河蝦仁（エンドウ豆とエビ炒め）のほか、無錫排骨、小籠湯包も人気。

住 松江路101号
TEL 02-2503-3688
営 11:30〜14:00、17:30〜21:00
休 旧暦元日　予算 600元
M 語 中・日・英

## おすすめ大陸料理③ 広州/潮州/雲南料理

中国南方広東省の中心が広州。「食は広州にあり」といわれるように、中国料理の王道をいく。フカヒレ、ツバメの巣、アワビなどのあまり口にできない高級食材も登場する。珍しい地方料理の中から雲南料理も紹介しよう。

**白玉壽司蝦** バイユー・ショウスーシャ
見た目がエビの握り寿司のような点心（紅磡）

**香蕉・沙拉蝦** シャンジャオシャーラーシャ
バナナとエビの春巻きで、エスニック風味（糜家荘）

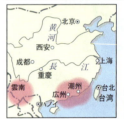

**潮州料理** チャオジョウリャオリー
写真手前から時計回りに潮州蒸粉粿、韓江一品煲、滷水鵝肉片（潮品）

---

**MRT行天宮駅1番出口から徒歩5分**
MAP p.25-I
ミージャージュアン
### 糜家荘

**濃厚な潮州式粥の専門店**
潮州砂鍋粥が看板料理。砂鍋（土鍋）を使い、スープでとろりと炊かれた粥は、濃厚で食べ応え十分。小サイズで2～3人分ある。脆皮糯米翅（手羽先のもち米詰め揚げ）も名物。

住 吉林路226号
営 17:30～翌3:00（土・日曜～翌4:00）
休 無休  予 500元～　北菇滑鶏粥（小）400元
M 中・日　語 中

---

**MRT中山駅4番出口から徒歩5分**
MAP p.25-I
ホンカン・シンヤムチャー
### 紅磡新飲茶

**24時間営業の本格飲茶店**
リージェントホテル裏の繁華街にあるが、店内は静かでゆったり。本格飲茶の店で、メニューは充実している。終日営業で、深夜便到着など、自分の旅程に合わせて利用できる。

住 林森北路263号2F
TEL 02-2542-3838
営 24時間営業
休 無休
予 400元～　鮮蝦餃115元
M 　語 中

---

**MRT忠孝敦化駅3番出口から徒歩1分**
MAP p.28-E
チャオピンジー
### 潮品集

**ちょっとめずらしい潮州料理**
潮州地方の料理と広東点心の店。潮州料理は新鮮でさっぱりした味付けながら、深みがある。おすすめは滷水鵝肉片（潮州ガチョウの煮込み）。飲茶食べ放題も人気。

住 忠孝東路四段172号（神旺大飯店2～3階）TEL 02-2772-2687
営 11:30～14:30（土・日曜11:00～）、17:30～21:00
休 無休  予 1000元～　滷永鵝肉片680元　M 語 中・日・英

---

※料理説明末尾の（　）内は、本書で紹介しているレストラン名の略称です。
※市場や屋台ではクレジットカードは使えません。個人経営の小さな店では使えない場合もあります。

鶏肉とエンドウ豆のスープ（人和園）

**鶏油豌豆** ジーヨウワンドウ

**過橋麺** グオチャオミェン

**北菇滑鶏粥** ベイグー・ホアジージョウ

シイタケと鶏肉を出汁で炊いた濃厚な潮州粥（糜家荘）

熱々のスープに肉、麺を入れ、野菜をトッピング（人和園）

食べる

81

広州／潮州／雲南料理

---

MRT台北車駅6番出口から徒歩1分　MAP p.23-C

ワンツァオ・ツァンティン
### 王朝餐廳

**便利な台北駅前でゆったり食事**
台北凱撒大飯店（シーザーパーク）3階にある広東料理店。広くて豪華な室内で、ゆったりと食事をすることができる。旬の食材を生かし、3カ月毎に献立が変わる。

🏠 忠孝西路一段38号（台北凱撒大飯店3階）
☎ 02-2311-5150
営 11:00〜14:00、17:30〜21:30
休 無休　予算 800元〜
M 語 中・日・英

---

MRT西門駅4番出口から徒歩5分　MAP p.23-G

ターサンユエン・ジョウロウ
### 大三元酒樓

**パパイヤグラタンはぜひ食べたい**
高級広東料理レストラン。コース料理の他に飲茶もあり、2〜3人から楽しめる。海鮮焗木瓜は、パパイヤのほんのりした甘みと海鮮グラタンが絶妙にマッチした新しい味。

🏠 衡陽路46号
☎ 02-2381-7180
営 11:30〜14:30、17:30〜21:30
休 旧正月元日　予算 700元〜
M 日・中
URL https://www.3coins.com.tw/

---

MRT中山國小駅2番出口から徒歩5分　MAP p.25-I

レンホーユエン・ユンナンツァイ
### 人和園雲南菜

**台北で愛されてきた雲南の味**
台北では数少ない雲南料理の有名店。1956年開業で、長く地元の人に愛されている。牛肉乾把（干し牛肉）などは、香り高い雲南の味。過橋麺も外せないメニューだ。

🏠 錦州街16号
☎ 02-2568-2587
営 11:30〜14:00、17:30〜21:00
休 旧正月
予算 300元〜　過橋麺128元
M 中・日　語 中・日・英

# 第二の台湾料理
## 客家料理

台湾の客家(ハッカ)人の間で伝えられた客家料理は、貧しい土地で地元の食材を大切に保存しながら使う家庭料理が出発点。その味は台湾の庶民の間に広がり、今や台湾料理の一角を占めている。客家料理を食べずして、台湾料理は語れない！

魚団子とタロイモが入ったビーフン鍋（桐花）

**芋香米粉盅**
イーシャン・ミーフェンゾン

イシモチのから揚げ甘酢あんかけ（客家菜）

**糖醋黄魚**
タンツーホアンイー

**郷村菜脯蛋**
シャンツン・ツァイポーダン

**客家釀豆腐**
クージャー・ニャンドウフ

豆腐の挽肉挟み揚げ（逸郷園）

田舎風干し大根オムレツ（逸郷園）

**薑絲大腸**
ジャンスーダーチャン

酸っぱくて辛くてちょっと甘い味付け（客家菜）

**客家鹹湯圓**
クージャー・シェンタンユェン

団子入りのスープ（逸郷園）

※「客家」は客家語ではハッカ、中国語ではクージャーと発音する。

**炒粄條**
チャオバンティアオ

米粉から作るきしめんのような麺を炒める（客家菜）

**梅干扣肉**
メイガンコウロウ

からし菜の塩漬け梅干菜をしいた豚角煮（金山）

**客家小炒**
クージャー・シャオチャオ

スルメイカが入った定番の炒め物（金山）

---

### MRT行天宮駅1番出口から徒歩5分
MAP p.25-I

ニジャー・ウォージャー・クージャーツァイ
**你家我家客家菜**

#### 台湾食文化の一翼を担う老舗
漬物や乾物を使ってあっさり塩味の料理や、ボリュームたっぷりの煮込み、甘辛炒めなどの客家料理が味わえる。黒豚モモ肉の煮込み梅菜蹄膀がおすすめ。

住 吉林路135号　TEL 02-2561-1869
営 11:30～14:00、17:30～21:00
休 月曜、旧大晦日・元日　予約 400元～
M 中　語 中・日・英

---

### MRT行天宮駅2番出口から徒歩8分
MAP p.20-F

トンホア・クージャー・スーファンリャオリー
**桐花客家私房料理**

#### 現代風味付けの創作客家料理
客家料理の基本は外さないで、素材の風味を生かし、味付けや盛り付けを現代風にアレンジして人気に。パティシエもいて、デザートのスフレも見逃せない。

住 民生東路三段7号　TEL 02-2518-2766
営 11:30～14:00、17:00～21:00　休 旧正月　予約 600元～
M 中　語 中・日・英
URL http://www.tung-hakka.com

---

### MRT南京三民駅2番出口から徒歩4分
MAP p.28-B

ジンサン・クージャー・シャオクワン
**金山客家小館**

#### 食材も味付けも文句なし
客家料理店の少ない台北で、気軽に客家料理が食べられる。伝統的メニューはほとんどそろう。明るくきれいな店で、客家料理が初めての人にもおすすめ。

住 光復北路11巷69号
TEL 02-2766-9327
営 11:00～14:00、17:00～21:00
休 旧正月　予約 300元～
M 中　語 中

---

### MRT善導寺駅5番出口から徒歩2分
MAP p.26-E

イーシャンユェン
**逸郷園**

#### 本格派の味は日本人好み
広東料理風にちょっと飾られて出てくる客家料理は、名物シェフが作る本格派。とくに豚肉やエビは素材にこだわり、日本人の味覚にもよく合うと評判。

住 忠孝東路一段152号2階
TEL 02-3393-2729
開 11:30～14:30、17:30～21:30
休 旧正月4日間　予約 600元～
M 中・日・英　語 中・英

---

食べる

83

客家料理

---

### 台湾の客家
ハッカ

客家とは、漢民族の一派で、中国の春秋戦国時代以降、戦乱を逃れて移住を繰り返してきた人たち。台湾にも、主に福建省の客家人たちが移住し、桃園、新竹、苗栗の各県に多く住み、客家料理店もたくさん目につく。比較的貧しい土地に住むことの多かった客家人の料理は、塩漬けの素材を使うことが多く、味付けが濃いといわれる。

※料理説明末尾の（　）内は、本書で紹介しているレストラン名の略称です。
※市場や屋台ではクレジットカードは使えません。個人経営の小さな店では使えない場合もあります。

## 冬でも夏でも大人気 火鍋（フオクオ）

ここのところ、台北で人気の料理が火鍋（鍋料理）。もともと大陸の北方や西方から伝わったものが多いが、台北では野菜やきのこ、豆腐などをたっぷり入れるヘルシーな食べ方が主流。台北ディナーに火鍋はいかが？

**鴛鴦鍋** ユェンヤングオ

**酸菜鍋** スァンツァイグオ
白菜の酢漬けのスープで豚しゃぶ（長白）

豆腐、猪血の入った辛くて赤いスープ、酸菜が入った白いスープはおかわり自由。肉、練り物、餃子などトッピングも豊富（鼎王）

---

MRT南京二民駅2番出口から徒歩5分
MAP p.28-B
ディンワン・マーラーグオ
### 鼎王麻辣鍋

**飲める麻辣鍋で大人気に**
麻辣鍋はピリカラ味で人気だが、ここのスープはマイルドで、なんと飲めてしまう。数十種の漢方を使用したスープは体にもよく、低カロリーと女性に人気。

住 光復北路89号
TEL 02-2742-1199
営 11:30〜翌4:00
休 無休　予約 600元〜
M／語 中・日
URL https://www.tripodking.com.tw

---

MRT國父紀念館駅2番出口から徒歩3分
MAP p.28-E
チャンバイ・シャオクワン
### 長白小館

**酸っぱさが食欲をそそる**
中国東北地方の料理で、酸菜（白菜の酢漬け）と白肉（豚肉）の鍋専門店。肉はほかに牛、羊がある。タレは10種類以上の調味料を自分なりに調合して味わう。餃子も人気が高い。

住 光復南路240巷53号
TEL 02-2751-3525
営 11:30〜14:00、17:00〜21:00
休 月曜、端午、中秋、旧正月、8月は1ヵ月休業　予約 600元〜
M／語 中・日・英

---

MRT中山駅3番出口から徒歩3分
MAP p.25-L
ティエンシャン・フイウェイ
### 天香回味

**モンゴル式の火鍋**
辛い（天香）、辛くない（回味）の2種類のスープを使った火鍋料理。スープは60種を越える天然植物や漢方生薬を煮込んでいて、栄養たっぷり。東京にも支店がある。

住 南京東路一段16号2階
TEL 02-2511-7275
営 11:30〜23:30
休 旧大晦日〜正月2日
予約 500元〜
M／語 中・日・英

---

※料理説明末尾の（　）内は、本書で紹介しているレストラン名の略称です。
※市場や屋台ではクレジットカードは使えません。個人経営の小さな店では使えない場合もあります。

羊肉の鍋。パンのような泡饃を入れる（勻勻客）

**鮮湯羊肉火鍋**
シェンタン・ヤンロウ・フオグオ

**砂鍋土鶏**
シャーグオ・トゥージー

**砂鍋獅子頭**
シャーグオ・シーズトウ

白菜と肉団子を土鍋で煮込む（郁坊）

土鍋で地鶏一羽をじっくり煮込む（驥園）

食べる

85

火鍋

---

MRT小南門駅2番出口から徒歩3分
MAP p.22-J
イーファン・シャオクワン
**郁坊小館**

こだわりの砂鍋獅子頭

川揚（四川と揚州）料理の店。砂鍋獅子頭のスープはうま味たっぷり。肉団子もじっくり煮込まれとても柔らか。スープがおいしい店で、雪菜肉絲麺などの湯麺類もおすすめ。

住 延平南路163巷2号
TEL 02-2331-1117
営 11:00～14:00、17:00～20:30
休 月曜
予算 400元～
M 語中

MRT大安6番出口駅から徒歩8分
MAP p.27-L
チーユェン・ツォアンツァイ
**驥園川菜**

四川・砂鍋料理の有名店

いかにも四川料理らしい濃い味つけは、コクがあって地元のファンも多い。砂鍋排翅（フカヒレの土鍋煮）も看板料理。ボリュームがあるのでグループ向き。

住 敦化南路一段324号
TEL 02-2708-3110
営 11:30～14:00、17:30～21:30
休 旧大晦日、元日
予算 700元～　砂鍋土鶏2500元～
M 中・英　語 中・日・英

MRT忠孝新生駅5番出口から徒歩10分
MAP p.26-F
ショーショークー・シャンシーツァイクワン
**勻勻客陝西餐館**

珍しい陝西料理の人気店

台湾で最初の陝西香料を使った料理店。羊肉の鍋はさっぱりしておいしい。鍋の汁が少なくなったら泡饃（固く焼きしめたパンの一種）を入れると違った味わいが楽しめる。

住 仁愛路二段41巷15号
TEL 02-2351-7148
営 11:30～14:30、17:30～21:30
休 月曜、旧正月
予算 600元～
M 語中

## 食べなきゃ損
## 海鮮料理
（ハイシェン）

海に囲まれた台湾には、新鮮な魚介類を食べさせる海鮮系の店が多い。台北には主に東北部の漁港から魚介が届く。店頭に並んだ素材を自分で選んで、調理方法を指定する、そんな台湾スタイルの店も楽しい。

**烤大蛤** カオターグーリー
ハマグリ。貝柱を切ってから焼くから開かない（紅翻天）

**避風糖蟹角** ビーフォンツァシエジャオ
カニ爪の衣揚げ（紅翻天）

**烤軟絲** カオルァンスー
イカの姿焼き。イカの種類はたくさんある（紅翻天）

**清蒸紅条魚** チンジョンホンティアオイー
白身の魚の蒸し料理（紅翻天）

### 生魚片
ションイーピェン

中国語で刺身は「生魚片」。台湾で刺身を食べて大丈夫？ という質問をよく聞く。ホテルのレストランや高級料理店の衛生管理は万全だ。一般の食堂でも日本と同じレベルと考えてよい。屋台で売られている寿司などは要注意。日本での判断基準に準じて決めればまず無難だ。

※料理説明末尾の（　）内は、本書で紹介しているレストラン名の略称です。
※市場や屋台ではクレジットカードは使えません。個人経営の小さな店では使えない場合もあります。

**撒鹽烤甜蝦**
サーイェン・カオティエンシャー
甘エビの一種の塩焼き（亀山島）

**蝦仁生魚片**
シャーレン・ションイーピェン
刺身は安心の店でおいしく食べよう（亀山島）

**五味九孔**
ウーウェイジョウコン
トコブシの五味ソース風味（北海漁村）

**酥炸黒鱈魚**
スージャオ・ヘイシエイー
モンゴウイカの一種のフリッター（亀山島）

---

MRT雙連駅2番出口から徒歩10分
MAP p.25-G
イーファン・ターシーガン・グイシャンタオ・ハイシェン
**一番大溪港亀山島海鮮**

### オススメは生エビの刺身！

店に並ぶのは毎朝亀山島（台湾宜蘭沖の小島）沿海で獲れたばかりの魚介類。どれも新鮮さが売りだが、特にオススメなのが生エビの刺身だ。

住 民生西路219号　℡ 02-2557-6469
営 16:00〜翌2:30　休 無休　予 200元〜
M メニューはない。現物を指して調理法を指定　語 中・日（少し）

---

MRT行天宮駅4番出口から徒歩3分
MAP p.24-F
ホンファンティエン
**紅翻天**

### 新鮮な魚を好みの調理法で

店頭に並んだ魚を選んで調理してもらう。大きな魚の場合、煮たり焼いたりスープにと、一匹の魚で違った調理法にもオーダーできる。値札は調理費込み。

住 吉林路239号
℡ 02-2537-1629
営 17:00〜14:00、17:00〜24:00
休 無休　予 300元〜
M 中・英　語 中・日（少し）

---

MRT松江南京駅8番出口から徒歩10分
MAP p.25-I
ハオチー・タンズーミェン
**好記担仔麺**

### 新鮮な素材を伝統のレシピで

食材は台湾全土から毎日運ばれてくる。定番は担仔麺40元。メニューはスタッフが日本語で解説してくれる。店頭に並んだメニューを指さしで選んでもいい。

住 吉林路79号
℡ 02-2521-5999
営 11:30〜翌2:30
休 旧大晦日、元日　予 200元〜
M 中・英　語 中・日・英（少し）

---

MRT中山駅4番出口／雙連駅1番出口から徒歩10分
MAP p.25-I
ハオシャオツ・ハイシェン
**好小子海鮮**

### お任せで旬の海鮮を味わう

メニューはなく、店主が客の好みと旬を考えて料理をすすめてくれる。同じメニューがいつもあるとは限らないが、素材に合った料理法で出てくるので安心だ。

住 林森北路305号
℡ 02-2537-2093
営 17:00〜翌2:30
休 旧大晦日〜正月2日
予 300元〜　M 中　語 中・日（少し）

---

MRT善導寺駅5番出口から徒歩5分
MAP p.26-J
ベイハイユーツン
**北海漁村**

### 毎日、澎湖島から届く食材

澎湖島周辺の新鮮な魚介が、毎日航空便で届く。魚の種類は四季を通して100種近く。シンプルな伝統的料理法で、素材のおいしさが味わえる。

住 杭州南路一段8号
℡ 02-2357-6188
営 11:00〜14:00、17:30〜21:00
休 旧正月〜6日　予 400元〜
M　語 中・日・英

---

食べる

海鮮料理

## 台湾ベジ料理
# 素食
（スーシー）

猴頭茹というキノコを使って鶏肉そっくりに（衆流）

台湾には健康意識の高い人たちが多い。そのせいか「素食」を名乗るレストランもたくさん見かける。素食とは、いわゆるベジタリアン料理のこと。夜市の屋台にも素食の店がある。

**樹果猴茹** シュウグオホウグー

**砂鍋霊芝包** シャーグ・オリンジーパオ

**五彩栗子焼** ウーツァイ・リーズシャオ

野菜や豆がたっぷり、主役は栗（寛心園）

アワビ茸とサトウキビの若芽の煮込み（衆流）

ビュッフェスタイルで食べ放題の素食レストラン（御蓮齋）

## 素食
（スーシー）

台湾には屋台から高級レストランまで、素食の店が多い。素食は精進料理と訳されることもあるが、いわゆる「もどき料理」ばかりではないし、ベジタリアンだけが食べる料理でもない。台湾の人は「きょうは素食にしよう」ぐらいに、食のバリエーションとして楽しんでいる。

**蜜汁淮山**
ミージーファイシャン

ヤマイモを使った大学いも（衆流）

**百菇松露飯**
バイグーソンルーファン

キノコ入りチャーハン（寛心園）

**焗烤双珍**
ジューカオ・スワンチェン

キンカンときのこのチーズ焼き風（鈺善閣）

**牛奶蔬菜鍋**
ニュウナイ・スーツァイグオ

きのこと野菜がたっぷり、牛乳ベースの鍋（寛心園）

---

MRT南京復興駅1番出口から徒歩4分
MAP p.27-C

### 衆流素食
ジョウリュウ・スーシー

## 高級食材を使った本格素食

台北に数ある精進料理店の中でも、特に素材と調理法にこだわった名店。「肉もどき・魚もどき」の技術に驚きながら、味も存分に楽しめる。

住 龍江路102号
TEL 02-2516-5757
営 11:30～14:00、17:30～21:00
休 無休　予算 400元～
M 中・日・英　語 中・日

---

MRT忠孝敦化駅4番出口から徒歩6分
MAP p.28-E

### 寛心園
クワンシンエン

## 肩の張らないベジ料理

サラダ、スープなどのついたセットメニューが中心で、ふだん感覚で素食が食べられる。味つけも調理法も気取らない。健康志向の若い女性で昼から人気。

住 仁愛路四段345巷4弄51号　TEL 02-2721-8326　営 11:30～21:30　休 無休　予算 400元～　M 中・日（一部）・英　語 中・日・英
URL http://www.easyhouse.tw

---

MRT善導寺駅1番出口から徒歩3分
MAP p.23-D

### 鈺善閣
ユーシャンコー

## 洗練されたフレンチ懐石

季節ごとに変わる素材はすべて天然もので、日本の懐石にフレンチテイストをプラス。日本の懐石料理とは一味違う盛り付けで目にもうれしい。（要予約）

住 北平東路14号　TEL 02-2394-5155
営 11:30～14:00、17:30～21:00
休 無休　予算 980元～
M 中・英　語 中・英
URL https://www.yu-shan-ge.com.tw/

---

MRT南京三民駅2番出口から徒歩1分
MAP p.29-G

### 御蓮齋
イーリエンジー

## ここなら素食が食べ放題！

200種類以上の料理やデザートが並ぶ店内は壮観ですらある。特にデザート類の種類が豊富だ。ビュッフェスタイルで気軽に入れる。

住 南京東路五段188号B1
TEL 02-2761-1259
営 11:30～14:30、17:30～20:30
休 無休　予算 600元～　M 語 中
URL http://www.regal-lotus.com

---

MRT新北投駅から徒歩4分
MAP p.61-A

### Su蔬食料理
スー・スーシー・リャオリー

## 温泉帰りにベジ料理はぴったり

セットメニューが中心なので、少人数でも食べやすい。温泉帰りの体には、胃に優しいベジ料理がふさわしい。料金が手頃で地元若者にも人気。

住 光明路228号
TEL 02-2894-6428
営 11:00～21:00
休 無休　予算 450元～　M 語 中
URL http://www.su-veges.com

---

食べる

素食

※料理説明末尾の（ ）内は、本書で紹介しているレストラン名の略称です。
※市場や屋台ではクレジットカードは使えません。個人経営の小さな店では使えない場合もあります。

# お手軽！お気軽！
## 美食廣場
（フードコート）

台北では、大きなデパートやショッピングセンターには、たいてい美食廣場と呼ばれるフードコートが併設されている。どこも規模が大きく、有名店が出店していることも多い。注文しやすく、気軽においしく食べられるから、利用価値は大きい。

新光三越台北站前店地下の小吃街：老舗的なフードコート。台北駅前の便利な立地

Taipei 101：Taipei 101の地下1階という場所柄、国内外の観光客の利用も多い

遠東SOGO復興館地下の美食街：MRT忠孝復興駅とつながっているので、雨の日などは便利

誠品信義旗艦店：地下の美食街は広いテーブルで落ち着いた雰囲気。カフェ代わりにも使える

遠東SOGO忠孝館地下の軽食・小吃街：忠孝東路ショッピングのひと休みを兼ねて使える

京站時尚廣場（Qsquare）地下3階の食樂大道：フードコートとは思えない先進的空間（写真上）。4階のレストラン街、饗食天堂（写真下）

台北駅の2階にある微風台北車站の美食エリア。牛肉麺、夜市小吃、カレーなどのテーマにわかれている

美麗華百樂園（Miramar）地下の美食天地：故宮博物院見学の帰りに食事するのに便利

## ここがおすすめ

| | | |
|---|---|---|
| 新光三越台北站前店 | 台北駅前の三越地下1階。台北でも老舗格のフードコート | MAP p.23-C |
| 新光三越南西店 | MRT中山駅前にある三越南西店の三館地下1階 | MAP p.25-K |
| 誠品信義旗艦店 | 誠品ビル地下2階の「誠品美食」。隣は食品スーパー | MAP p.29-G |
| 誠品敦南店 | 誠品書店は24時間営業だが、地下1階の美食街「創意時尚」は22:00まで | MAP p.28-E |
| 遠東SOGO復興館 | MRT忠孝復興駅に隣接しにぎわう。美食街は地下2階 | MAP p.27-H |
| 遠東SOGO忠孝館 | 美食街は地下1階。復興館よりは席が取りやすい | MAP p.27-H |
| Taipei 101 | 地下1階。広々としていて、平日はビジネス客も多い | MAP p.29-K |
| 微風台北車站 | 台北駅の2階。テーマ毎にいくつかブロックにわかれている | MAP p.23-C |
| 京站時尚廣場（Qsquare） | 地下3階にある「食樂大道」はモダンでおしゃれなフードコート | MAP p.25-K |
| 美麗華百樂園 | 地下1階「美食天地」では20を超える店からメニューが選べる | MAP p.51-B |

食べる　美食廣場（フードコート）

## フルーツ vs 伝統の味
# 冷たい系デザート

台北にはデザート専門店が街中にたくさんある。特に冷たい系のデザートは種類が豊富、しかも量が驚くほど多い。フルーツかき氷は2人で一つで十分かも。豆花（豆腐プリン）は、意外なほど喉ごしよくお腹に収まる。

**杏仁雪花冰** シンレン・シュエホアピン
杏仁味の氷を削り、4種類のトッピングを選んでのせる（于記）

**芒果牛奶冰** マングオ・ニューナイビン
夏の台湾では欠かせないマンゴーかき氷。黒糖味が人気（黒岩）

**草苺冰** ツァオメイビン
マンゴーに並んで人気のイチゴかき氷（台一）

---

### MRT行天宮駅4番出口から徒歩5分
MAP p.20-F
**黒岩黒砂糖刨冰**
ヘイイエン・ヘイシャータン・ツアン

**黒糖ブームの火付け役**
台湾産の黒糖入り氷を削ったカキ氷の専門店。自由に選べるトッピング4種類を乗せた黒砂糖刨冰が人気。5〜9月にはマンゴーのカキ氷が食べられる。

住 錦州街195号
TEL 02-2536-2122
営 11:00〜23:00（10〜4月12:00〜）
休 10〜4月の月曜、旧正月
予 芒果牛奶冰120元、豆花45元
M 中・日 語 中・英

### MRT雙連駅1番出口から徒歩10分
MAP p.25-G
**古早味豆花**
グーザオウェイ・トウホア

**すべて自家製のこだわりの味**
寧夏夜市外れの豆花の有名店。4時間煮込んだ自家製タピオカ入りの粉圓豆花が看板メニュー。ほかに8時間煮込んで中までしっかり味の入った芋頭入り豆花もオススメ。

住 民生西路210号
TEL 02-2558-1800
営 10:00〜翌1:00
休 旧正月7日間 予 40元〜
M 語 中・日・英
URL http://www.toufa.com.tw/

### MRT西門駅4番出口から徒歩1分
MAP p.22-F
**于記杏仁豆腐**
ウィジー・シンレンドウフ

**種類豊富な杏仁スイーツ専門店**
自家焙煎した杏仁からつくる杏仁製品の専門店。看板メニューの杏仁豆腐のほか、杏仁のカキ氷や杏仁アイス、杏仁ジュースなど、オリジナルの杏仁スイーツが味わえる。

住 衡陽路101号
TEL 02-2370-1998
営 10:30〜20:00（金〜日曜〜22:30）
休 無休 予 70元〜
URL http://yustofu.com.tw/

※料理説明末尾の（　）内は、本書で紹介しているレストラン名の略称です。
※市場や屋台ではクレジットカードは使えません。個人経営の小さな店では使えない場合もあります。

**花生豆花**
ホァション・トウホア
かき氷と甘く煮た落花生が入った定番の豆腐プリン（豆花荘）

**湯圓**
タンユェン
かき氷に湯圓(団子)・あずき・花豆・ピーナッツ・タロイモ団子をトッピング（雙連）

**粉圓豆花**
フェンユェン・トウホア
タピオカ入りの豆花（古早味）

## 冷たい系デザート

---

**MRT雙連駅2番出口から徒歩8分**
MAP p.25-G

トウホアヅァン
### 豆花荘

**カラメルの香り漂う豆花**

40年の歴史を持つ店。シロップは独自の手法で砂糖を炒ったカラメル風味。そのため全体的に甘さひかえめなのにおいしい。おすすめは花生豆花。氷入りと温かいのと、2種類ある。

住 寧夏路49号
TEL 02-2550-6898
営 10:00〜翌1:00
休 旧大晦日〜正月5日
予算 45元〜
M 中・日　語 中

---

**MRT公館駅3番出口から徒歩5分**
MAP p.55

タイイー・ニュウナイ・ターワン
### 台一牛奶大王

**学生街で大人気のかき氷店**

定番のあずきミルク氷やイチゴミルク氷はもちろん、100%フレッシュジュースもオススメ。冬には温かい白玉ぜんざいもある。マンゴー関係メニューは6〜9月のみ。

住 新生南路三段82号
TEL 02-2363-4341
営 11:00〜24:00
休 旧大晦日〜正月3日
予算 50元〜
M ・語 中

---

**MRT雙連駅1番出口から徒歩3分**
MAP p.25-H

スワンリェン・ユェンズタン
### 雙連圓仔湯

**モチモチ団子、湯圓の店**

白玉団子入りのスープデザート、湯圓の専門店。20種類近くのトッピングは甘さ控えめで、素材の持ち味が生きている。香ばしいピーナッツ粉をまぶした餅の焼麻糬もおすすめ。

住 民生西路136号
TEL 02-2559-7595
営 10:30〜22:00
休 旧正月
予算 80元〜　M 語 中・日
URL https://www.sweetriceball.tw

## 素材は植物系
# ヘルシーデザート

暑い台湾で街歩きに疲れると、甘くて冷たい物が食べたくなる。そんなとき、脂肪やカロリーを気にしないで食べられるデザートが台湾にはいっぱいある。イモや豆、海藻、木の種などから形を変えたデザート類だ。

**酸梅湯** サンメイタン

体にこもった熱を冷ましてくれるので、夏にぴったりの飲料。菓子は中が空洞の白沙糖餅（公園號）

**苦茶** クーチャー

36種類の薬草から作る苦いお茶（苦茶）

**古梅冰棒** グーメイ・ビンバン

**粉圓氷** フェンユェンビン

タピオカ以外にも豆花もおいしい（東區）

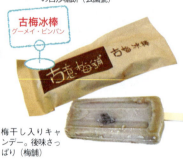

梅干し入りキャンデー。後味さっぱり（梅舗）

---

### MRT忠孝敦化駅3番出口から徒歩8分
MAP p.28-E
トンチー・フェンユェン
## 東區粉圓

**もちもちタピオカを食べるなら**
市の東エリアで人気の台湾スイーツ店といったらここ。自慢は店名でもある粉圓（タピオカ）だ。トッピングはすべて手作り。仙草ゼリーや愛玉もある。

🏠忠孝東路四段216巷38弄
📞02-2777-2057
🕐11:00～23:00
休旧暦大晦日～正月4日
予60元～
URL http://www.efy.com.tw

### MRT中山駅6番出口から徒歩10分
MAP p.25-J
クーチャージージャー
## 苦茶之家

**苦い！甘い！だけど体にいい**
思わず顔をしかめるほど苦い苦茶と、体の養生になるデザートばかりが揃った甘味店。苦茶を入れた大きな壺が目印。材料は漢方薬に使われる薬草や木の実、イモ類がほとんど。

🏠長安西路244号
📞02-2558-0019
🕐9:30～24:00
休無休 予100元～ 苦茶60元
M中・日 語中
URL https://www.coteahouse.com.tw

### MRT忠孝敦化駅8番出口から徒歩10分
MAP p.28-A
グーイーメイプー
## 古意梅舗

**オーガニック梅を使った梅専門店**
自家農園で作られるオーガニックの梅を使った梅製品の専門店。自家製梅干入りの梅アイスキャンデーや梅紫蘇ジュースがおいしい。梅エキスがオススメの看板商品。

🏠八徳路三段12巷52弄15号
📞02-2577-4677
🕐11:00～21:00
休日曜
予氷棒30元 梅精1500元／瓶
M/語中

※料理説明末尾の（　）内は、本書で紹介しているレストラン名の略称です。
※市場や屋台ではクレジットカードは使えません。個人経営の小さな店では使えない場合もあります。

**百合蓮子白木耳湯**
バイフー・リェンズ・バイムーアルタン
ユリ根、蓮の実、白きくらげのシロップ（苦茶）

**芋圓**
イーユェン
タロイモの餅＋仙草ゼリー＋仙草かき氷（鮮芋仙）

**黒糖粉圓鮮奶**
ヘイタン・フェンユェン・シェンナイ
黒糖味の大きなタピオカ入りミルクティー（陳三鼎）

**愛玉**
アイユー
愛玉という植物の種から作ったゼリー（東區）

**仙草**
シェンツァオ
寒天のような海藻ゼリー。黒糖味（東區）

**QQ** キューキュー

粉圓や芋圓の店に行くと、「QQ」という文字が目につく。そのまま「キューキュー」と発音。これは、タピオカとかナタデココのつぶやタロイモ団子の、弾力があって、もちもちとした食感を表現することばだ。かまぼこや肉など、幅広くQQは使われる。

食べる　95　ヘルシーデザート

---

**MRT台大醫院駅1番出口から徒歩4分** MAP p.23-G
ラオパイ・コンユェンハオ
### 老牌公園號

#### 甘くて酸っぱい酸梅湯
看板メニューの酸梅湯は、清涼解渇のはたらきのある生薬系健康ドリンク。一緒に中身空洞のぱりぱりパン白沙糖餅がおすすめ。二二八和平紀念公園に隣接。

- 住 衡陽路2号
- TEL 02-2311-3009
- 営 10:30～20:00
- 休 旧正月
- 予算 50元～　酸梅湯30元
- M 語 中

---

**MRT公館駅4番出口から徒歩3分** MAP p.55
チェンサンディン
### 陳三鼎

#### 大粒のQQタピオカ入り
「粉圓鮮奶」に入った粉圓（タピオカ）は粒が大きい。「青蛙蛋（カエルの卵）」ともいわれるのは、見た目から。ミルクティーとの相性が抜群で、行列のできる人気店。

- 住 羅斯福路三段316巷8弄
- TEL 02-2367-7781
- 営 11:00～21:30
- 休 月曜
- 予算 40元～
- M 語 中

---

**MRT國父記念館駅2番出口から徒歩2分** MAP p.28-E
シェンイーシェン
### 鮮芋仙（忠孝店）

#### 伝統の味が大人気のチェーン店
台湾伝統のデザート芋圓（タロイモの団子）とヘルシーデザート仙草ゼリー、さらに仙草かき氷を組み合わせた「鮮芋仙」で大人気に。香料、防腐剤等無添加。チェーン店。

- 住 忠孝東路四段280号
- TEL 02-2731-2355
- 営 10:30～23:30（金・土曜～24:00）
- 休 無休　予算 55元～
- M 中・日・英　語 中・日・英
- URL http://www.meetfresh.com.tw/

## 果物王国台湾
### 水果
（フェイクオ）
（フルーツ）

台湾は一年中果物が豊富。果物は日本に持ち帰れないし、輸入制限で日本では食べられないものもあるから、熱帯の味をぜひ味わって帰ろう。基本は量り売りで、値段は格安。たいてい1個ずつでも売ってくれる。

**釋迦　スージャー**
釋迦頭。外側が黒っぽくなったら食べごろ。ミルキーで甘い

**荔枝　リージー**
ライチ。大粒の玉荷包と、長く出回る黒葉の2品種がある

**火龍果　フオロングオ**
ドラゴンフルーツ（白果肉）。見た目ほどにクセはない。酸っぱくないキウイ味？
6〜12月

**芒果　マングオ**
マンゴー。品種は多いが、写真の愛文種が一番のオススメ

**芭楽　バーラー**
グァバ。美白＆美肌にいい。固い果肉でさっぱり甘酸っぱい

**鳳梨　フォンリー**
パイナップル。丸ごと一つ買うと、見事な包丁さばきでカットしてくれる

## 台湾果物の食べ頃カレンダー

| 時期 | 名称 | 読み | 説明 |
|---|---|---|---|
| 4〜7月 | 蓮霧 | （レンブ） | 甘酸っぱくてサクサクした歯触りの果肉、皮のまま食べられる |
| 6〜7月 | 荔枝 | （ライチ/レイシ） | 淡褐色の皮の中に甘酸っぱい乳白色のみずみずしい果肉 |
| 6〜8月 | 芒果 | （マンゴー） | ほのかな酸味と甘さがある黄色い果肉。台湾果物の一番人気 |
| 6〜9月 | 龍眼 | （リュウガン） | 荔枝をひと回り小さくした感じ、味は少し淡泊 |
| 6〜9月 | 芭楽 | （グァバ） | 白く酸っぱい果肉、皮ごと食べられるがジュースがおすすめ |
| 7〜1月 | 楊桃 | （スターフルーツ） | ほんのり甘い酸っぱさ、切り口が五角形の星形になる |
| 7〜2月 | 釋迦 | （シャカ） | 酸味のある甘い果肉、お釈迦様の頭のような外観 |
| 11〜5月 | 柳丁 | （台湾ネーブル） | 酸味に富む甘さが特徴、これもジュースがおすすめ |
| 1年中 | 椰子 | （ヤシ） | 固い果実に穴をあけて中の果汁を飲む天然のスポーツドリンク |
| 1年中 | 鳳梨 | （パイナップル） | 買ったときにその場でカットしてもらうと食べやすい |

### 香蕉　シャンジャオ
太くて少し短めの台湾バナナ。種類は様々。1年中

パイナップル（鳳梨）や柚子（ヨウツー）は、縁起物としてお店などで飾られることもある

### 龍眼　ロンイエン
リュウガン。茘枝よりもあっさりとした味わい

### 芭蕉　バージャオ
甘酸っぱくてねっとりした短いバナナ

### 楊桃　ヤンタオ
スターフルーツ。鮮やかなオレンジ色になると食べごろ。甘くて美味

### 百香果　バイシャングオ
パッションフルーツ。トロッとした果肉を種ごとすすって食べる。6～12月

### 木瓜　ムーグァ
パパイヤ。未熟な果肉は料理に使う。美容効果ありで女性に人気。1年中

### 蓮霧　リェンウー
レンブ。台湾ではポピュラー。梨とリンゴの間のような味

食べる

**97**

果物王国台湾

### 水果冰　シェイグオビン
ドラゴンフルーツアイスがのったフルーツかき氷（百果）

### 果醬　グオジャン
新鮮なフルーツから作ったジャム（百果）

---

MRT忠孝敦化駅8番出口から徒歩15分　MAP p.27-D

バイグオユエン
### 百果園

**台北でフルーツを食べるならココ**
オーナーが毎日市場で仕入れる、旬のおいしいフルーツやジュースが味わえる。アイスクリームやジャムもおすすめ。屋台のカットフルーツは苦手という人でもここなら安心。

住 敦化南路一段100巷7弄2号
TEL 02-2772-2010
営 7:00～19:00（土曜～17:00）
休 日曜、旧正月　予算 200元～
M 語 中・日
URL http://www.jfstore.com

---

MRT東門駅6番出口から徒歩2分　MAP p.26-J

イーチョンシューグオディエン
### 一成蔬果店

**地元で人気の果物屋さん**
どこにでもある街の果物屋さんといった感じの店だが、マンゴーや釋迦頭、パパイアなどの厳選された新鮮な南国のフルーツの味は格別。量り売りで小量でも買える。

住 連雲街71号
TEL 02-2393-7575
営 7:30～22:00
休 無休
予算 100元～
M 語 中

※ジャムやコンポートは飛行機の機内持ち込みができない。おみやげにしたら受託荷物に入れて預けよう。

## 台北で見つけた ビールがうまい店

台湾ではお酒を置かない飲食店がとても多い。ましてやおいしいビールの飲める店は少なかった。それが最近、できたての生ビールが飲める店が次々と出現。暑い中を歩いたあとは、冷たいビールがうまい！

ピルスナー、エールなど6種類の味が楽しめる（Jolly）

サーバーから注がれる地ビールは格別の味（Gordon）

Hard Coreは北義極品のオリジナル生ビール（左）。台湾ではたくさんのブランドのクラフトビールが発売されている（北義極品）

---

MRT小南門駅2番出口から徒歩10分
MAP p.22-J

ベイ・イージーピン
### 北義極品

**国内外のビールが大挙集合！**
常時8種類の生ビールを飲むことができる。世界各国のクラフトビールも200種類以上が並んで壮観。食事や軽食、デザートも豊富で、酒好きから子供まで楽しめる。

[住] 中華路二段75巷20号
[TEL] 02-2311-7318
[営] 12:00～22:00
[休] 木曜、不定休
[予算] 350元～
[M/語] 中

---

MRT南京復興駅7番出口から徒歩5分
MAP p.21-G

ジョリー・ブリュワリー
### Jolly brewery＋Restaurant

**ここでしか味わえないビール**
自家工場でつくったオリジナルビール6種類が飲めるビアレストラン。ビールに合わせたサイドメニューは、東南アジア料理風にアレンジした素食なのがユニーク。

[住] 慶城街29号1階B室
[TEL] 02-8712-9098
[営] 11:30～14:30、17:30～23:00（木曜～24:00、金・土曜～翌1:00）
[休] 日曜の夜、旧大晦日
[予算] 500元～
[URL] http://www.jollys.tw

---

MRT市政府駅3番出口から徒歩10分
MAP p.29-K

ゴードン・ビアーシュ
### Gordon Biersch

**地ビールとアメリカンフード**
アメリカで創業、海外進出は台湾が一号店。地ビールの試飲が無料でできるので、好みの味を探せる。ビールにぴったりの米国風つまみや料理が並ぶ。

[住] 松壽路11号2階（新光三越百貨信義新天地A11館内）
[TEL] 02-8786-7588
[営] 11:00～24:00
[休] 無休
[予算] 500元～
[URL] https://gordonbiersch.com.tw

---

※写真解説の（　）内は、本頁で紹介しているレストラン名の略称です。

見る
遊ぶ

# 朝市と伝統市場

台北市民のエネルギー源

せっかく台湾を訪れたのなら、庶民の暮らしにも触れてみたい。それには市場へ行くのが一番だ。台北には思いがけないビル街の谷間や、オフィスビルの中に市場があったりする。ときには朝食を早くすませて、のぞきにいこう。

## ずらり、露店が並ぶ
### 雙連朝市
スワンリェン・チャオスー
そうれんあさいち

MAP p.25-H

MRT淡水信義線の雙連駅前から民権西路駅に向かう遊歩道脇に連なる市場。果物、野菜などの生鮮品から雑貨、衣料の店も出て、狭い路地は屋台と地元の買い物客で熱気にあふれる。

★MRT雙連駅2番出口すぐ　住MRT雙連駅上緑道沿い　開8:00頃〜昼

## 住宅街の伝統市場
### 東門市場
トンメン・スーチャン
とうもんいちば

MAP p.26-J

路地を縫うようにして、生鮮食材、乾物、衣料品から雑貨類まで、所狭しと店が並ぶ。金山南路を挟んで、東門市場と東門外市場の2エリアがある。

★MRT東門駅2番出口から徒歩2分
住信義路二段81号／金山南路一段110巷周辺　開7:00頃〜昼　休月曜休みの店が多い

### 中華食材や調味料が豊富
## 南門市場
(ナンメン・スーチャン)
なんもんいちば

MAP p.23-K

ビルの中にある市場。一歩入ると、庶民の世界が広がる。1階の乾物・加工食品街には、干しエビや貝柱、カラスミ、菓子やドライフルーツなど、おみやげに使える商品も多い。

★MRT中正紀念堂駅2番出口から徒歩1分
住 羅斯福路一段8号　開 7:00〜19:00　休 月曜

### 庶民の台所
## 松江市場
(ソンジャン・スーチャン)
まつえいちば

MAP p.20-F

周辺には住宅街や商店街が多く、地元民の台所といった雰囲気が濃厚。古いビルの内部に生鮮店店を中心に小さな店がぎっしり並んでいるところは、伝統市場の典型だ。生きた鶏まで売っているのは、さすが台湾。

★MRT行天宮駅4番出口から徒歩2分
住 錦州街222号　開 7:00頃〜夕方

## 老いも若きも信心深い!? 廟と寺

台湾の人たちは、だいたいが信仰にあついようだ。それは大都会台北でも同じで、寺廟にお参りする人の数は多く、いつもにぎわっている。休日に家族連れ立ってお参りしたり、仕事帰りにお参りをする若い女性の姿も目につく。

夜遅くまで参拝者の途切れることがない

### 早朝から香煙が絶えない
### 龍山寺（ロンサンスー／りゅうざんじ）

住 広州街211号
開 6:00～22:00
URL http://www.lungshan.org.tw/

MAP p.22-E

市内ではもっとも歴史のある寺。現在の建物は第二次世界大戦後の再建。本尊は観音菩薩だが、普賢菩薩や媽祖、関帝、誕生娘娘などのたくさんの神仏も祀られている。お供えをしたり、線香をあげに境内を回ったりと、参拝風習の違いが興味深い。★MRT龍山寺駅1番出口から徒歩2分

### 良縁を願う若者たち
### 霞海城隍廟（シァハイ・ツェンホアンミャオ／かかいじょうこうびょう）

MAP p.25-G

住 迪化街一段61号
開 6:16～19:47
URL http://www.tpecitygod.org/

赤い糸で縁を結んでくれるという神様「月下老人」がいるので、若い男女に人気がある。真剣にお祈りする若者の姿が多いのに驚く。
★MRT中山駅5番出口から徒歩15分

若い人の姿が目立つ

## 下町のど真ん中
### 青山宮（チンサンコン／せいざんぐう）

MAP p.22-E

豪華で精緻な屋根飾りには、人や動物もたくさん登場

🏠 貴陽街二段218号
🕐 6:00〜21:00

廟でのお参りに欠かせない筊杯（ポエ）※

下町の住宅密集地に立つ3階建ての廟。上階に上ると、手の届きそうなところに屋根飾りが見えて壮観だ。台湾映画「艋舺（モンガに散る）」のロケ地にもなった。

★MRT龍山寺駅1番出口から徒歩10分

## 戦いと商売の神様を祀る
### 行天宮（シンティエンコン／ぎょうてんぐう）

MAP p.20-B

老若男女、さまざまな人が参拝に訪れる。環境に配慮して、香炉は撤去されている。

『三國志』でおなじみの武将、関羽を祀る関帝廟。関羽は戦神と同時に、初めて帳簿とそろばんを使った人物として商売の神ともいわれる。お参りする人やお祓いを受ける人でいつもにぎわう。すぐ前の民権東路と松江路の交差点地下道が、いわゆる占い横丁（→p.104）。

🏠 民権東路二段109号
🕐 4:00〜22:00
🔗 https://www.ht.org.tw

★MRT行天宮駅4番出口から徒歩3分

見る・遊ぶ

**103**

廟と寺

---

### MRT關渡駅1番出口から徒歩15分
MAP p.19-A

**關渡宮（クワントゥコン）**

**人々が金運の願いをこめる**

台湾北部で最古の媽祖廟として知られる。特徴は財神が一同に集められて祀られていることで、金運アップを願う人々に人気。淡水河に臨んで立つ廟は壮麗だ。

🏠 知行路360号
🕐 6:00〜20:00
🔗 http://www.kuantu.org.tw/

### MRT松山駅5番出口からすぐ
MAP p.29-D

**松山慈祐宮（ソンサン・ツーヨウコン）**

**夜市の入口に隣り合わせ**

「松山媽祖廟」とも呼ばれ、天上聖母を主神にお祀りしている。饒河街夜市の入口脇にあり、夜間はライトアップされてきらびやか。夜市見物のついでにぜひお参りしたい。

🏠 八徳路四段761号
🕐 5:00〜22:30

### MRT大橋頭駅2番出口から徒歩5分
MAP p.25-G

**大稲埕慈聖宮（タータオツェン・ツーションコン）**

**迪化街散策の休憩場所に**

福建省から渡ってきた媽祖廟で、初めは艋舺に祀られていたが、のち大稲埕に移された。廟口小吃街が有名。廟前の小路に小吃店が並び、境内のテーブルで食事ができる。

🏠 保安街49巷17号
🕐 6:30〜20:00（門前の小吃街は11:00〜15:00頃）

※筊杯（ポエ）：一組を床に投げて、陰（隆起面）陽（平面）の組み合わせなら神様が願いを聞いてくれる。陽陽ならもう一度、陰陰はダメの意。

## 地下の占い横丁 算命街

台湾の人たちは、星座占いに詳しい人が多く、占い好きも多い。しかし算命（占い）街に台湾人が集まってくるわけではない。占いを求めて集まるのはほとんど日本人の観光客。興味のある人には見逃せない一角だ。

### 20人近い占い師が集まる
### 行天宮前地下道
ぎょうてんぐうちかどう

MAP p.20-B

行天宮前の恩主公地下道（民権東路と松江路交差点地下）には手相、面相、米粒占いなどの占い師が集まり、「占い横丁」と呼ばれるようになった。

★MRT行天宮駅4番出口から徒歩3分

住 民権東路と松江路の交差点地下歩行者通路 開 10:00～19:00頃（占い師によって異なる）

料金はテーマ毎。恋愛、金運…と占ってもらう項目が増えると料金も上がる。通訳を置いたり、自ら日本語ができる占い師もいるので日本語ＯＫ。

### 静かで落ち着いている
### 龍山寺地下算命街
りゅうざんじちかさんめいがい

MAP p.22-I

龍山寺駅から直結する地下街にある。行天宮前地下道よりも落ち着いている。こちらの方が、ゆっくり時間をかけて占ってもらえるというファンも多い。

★MRT龍山寺駅1番出口から徒歩1分

住 西園路一段145号 龍山寺地下街B1 開 11:00～21:30頃（占い師によって異なる）

占い時間は、30分ぐらいから。料金はテーマによって異なるが、500元ぐらいから。

## セルフで足裏マッサージ
# 健康歩道

台北の公園で、小さな石を敷き詰めた歩道を見つけたら、それが健康歩道だ。台湾では若石健康法とも呼ばれるが、これは台湾で足裏マッサージを広めた神父ジョセフ・オイグスター（台湾名・呉若石）にちなんだもの。

### 台北駅近くの緑濃い公園
アルアルバー・ホービン・ジーニェン・コンユェン
## 二二八和平紀念公園
にいにいはちわへいきねんこうえん

MAP p.23-G

ヤシや中国宮殿式の東屋のある蓮池が配された広い公園の一角、台北二二八紀念館近くにある。早朝から気功や太極拳をしたり、歩道を歩いたりする市民が多い。

★MRT台大醫院駅1番出口から徒歩5分

住 凱達格蘭大道3号
開 5:00〜24:00

足裏ツボと体内器官の関連図。刺激が体中に伝わっていく

### 中正紀念堂のすぐそば
ズーヨウ・クワンチャン
## 自由廣場
じゆうひろば

MAP p.23-L

中正紀念堂のある自由廣場、愛国東路から入る大孝門すぐ脇の回廊に沿って、長い健康歩道がある。ここの石を歩くとかなり痛く、ベテラン向き。

★MRT中正紀念堂駅3番出口から徒歩2分

住 中山南路21号
開 5:00〜23:00

初心者には痛くて、立っているのがやっと

### 石が丸くて歩きやすい
ゾンサン・コンユェン（クオフウ・ジーニェンクワン）
## 中山公園（國父紀念館）
ちゅうざんこうえん（こくふきねんかん）

MAP p.28-F

國父紀念館がある中山公園の北側、忠孝東路の塀沿いに作られている。ここの石は比較的丸みがあって、初めての人にも歩きやすい。

★MRT國父紀念館駅4番出口から徒歩2分

公園内ベンチの下にも踏み石が埋められている

住 仁愛路四段505号
開 6:00〜20:00

※健康歩道は、新北投の北投公園内にもある。

見る・遊ぶ

算命街／健康歩道

# 中国古典芸術の一大コレクション
# 故宮博物院で名宝に感動

山懐に抱かれた壮麗な故宮博物院。写真は本館

### 國立故宮博物院
クオリー・グーコン・ボーウーユエン
こくりつこきゅうはくぶついん

MAP p.19-D

## アプローチ

　パリのルーヴル美術館やロンドンの大英博物館と並ぶ世界屈指の博物館として有名な故宮博物院は、主に明や清の皇帝コレクションを中心に60万点以上もの中国文物を保有している。しかも、その宝物の数々は、日中戦争や国共内戦といった戦禍をまぬがれ、奇跡的に台湾に運ばれてきたものばかり。だが、常設展示されているのは、そのほんの一部にすぎない。

　定期的に展示品の入れ替えが行われているものの、「全部見るには30年以上かかる」とまでいわれるほど、所蔵する宝物の数は膨大だ。故宮博物院の後ろの山には「洞倉」と呼ばれる文物保管庫があり、いまだに梱包も解かれていない数多くの文物が眠っているという。

　故宮に到着したら孫文揮毫の「天下為公」ゲ

### アクセス

MRT淡水信義線士林駅からバス 紅30番、255番、304番、ミニバス18・19番で10分、15元。紅30番のみ1階エントランスまで運行、他のバスは正門前下車で、エントランスまで徒歩5分。MRT文湖線大直駅からバス棕13番で10分。台北駅からタクシーで20〜30分、250元〜。士林駅から10分、120元〜。

ートをくぐり、本館を見ながらまっすぐ進もう。北京の紫禁城を思わせる美しいレリーフの白い階段をのぼれば、そこが1階の入口になる。ちなみに地下1階のチケット売り場は団体専用なので、個人旅行者は階段かエスカレーターで上の1階チケット売り場に行く。

ここでぜひ見たいのが、エントランス中央のガラス天井だ。故宮の顔ともいえる場所で、唐の書道家・懐素の「自叙帖」と呼ばれる書をプリントしている。天気のいい日だと青空にのびやかな黒い文字が映え、書のすばらしさを堪能できる。

エントランスのインフォメーションデスクには日本語のガイドマップも置かれているので、これを手にして、いざ展示室へ！

## 上手に見学するコツ

### 《準備編》

故宮博物院の展示スタイルは、常設展示と特別展の組み合わせ。常設展示も超有名な作品以外は3カ月ごとの入れ替えとなる。参観するまでに、故宮博物院の公式サイトで今どのような作品が展示されているかを確認し、何階にあるのかを調べておくとよい。これだけでも、当日むだに動き回らなくてもすむ。

各展示室は思いのほか暗く、有名作品の前には人だかりができることも多い。特に団体客とかち合うと、展示ケースの前に進むこともままならない。静かに鑑賞したいなら、団体客と個人客が重なる週末よりも、平日がおすすめ。ほとんどの団体客は、有名作品だけを選んで移動するので、平日では、団体客が少ない時間帯に有名作品を見るのがおすすめだ。1日のうちでは、団体客が到着する前の午前8時30分の開館から10時ぐらい、団体客の昼食時間と重なる12時から午後1時30分ぐらい、そして団体客が少なくなる夕方の4時以降が、比較的ゆっくり参観できる時間帯だ。スケジュールが合うなら、金・土曜夜のナイトミュージアム（夜9時まで）を利用するのもよいだろう。

### 《応用編》

①早めぐり2時間コース

見たいものを厳選して鑑賞。移動も含めて、有名なものが大体10点ぐらいと思えばいい。食事やお茶は残念ながら割愛。

②じっくり半日コース

下から順に1フロア1時間をめどに鑑賞。疲れたら、1階「閒居賦」で小休止。グループ参観のときの待ち合わせ場所にも使える。

③余裕の1日コース

オーディオガイドを借りて上からじっくり攻めてみよう。途中、午前と午後にカフェタイムを設けて。時間があれば、食事は別館の「故宮晶華」で贅沢に過ごす。

### オーディオガイド

1階インフォメーション横のオーディオガイド・カウンターで、日本語の音声ガイド機が借りられる。料金は150元（ほかにデポジット3000元とパスポートの提示が必要）。主要な展示品の前で展示番号を入力すると、音声で説明が流れる。中国語か英語がわかるなら、インフォメーションで中国語（9:30/14:30/16:30）または英語（10:00/15:00）の無料ガイドツアーに参加申し込みできる。

🏠 士林区至善路二段221号
📞 02-6610-3600
開 展覧館8:30～18:30（入場18:00まで）、金・土曜～21:00（入場20:30まで）、至善園8:30～18:30（11～3月は～17:30）　休 無休（至善園月曜）
料 350元（18歳未満、身体障害者と付添い1名無料）、至善園20元　語 中/英
URL https://www.npm.gov.tw
※図書館1階の特別展は別途料金が必要。
※本館に入場したあとで一度本館を出て図書館や庭園を利用し、再び本館へ入場することができる（再入場には当日入場券の半券が必要）。
＊館内での写真撮影は不許可。

※順益台湾原住民博物館（→p.117）との共通入場券400元も発売している。

## 第一展覧エリア（本館）フロアマップ

### 3階

| テーマ | 肉形石・翠玉白菜（302）彫刻 明清代 |
|---|---|
| 器物 | 玉器・銅器・陶器・牙器・毛公鼎 |

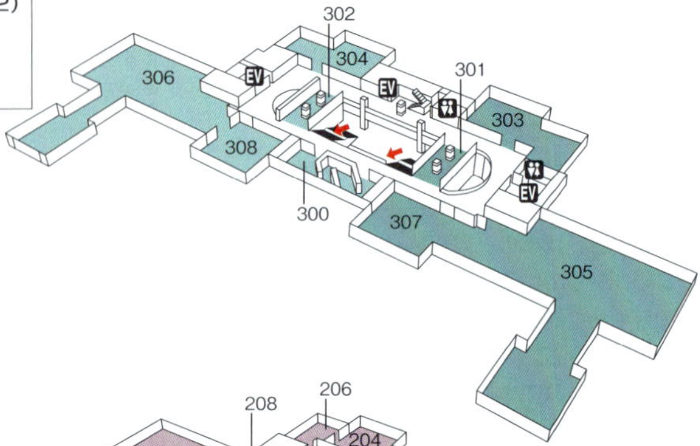

翠玉白菜のある302号室

### 2階

| 書画 | 絵画・書法・書画特別展 |
|---|---|
| 器物 | 陶磁器・玉石・琺瑯器・漆器 |

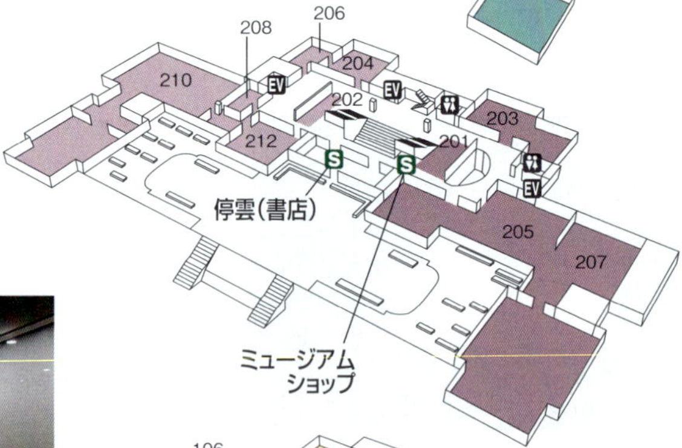

108

### 1階

| テーマ | オリエンテーションギャラリー・図書文献特別展・清代皇室文物・多寶格・家具 |
|---|---|
| テーマ | 仏像・図書文献・総合特別展 |

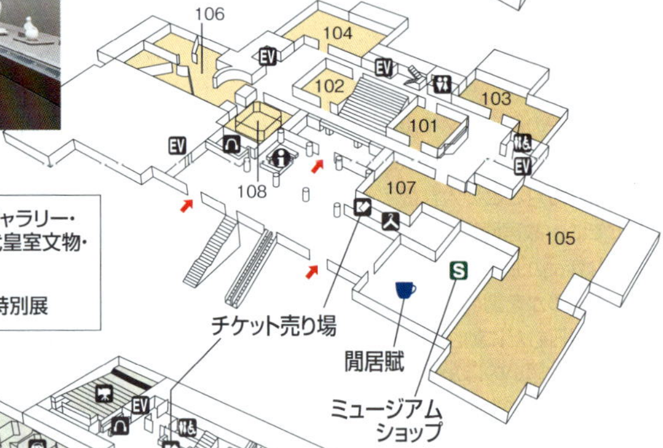

チケット売場
ミュージアムショップ
閒居賦
ミュージアムショップ

### B1ロビー 入口

博物院が保有する文物はその数、なんと60万点余。その中からこれはと思うものを10点選んでみた。出合うことができれば幸いだ。①明 永楽 青花穿蓮龍紋天球瓶 ②宋 郭煕 早春図 ③宋 梁楷 潑墨仙人 ④明 成化 闘彩鶏缸杯 ⑤南宋 官窯 青瓷弦紋簋 ⑥晋 王羲之 快雪時晴帖 ⑦西周後期 毛公鼎 ⑧北宋 定窯 白瓷嬰兒枕 ⑨清 惲寿平 牡丹 ⑩清 玉嵌珊瑚珠翠魁星點斗盆景

- インフォメーション
- カフェ
- こども学習センター
- オーディオガイド
- トイレ
- バリアフリートイレ
- マルチメディア放映室
- チケット売場
- ミュージアムショップ
- 医務室
- クローク
- エレベーター

## 見学に疲れたらひと休み

広い故宮博院内にはカフェ「閒居賦」のほか、敷地内別棟には本格的な食事もできる「故宮晶華」もあり、1日ゆっくりと見て回るときにも便利だ。

### 故宮晶華　グーゴン・ジンホア

晶華酒店（リージェント）が経営する本館西側別棟のレストラン。「翠玉白菜」「肉形石」などの故宮文物を模した「国賓宴」（3800元、要予約）が人気。地下の台南料理店「府城晶華」はお手軽価格のメニュー。

TEL 02-2882-9393
開 11:30～14:30(休日11:00～15:00)、17:30～21:00
休 無休　予約 800元～、国賓宴3800元
M 中・日・英　語 中・日
URL http://www.silkspalace.com.tw

### 閒居賦　シェンチーフー

1階チケット売り場の横にあるカフェで、ミュージアムショップも併設。コーヒーや紅茶のほか、サンドイッチやスープなどの軽食も楽しめる。入場券不用。

TEL 02-2881-2021
開 9:00～18:30（金・土曜～21:00）
休 無休　予約 200元～　M 中　語 中・英

### 人気は翠玉白菜と肉形石
## ミュージアムショップ「多寶格」

故宮博物院には1階カフェ内、2階、地下1階の3カ所にミュージアムショップ「多寶格」があるが、いちばん広くて品揃えも豊富なのが地下1階のショップ。図録やレプリカなどの定番はもちろん、おみやげにも使える楽しいグッズがいっぱいだ。

景泰藍（七宝焼）のヘアクリップ。400元

雲形文様のブレスレット。380元

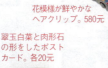
花模様が鮮やかなヘアクリップ。580元

自叙帖の書を写したペンケース。200元

翠玉白菜の携帯ストラップはおみやげ人気No.1。100元

翠玉白菜と肉形石の形をしたポストカード。各20元

使い勝手のよい巾着袋。左は王羲之の「平安」、右は清代の上奏文から「知道了」。各190元

インド更紗「生命之樹」のカードケース。380元

見る・遊ぶ

國立故宮博物院

# 永康街
## ヨンカンチエ
### グルメに ショッピングに

**ア 永康公園**
小さな公園だが、永康街のシンボルとなっている

小籠包や牛肉麺などの名店が集まるグルメタウンは、またモダンチャイナの衣類や雑貨店などのショップが並ぶ、若者ファッションの街でもある。ショッピングの合間にカフェやレストランで、ゆったり過ごすのもいい。

**ウ 永康街高記**
鼎泰豊のすぐ裏手にあるかくれた小籠包の名店（→p.70）

**エ 喫飯食堂**
日本風の食堂の中で味わう台湾料理。どれもボリューム満点でおいしい。営11:30～14:00、17:00～21:00 休無休

**イ 鼎泰豊**
今や永康街のランドマーク的存在。人気の小籠包を求めていつも人だかり。待ちが多いと整理券が配られる（→p.71）

**オ 串門子茶館**
おしゃれだけれども気取らない、自由な発想に充ちた茶館兼茶葉店。最新デザインの茶道具や雑貨もいろいろ。地下は広い貸切の茶席スペース。曲水宴風の茶会が楽しめるユニークな設計だ。営13:00～21:00 休無休

**カ 冶堂**
冶堂（イエタン）はマンションの1階にあるお茶の店。シックな芸術的空間で、選び抜いた茶道具や茶葉を販売。営13:00～20:00 休月曜、旧正月

**キ 佳客多牛肉麺**
牛肉麺激戦区で、太麺にこくのあるスープが人気。営11:00～14:00、17:00～21:00 休不定休

**ク 半畝院子**
ナチュラルな雰囲気たっぷりの茶館。広い窓の外は永康公園で、緑が広がり、ゆっくりとお茶が味わえる（→p.123）

### ケ 咖啡小自由
築40年の建物をリニューアルしたカフェ。石と木を組み合わせたシンプルでおしゃれな空間。ケーキもおいしい。
営 11:30～23:00（金・土曜～24:00） 休 無休

### コ 青田七六
青田街七巷六号にある。日本統治時代の台北帝大（現台湾大学）教授の住居をリニューアルしたレストラン。
営 11:30～21:00 休 第1月曜

### サ 圓融坊
モダンチャイナのグッズがあふれる雑貨店。いずれも手作りでオリジナル（→p.149）

見る・遊ぶ

111 永康街

# 迪化街
ティーホアチエ

**新感覚の店が増えて街並み変身中**

清朝末期から日本統治時代にかけて栄えた古い商店街。かつての栄華を伝えるレトロ建築の探訪もこの街の楽しみ。老朽化した建物は、街並みに合わせて再建され、新しい店も増えている。旧正月前の年越しの買い物時期が最高の人出となる。（→p.12）

**ア 合勝堂**
乾物店と漢方薬の2店からなり、看板は勝益。乾物は海産系が豊富。営9:00～20:00 休旧正月

**イ 霞海城隍廟**
縁結びの神様、月下老人に良縁を願ってお参り（→p.102）

**ウ 小藝埕 Art Yard**
古建築にカフェ「爐鍋咖啡」「ASW」、レーザー彫刻「攸」、ギャラリー「思劇場」などが入っている。開9:30～19:00（店により異なる）休無休

**エ 永樂市場**
2、3階は服飾関係のお店がぎっしり。1階は伝統市場。4階のフードコートはちょっとした穴場（→p.152）

### オ 林豐益商行
中華食材に使われる蒸籠やざる等竹細工の専門店。狭い店に品物があふれんばかりに並ぶ。
営9:00〜21:00（日曜〜18:00）休無休

### カ 百勝堂
民生西路と迪化街の交差点近くにある乾物店。ドライフルーツやきくらげなどがおすすめ。
営9:30〜20:30 休無休

### キ 林復振
カラスミからドライフルーツまで乾物を扱う。蓮の実など珍しいものも。営9:00〜20:00（日曜〜19:00）休無休

### シ 永久號
カラスミの老舗。味わい方も懇切丁寧に伝授してくれる（→p.144）

### コ 六安堂
老舗の乾物店。中華食材からドライフルーツまで品揃え充実。営9:30〜20:00（日曜〜18:00）休無休

### ク 民藝埕 Art Yard
古建築に陶磁器工芸品店「陶一進」「陶二進」、カフェ&バー「洛Le Zinc」、茶館「南街得意」が入る。
営9:30〜19:00（店により異なる）休無休

### サ 波麗路（ボレロ）
戦前から続く老舗の洋食店。看板にはステーキ（牛排）の文字。カフェ中心の別館もある。営11:30〜21:30 休旧正月

### ケ 眾藝埕 Art Yard
古建築に寿司、日本料理の「野台築地」、日本酒バー「市井」、服飾雑貨「Omake」などが入る。
開10:00〜19:00（店により異なる）休無休

迪化街

# 歴史的建物

## 台北の歴史を物語る

台北市内には、古くは清朝の時代から日本統治時代を経て戦後の国民党政権時代まで、歴史を物語る建物がたくさん残っている。日本では次々と姿を消している1920～30年代の大型建築が、現役で使われている姿はすばらしい。

### 総統府（ツォントンフウ／そうとうふ）
旧総督府　MAP p.23-G

日本統治時代の台湾総督府として1912年に完成。空襲で消失したが、戦後修復された。日を限って内部を公開。

★MRT台大醫院駅1番出口から徒歩8分

住 重慶南路一段122号　TEL 02-2312-0760　開 参観：平日9:00～12:00、月1回の休日参観日（HPで公表）は8:00～16:00。パスポート持参。見苦しい服装では入館できない。
URL https://www.president.gov.tw/

### 中山堂（ゾンサンタン／ちゅうざんどう）
旧台北公会堂　MAP p.22-B

日本統治時代の1936年のホール建築。現在も舞台公演や音楽会場として使われている。4階でカフェ「劇場珈琲」が営業している。

★MRT西門駅5番出口から徒歩1分

住 延平南路98号　TEL 02-2381-3137　開 参観：平日9:00～17:00、休日14:00～16:00
URL https://www.zsh.gov.taipei/

### 林安泰古厝民俗文物館（リンアンタイ・クウツオー・ミンスーウェンウークワン／りんあんたいこさくみんぞくぶつかん）
福建式民家　MAP p.24-C、51-A

清代1800年に建てられた伝統的な福建式民家。福建省から台湾に渡り、財をなした林家が建築。当時の上流社会の暮らしを伝える。

★MRT圓山駅1番出口から徒歩15分

住 濱江街5号　TEL 02-2599-6026　開 9:00～17:00　休 月曜、祝日　料 無料
URL https://linantai.taipei/

### 旧台北帝大医学部附属病院
## 台大醫院旧館
タイターイーユアン・ジョークワン
たいだいいいんきゅうかん

MAP p.23-G

🏠 常德街1号

日本統治時代の1924年に台湾病院として建てられ、のち台北帝大付属病院となる。戦後台湾大学医学部附属医院となり、今も現役。

★MRT台大醫院駅2番出口から徒歩1分

### 旧水道ポンプ場
## 自來水博物館
ツーライスェイ・ボーウークワン
じらいすいはくぶつかん

MAP p.55

1908年建築の優雅なバロック様式の建物の中に、当時のポンプなど浄水場設備が残る。夜間のライトアップが美しくおすすめ。

★MRT公館駅4番出口から徒歩5分

🏠 思源街1号　☎02-8733-5678　🕘9:00〜17:00（7・8月〜18:00）　休 月曜（休日の場合開館）　💴 50元（7・8月80元）
🔗 https://waterpark.water.gov.taipei

### 「眷村」跡
## 四四南村
スースーナンツン
ししなんそん

MAP p.28-J

けんそん
眷村は、戦後大陸から渡ってきた「外省人」たちが暮らしていた集落。Taipei 101のすぐそばに1999年まであった眷村を保存、公開している。

★MRT台北101／世貿駅2番出口から徒歩3分

眷村文物館／🏠 松勤街50号　☎02-2723-8937　🕘9:00〜16:00（ショップ好、丘は月〜金曜10:00〜20:00、土・日曜9:00〜18:00、第一月曜休）　休 月曜、祝日　💴 無料

見る・遊ぶ　歷史的建物

---

### ここも おすすめ

 ペイトウ・ウェンウークワン
北投文物館　MAP p.61-B　p.61

 タンスウェイ・ホンマオツェン
淡水紅毛城　MAP p.63　p.63

## 歴史展示に学ぶ ミュージアム I

台北のミュージアムは学術的、歴史的なものから、趣味的、商業的なものまで、テーマの幅が広いのが特徴。自分の好きな分野なら、中国語がわからなくても、見るだけでも楽しいはず。雨の日の観光コースに組み入れるのもいい。國立故宮博物院はp.106で紹介。

### 特別展が要チェック
### 國立歴史博物館
クオリー・リーシー・ボーウークワン
こくりつれきしはくぶつかん

MAP p.23-K

常設展はディープな中国史好きに任せて、文化・芸術の幅広いテーマで開かれる特別展に注目しよう。館前の蓮池も見どころ。★MRT中正紀念堂駅2番出口から徒歩10分

住 南海路49号　TEL 02-2361-0270　開 10:00～18:00　休 月曜（祝日の場合は翌日）　URL https://www.nmh.gov.tw/

※2021年4月リニューアルオープン予定で、改修工事中

### 台湾人には忘れられない事件
### 台北二二八紀念館
タイペイ・アルアルバー・ジーニェンクワン
たいぺいにいにいはちきねんかん

MAP p.23-G

1947年2月28日に発生し、台湾全国に広がった悲劇的事件を記憶する博物館。事件当時の放送局の建物。（→p.41）
★MRT台大醫院駅1番出口から徒歩1分（二二八和平紀念公園内）

住 凱達格蘭大通3号　TEL 02-2389-7228　開 10:00～17:00　休 月曜（祝日の場合は翌日）　料 20元　URL https://228memorialmuseum.gov.taipei/

### 歴史・民族・地誌など幅広いテーマ
### 國立台湾博物館
クオリー・タイワン・ボーウークワン
こくりつたいわんはくぶつかん

MAP p.23-C

日本統治時代の1915年に建てられたギリシャ式ドーム付きの建物。円柱が並ぶエントランスが美しい。展示は台湾の歴史、民族、地誌、動植物、原住民に関するものなど幅広い。

★MRT台大醫院駅4番出口から徒歩3分（二二八和平紀念公園内）

住 襄陽路2号　TEL 02-2382-2566　開 9:30～17:00　休 月曜、旧正月　料 30元　URL https://www.ntm.gov.tw/

※博物館内は写真撮影が禁じられている場合があります。館内のサインや注意書きに従ってください。

## 台湾原住民の文化を紹介
スンイー・タイワン・ユェンツウミン・ボーウークワン
### 順益台湾原住民博物館
じゅんえきたいわんげんじゅうみんはくぶつかん

MAP p.19-D、p.106

館内には台湾各原住民族の特色豊かな生活用品や民族衣装、工芸品などが並ぶ。ミュージアムショップにはビデオやオーディオのライブラリーも充実。日本語音声ガイドもある。

★MRT士林駅から市バス10分、故宮博物院下車徒歩3分

住 至善路二段282号　TEL 02-2841-2611
開 9:00～17:00　休 月曜、旧正月
料 150元（國立故宮博物院との共通券400元）
URL http://www.museum.org.tw

## ジオラマで歴史を再現
タイペイ・タンスオクワン
### 台北探索館
たいぺいたんさくかん

MAP p.29-G

台北市の歴史をざっと知りたいならここがいい。リアルなジオラマは見ていて楽しい。台湾グッズの販売コーナーがあって、おみやげが買える。

★MRT市政府駅2番出口から徒歩8分

住 市政府路1号（市政府ビル内）
TEL 02-2720-8889　開 9:00～17:00
休 月曜、祝日　料 無料
URL https://discovery.gov.taipei/

## 近郊のおすすめ博物館

| ランヤン・ボーウークワン<br>蘭陽博物館 | MAP p.193-A | p.193 |
| シンピンシー・メイクワン・ボーウーユェンチー<br>新平溪煤礦博物園区 | MAP p.173-B | p.174 |
| ピンリン・ツァーイェ・ボーウークワン<br>坪林茶業博物館 | MAP p.31-H | p.187 |
| ホァンジン・ボーウーユェンチー<br>黄金博物園區 | MAP p.167 | p.166 |

見る・遊ぶ

117

ミュージアムI

# アートから宗教まで ミュージアム II

台北市内には、美術館やテーマを絞った個人博物館、私立の博物館も多い。ビジュアル中心の展示で中国語がわからなくても、十分に楽しめるミュージアムを中心に、ご紹介。

## ミニチュアミュージアム
### シュウジェン・ボーウークワン
### 袖珍博物館
しゅうちんはくぶつかん

MAP p.27-C

世界でも数少ないドールハウス、ドールルームの博物館。夢が詰まった空間に、マニアならずとも時間を忘れる。ミニチュアアートが好きな人には、部品が購入できるショップ（入場無料）も必見。

★MRT松江南京駅4番出口から徒歩8分

住 建国北路一段96号B1　電 02-2515-0583
開 10:00～18:00（入場は～17:00）　休 月曜（祝日の場合は翌日）、旧正月前2日間　料 200元
http://www.mmot.com.tw/

## 旧建成小学校
### タイペイ・タンダイ・イーシュークワン
### 台北當代藝術館
たいぺいとうだいげいじゅつかん

MAP p.25-K

日本統治時代は小学校、戦後は市役所として使用、2001年に美術館としてオープン。現代アートがテーマで、ショップの品ぞろえもおもしろい。

★MRT中山駅1番出口から徒歩5分

住 長安西路39号　電 02-2552-3721　開 10:00～18:00　休 月曜
料 50元　http://www.mocataipei.org.tw/

## 台湾現代アート
### 台北市立美術館
タイペイ・スーリー・メイスウクワン
たいぺいしりつびじゅつかん

MAP p.24-C、51-A

台湾の現代アートを中心に海外の作品も展示している。中庭のカフェテラスやミュージアムショップも充実。

★MRT圓山駅1番出口から徒歩8分

住 中山北路三段181号　TEL 02-2595-7656
開 9:30～17:30（土曜～20:30）
休 月曜（祝日は開館、翌日休）
料 30元（土曜17:00～無料）
URL https://www.tfam.museum/

## 世界の宗教文化
### 世界宗教博物館
シージエ・ゾンジャオ・ボーウークワン
せかいしゅうきょうはくぶつかん

MAP p.19-E

「生命」「宇宙」「平和」等をテーマに、世界中の主な宗教の祭具や像、建造物のミニチュア、マルチメディアも駆使し、ビジュアルに展示。瞑想体験コーナーもある。レストランやショップも併設。

★MRT頂溪駅からタクシー5分

住 新北市永和区中山路一段236号7階　TEL 02-8231-6118
開 10:00～17:00　休 月曜、旧大晦日～正月5日　料 150元
URL https://www.mwr.org.tw/

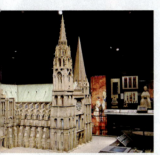

## 消滅した原住民ケタガラン族
### 凱達格蘭文化館
ケタガラン・ウェンホアグアン
ケタガランぶんかかん

MAP p.61-A

北投温泉公園前にある博物館。かつて北投など台湾北部で生活し、現在は消滅してしまった平埔族の一つ、ケタガラン族の暮らしや文化を中心に、台湾原住民の文化を紹介している。

★MRT新北投駅から徒歩3分

住 中山路3-1号　TEL Tel 02-2898-6500
開 9:00～17:00　休 月曜　料 無料
URL https://www.ketagalan.gov.taipei

## 近郊のおすすめミュージアム

| | | | |
|---|---|---|---|
| 國立傳統藝術中心<br>クオリー・チュアントン・イースーゾンシン | MAP p.193-B　p.194 | 鶯歌陶瓷博物館<br>インクー・タオツー・ボーウークワン | MAP p.177-B　p.177 |
| 朱銘美術館<br>ジューミン・メイシュークワン | MAP p.31-C　p.171 | 烏來泰雅民族博物館<br>ウーライ・タイヤル・ミンズーボーウークワン | MAP p.189　p.190 |
| 九份風箏博物館<br>ジョウフェン・フォンジャ・ボーウークワン | MAP p.163-B　p.165 | 北投温泉博物館<br>ベイトウウェンチュエン・ボーウークワン | MAP p.61-A　p.61 |

# 触れる距離で楽しめる 古典芸術

台北で中国伝統の古典芸術を見るなら、観光客向けサービス満点のTaipei EYEがおすすめ。台湾に伝わる民間芸能の人形劇布袋戯は、お祭りなどに街頭で演じられることが多いが、大稲埕戯苑でも見ることができる。

## 迫力ある京劇を堪能！
### 台北戯棚（Taipei EYE）
タイペイシーブン
たいぺいぎほう（タイペイ・アイ）

MAP p.25-H

京劇のほか、獅子舞、先住民族の踊り、雑技など、台湾の伝統芸能も楽しめる。開演までの間、ロビーで役者が化粧をする様子を目の前で見たり、楽器の演奏を間近で聞いたりできる。日本語字幕もあり。
★MRT雙連駅2番出口／民権西路駅3番出口から徒歩7分

- 住 中山北路二段113号（入口は錦州街側）
- TEL 02-2568-2677
- 開 月・水・金曜20:00（開演）～21:00、土曜20:00（開演）～21:30
- 料 月・水・金曜550元、土曜880元
- URL https://www.taipeieye.com

## 下町の演芸ホール
### 大稲埕戯苑
ダーダオチョン・シーユェン
だいとうていぎえん

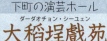

MAP p.25-J

迪化街の永樂市場のビルにある劇場。京劇、崑劇などの古典劇や布袋戯人形劇の公演が中心。公演がないときでも、展示コーナーは見学できる。
★MRT雙連駅1番出口から徒歩20分

- 住 迪化街一段21号8、9階
- TEL 02-2556-9101
- 開 9:00～18:00（公演はプログラムにより異なる）
- 休 月曜、祝日
- 料 展示無料。公演は別料金

## モデル気分を味わう 写真館

台湾の人は写真が大好き。台北には写真館がたくさんある。野外ロケの結婚記念写真が得意なところ、スタジオ完備でブロマイド風の変身写真が得意なところなどいろいろ。衣装からメイクまで整っているので、安心。

見る・遊ぶ　古典芸術／写真館

**MRT中正紀念堂駅4番出口から徒歩2分**　MAP p.23-L
アイヴェイジンビンフンシャー・アイビーブライド
**艾葳精品婚沙・IVY BRIDE**

### モデル写真のような美しい仕上がり
ロケを中心とした結婚写真が得意なスタジオ。台北市内に限らず九份や平溪線、東北角海岸などの美しい景観でのロケ撮影ではモデル気分も味わえる！

- 住 愛国東路42号
- TEL 02-2356-0388
- 営 13:30～20:00（受付時間、撮影は要事前予約）
- 休 旧正月5日間
- 語 中・日
- URL http://www.ivy-bride.com.tw/

日本からなら、事前にメールなどで打ち合わせ（IVY BRIDE）

**MRT中山國中駅から徒歩10分**　MAP p.21-G
バイスージエティー・ジーチーシャイン
**白色階梯極緻攝影**

### スタジオセットは30場面以上
日本語堪能なスタッフと打ち合わせ。衣装やメイク後、自分の選んだスタジオで撮影。所要時間は約3時間～。女性は花魁、男性は韓流スター風が人気。

- 住 遼寧街226号B1
- TEL 02-2501-6929
- 営 9:00～18:00（受付は～15:00）
- 休 水曜、旧正月
- 語 中・日
- URL http://www.whiteladder.com.tw/

衣装、メイク、ヘア、アクセサリーもすべておまかせ（白色階梯）

**MRT民権西路駅9番出口から徒歩5分**　MAP p.24-E
モンゴンチャン・モーファーシエシンクワン
**夢工場魔法写真館**

### 広いスタジオにこだわりのセット
200坪のスタジオ、アンティークのセットを背景にした格調高い撮影に定評がある。チャイナドレスやセレブドレスの品揃えが豊富。

- 住 中山北路三段47号2F
- TEL 02-2521-1755、0955-086-665（日本語OK）
- 営 9:30～18:00（受付は～16:00）
- 休 火曜
- 語 中・日
- URL http://www.dreamwedding.com.tw/

男子ももちろんOK。韓流ブロマイド風が流行中（白色階梯）

## 茶館

**台湾茶の魅力は香りにあり**

旅の合間にちょっと一息、ゆっくり台湾茶を味わってみてはいかが。おいしい茶葉が用意されていて、落ち着いた空間でお茶が飲めるお店を紹介しよう。花のような香りの高山茶、甘い香りの東方美人茶などがおすすめ。

### 文化の香り高い空間
### 紫藤廬（ツートンルー）
しとうろ

MAP p.55

日本統治時代に建てられた和洋折衷の建物は、台北市の古蹟に指定されている歴史ある静かなたたずまい。庭にはシンボルの藤棚がある。

★MRT台電大樓駅2番出口から徒歩15分

住 新生南路三段16巷1号
TEL 02-2363-7375
営 10:00〜22:00（食事は11:30〜14:00、17:30〜20:00）
休 旧正月　予算 300元〜
M 中・日・英　語 中・英
URL https://www.wistariateahouse.com

### 古い大学教授宅が茶館に
### 青田茶館（チンティエン・チャクワン）
あおたちゃかん

MAP p.111

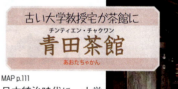

日本統治時代に、大学教授宅として建てられた日本式家屋。庭木も大きく育ち緑豊かな庭となった。台湾の代表的な烏龍茶や紅茶を、工夫式茶器でゆっくり楽しめる。茶請けも揃っている。

★MRT東門駅5番出口から徒歩10分

住 青田街8巷12号
TEL 02-2396-3100
開 10:00〜18:00
休 無休　予算 400元〜
M 中　語 中・日
URL http://www.zenique.net

## 落ち着いたナチュラル空間
### 半畝院子
（バンムー・ユエンズ）
はんせいんし

MAP p.26-J、p.111

緑の植え込みから店内に入ると、古民家のような自然な空気に満ちている。お茶は工夫式茶、碗茶、冷茶のグラスティーから。素食の食事もできる。

★MRT東門駅5番出口から徒歩5分

住 永康街31巷9号
電 02-2392-6707
開 10:00〜21:30
休 不定休　予算 300元〜
M 中　語 中・日・英

大きな茶碗に茶葉を直接入れて飲む碗茶

## シックで優雅な空間
### 耀紅名茶
（ヤオホン・ミンチャー）
ようこうめいちゃ

MAP p.26-J、p.111

シックな落ち着いた空間で、ゆっくりお茶が飲める。茶芸スタイルのお茶の淹れ方のお手本を見せてくれる。

★MRT東門駅5番出口から徒歩4分

住 永康街10巷10号
電 02-2321-5119
開 12:00〜22:00
休 旧正月
予算 250元〜
M 中　語 中・日

シンプルで美しい台湾茶芸

## 台湾茶の勉強もできる店
### 竹里館
（ジューリークワン）
ちくりかん

MAP p.21-G

ゆっくり台湾茶が飲みたい、おいしい台湾茶の入れ方を勉強したい人におすすめ。要予約で茶芸講座（講義は日本語）が受けられる。

★MRT中山國中駅から徒歩5分

オーナーの黄さんが自ら焙煎した「館主私蔵茶」をぜひ味わってみよう

住 民生東路三段113巷6弄15号
電 02-2717-1455
開 11:00〜21:00　休 旧正月
予算 250元〜　M 中・英
URL http://www.istea.com.tw

見る・遊ぶ　茶館

## レトロからモダンまで カフェ

街歩きに疲れたら、腰を下ろしてひと休み。台北にはコーヒーチェーン店はたくさんあるが、せっかくならちょっと個性的なカフェに入ってみよう。台湾ならではのメニューやおいしいケーキ、癒しの猫にも出会える！

台北にも糖糕（ケーキ）のおいしいカフェがどんどん増えている

台湾人のご主人と日本人の奥さん、2人ともフランスで経験を積んだ本格派。日本人女性パティシエが作るケーキは、味もサイズも日本人好み。フレンチのランチや軽食もおすすめ。

★MRT中山駅1番出口から徒歩7分

### 台北で本場フランスのケーキ
### MAYU CAFÉ
マユ・カーフェイ
まゆ・かふぇ

MAP p.25-K

住 長安西路47-2号　TEL 02-2550-3636
営 12:00〜16:00（ランチ〜14:00）　休 月曜
予約200元〜　M/語 中・日・英

---

### タピオカミルクティー発祥の店
### 春水堂（松菸店）
チュンスエイタン（ソンイェンティエン）
しゅんすいどう（しょうえんてん）

MAP p.28-F

台中に本店のある珍珠奶茶（タピオカミルクティー）発祥の店春水堂が、台北の最新ホットスポット「誠品生活松菸店」に出店。中国茶をベースにしたドリンクのほか、麺や点心（お茶請け）の種類も豊富。

★MRT市政府駅1番出口から徒歩10分

おしゃれなデザインの店

住 菸廠路88号　誠品生活松菸店3階
TEL 02-6639-8957　営 11:00〜22:00
休 無休　予約75元〜　M 中・日　語 中

---

学生の街、師大路エリアの一角にある小さなカフェ。その店内には猫が常時十数匹いる。猫と一緒にいつまでものんびりした〜い！猫グッズの販売も開始。

★MRT古亭駅5番出口から徒歩10分

住 泰順街2巷42号
TEL 02-2362-9734
営 12:00〜23:00
休 大晦日〜正月2日
予約200元〜
M 中・日・英　語 中

### 日本の猫カフェのモデル
### 極簡咖啡館 Minimal cafe
ジージェン・カーフェイクワン
きょくかんこーひーかん

MAP p.55

### 好感度エリア中山の人気カフェ
アールナイン・カーフェイ
# R9 Café
あーるないん・かふぇ

MAP p.25-H

MRT中山駅に続く中山地下街R9番出口のすぐ目の前なのでR9。日本統治時代に建てられた古い建物だが、中に入るとスタイリッシュな雰囲気。人気のメニューがハニートースト。

★MRT中山駅2番出口から徒歩5分

- 住 赤峰街41巷13号
- TEL 02-2559-3159
- 営 11:00〜22:00
- 休 月曜 予 200元〜
- M 語 中・日・英

人気の蜜糖吐司（ハニートースト）は、側面にナイフを入れてから食べる

### 昔ながらのコーヒー専門店
フォンダー・カーフェイ
# 蜂大咖啡
はちだいコーヒー

MAP p.22-F

1956年創業で、2階席は現代風だが1階は昔ながらの喫茶店の雰囲気。水出しアイスコーヒーが人気。入口では自家製台湾クッキーも販売。

★MRT西門駅1番出口から徒歩3分

- 住 成都路42号
- TEL 02-2371-9577
- 営 8:00〜22:00
- 休 無休 予 100元〜
- M 中・英 語 中

どんと置かれた焙煎機からいい香りが漂う店内

### 魅力的な名前のケーキが並ぶ
チュアンシー
# 穿石CHANTEZ
せんせきシャンテ

MAP p.27-G

白を基調とした明るい店内はシンプルでおしゃれ。千層（ミルフィーユ）が定番人気だが、上手にネーミングされた、形も彩りもさまざまなケーキが並んでいて楽しい。

★MRT忠孝新生駅6番出口から徒歩3分

- 住 済南路三段31号
- TEL 02-2778-6865
- 営 12:00〜21:00
- 休 不定休 予 300元〜
- M 中・英 語 中

切り抜き写真のババロアには「花路」、右のシューケーキには「月夜公爵」の名前が付く

見る・遊ぶ　カフェ

# 近郊の癒しスポット 日帰り温泉

台北の周辺には、ほんの1時間ほどのところに、魅力的な温泉が点在している。温泉に入って、食事をして、半日あれば台湾の新たな魅力に出合えるはず。Spaや温泉プールは台湾の温泉では定番の施設。水着とキャップも持参して遊んでこよう。

## 屋外温泉プールが魅力
### チュンティエン・ジョウティエン
## 春天酒店〈北投温泉〉
スプリング・シティ・リゾート

MAP p.61-B

- 住 北投区幽雅路18号
- TEL 02-2897-5555
- 料 日帰り入浴600元～、S/T7200元～
- 室 92　語 中・日・英
- URL https://www.springresort.com.tw

温泉プールなど9種類の露天風呂、貸切個人風呂などがあり、家族で楽しめる。日帰り入浴は、昼食がセットのプランが好評。駅前から送迎バスあり。

★MRT新北投駅から徒歩20分

昼も夜も気持ちのよい露天風呂が楽しめる

## モダンで明るい温泉ホテル
### スェイメイ・ウェンチュエンフイクワン
## 水美温泉会館〈北投温泉〉
スイートミー

MAP p.61-A

館内には地中海をイメージした大浴場のほか、個室風呂、マッサージルーム、レストランと、施設が充実。MRTの駅からも近く利便性も抜群。

★MRT新北投駅から徒歩3分

シンプルで清潔感あふれる浴室

- 住 北投区光明路224号
- TEL 02-2898-3838
- 料 日帰り入浴650元～、S/T6000元～
- 室 78　語 中・日・英
- URL http://www.sweetme.com.tw/

### 大人の隠れ家で贅沢な時間
### 三二行館〈北投温泉〉
サンアルシンクワン / ヴィラ32

住 北投区中山路32号
TEL 02-6611-8888
料 日帰り入浴1980元（土・日、祝日2580元）、T1万8800元〜
室 5　語 中・日・英
URL http://www.villa32.com

MAP p.61-B

高級リゾートホテルのプライベートヴィラを思わせるつくり。部屋数はわずか5室で、贅沢な気分が味わえる。大浴場は自然あふれる空間で開放感抜群。料金は高めだが日帰り入浴も可能。完全予約制で、年齢制限（16歳以下は不可）がある。

★MRT新北投駅から徒歩10分

エステや食事などのサービスも充実している。ゆっくり時間をとって過ごしたい

見る・遊ぶ

127

日帰り温泉

### 高級スパに癒される空間
### 璞石麗緻温泉会館〈烏來温泉〉
プーシー・リーデー・ウェンチュエンフイクワン / ポーズ・ランディス

住 新北市烏來区忠治里新烏路五段88号
TEL 02-2661-8000
料 日帰り入浴900元〜（土・日1000元）、S5700元〜／T7100元〜
室 30　語 中・日・英
URL http://www.pauselandis.com.tw

MAP p.31-G

広々とした余裕のある空間で、ゆったりとくつろげる

食事と温泉がセットになった日帰りプランがお得。個室風呂は趣向がこらされ、ゆったりとくつろげる。どの部屋からも烏來の自然豊かな景観が望める。大浴場は12歳以下利用不可。

★烏來バス停から徒歩5分

※北投温泉はp.60、烏來温泉はp.192に掲載。

## 高いところ、大好き 展望風景

高いところから台北を眺めたい人へ。かつて世界一の高さを誇った超高層ビルTaipei 101は、台北のランドマーク。夜の台北を華麗に彩る大観覧車や河口の展望タワーも眺めは抜群、ちょっとしたスリルも楽しめる。

### Taipei 101が目の前に！
### 象山 シャンシャン
ぞうやま

MAP p.21-L

★MRT象山駅2番出口から登山口まで徒歩10分

台北の街並みを眺める場所で、今注目を集めているのが象山。20分ほどの階段道を登るだけで、Taipei 101を主役にしたビル群が目の前に飛び込んでくる。MRT象山駅から近いので、絶好の撮影スポットとしてカメラマンの間で人気がある。

住 信義路150巷342弄（登山口）

## 合い言葉は「文化大学下」

陽明山の中国文化大学付近の華岡路から見る台北市街の展望が大人気。夕方から夜にはたくさんの若者がバイクや車で集まってくる。眺めのよいカフェは、深夜までにぎわう。

★MRT士林駅からタクシー20分　MAP p.19-A

## 地上382メートルの眺望
### Taipei 101
たいぺいいちまるいち

MAP p.29-K

住 信義路五段7号
TEL 02-8101-8800
営 9:00～22:00（入場は21:15）
休 無休
料 600元
URL https://www.taipei-101.com.tw/

高さ382mの89階展望台から360度のパノラマが楽しめる。展望台中央には巨大な球形の防風耐震装置（ウインドダンパー）が設置されている。入場券売り場はショッピングモール5階。展望台へは直通エレベーターでわずか37秒で到着する。

★台北101／世貿駅4番出口からすぐ

## 台北市内を一望する観覧車
### 美麗華摩天輪
メイリーホア・モーティエンルン
びれいかまてんりん

MAP p.51-B

美麗華の観覧車から眺めるTaipei 101

大型ショッピングセンター美麗華百楽園屋上の大観覧車。17分の空中散歩で台北市街の全体風景を満喫できる。

★MRT剣南路駅3番出口から徒歩3分

## 淡水河の風景を360度のパノラマで
### 情人塔
チンレンター
じょうじんとう

MAP p.30-B

淡水河の河口近くのリゾートホテル福容大飯店にある、高さ100mの回転展望塔。夕方に登れば、刻々と色を変える美しい落日が眺められる。別名Lover's Towerで、ロマンチックなひとときはいかが。

★MRT淡水駅からタクシー10分

住 新北市淡水区観海路83号
TEL 02-2628-7777
営 9:30～21:00
休 木曜
料 平日200元、日曜、祝日 220元

住 敬業三路20号　TEL 02-2175-3456
観覧車／営 11:00～23:00（金・土曜、祝前日～24:00）
休 無休　料 平日150元、休日200元
URL http://www.miramar.com.tw/

見る・遊ぶ　展望風景

## 海から見る？ 空から見る？ 乗り物遊び

豊かな自然に囲まれた台北市街。かつて栄えた淡水河や基隆河の水運も今は廃れたが、「藍色公路」と呼ばれるフェリーに面影を残している。市街地南側の丘陵地帯、木柵にはロープウェイが架かり、市民の人気を呼ぶ。

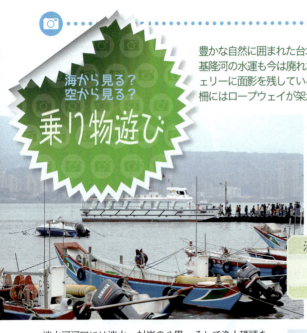

観光客でにぎわう八里の渡船頭老街

### 淡水と対岸の八里を結ぶ
### 八里渡船
パーリー・トゥチュアン
はちりとせん

MAP p.63-B

小型の渡し船が頻繁に運航されている

淡水河河口には淡水、対岸の八里、そして漁人碼頭を三角形に結ぶ渡船（フェリー）が就航している。川面から淡水の街を眺めると、かつての繁栄が偲ばれ旅情をそそる。

★MRT淡水駅から徒歩10分

住 新北市淡水区環河道路淡水客船碼頭　TEL 02-8630-1845　営 淡水−八里7:00〜19:00、淡水−漁人碼頭12:00〜18:00（休日10:00〜）　料 淡水−八里34元、淡水−漁人碼頭60元　URL http://www.shuf168.com.tw/

### 外輪船で船旅気分
### 大河之恋皇后號
ターフージーリェン・ホワンホウハオ
たいがのこいこうごうごう

MAP p.19-A

MRT淡水線關渡駅近くの關渡碼頭から、淡水河をクルーズする観光船が就航中。河口付近の漁人碼頭あたりまで行って戻ってくる。1日3便あることになっているが実際には不定期便。乗船するには便のある日、便名をHPで確認して予約する必要がある。

★MRT關渡駅からタクシーで5分

住 北投区關渡碼頭　TEL 02-2711-8887　営 1日3便だが実際は不定期。便のない日もあるので要注意。　料 599〜1500元（便により食事付き）　URL http://www.ying-fong.com.tw/

### 透明ゴンドラもあるロープウェイ
### 猫空纜車
マオコン・ランツァー
ねこそららんしゃ

MAP p.57-A・B

動物園駅と猫空駅の間に動物園内駅、指南宮駅の2駅があって、25分の空の旅が楽しめる。ゴンドラの中に床が透明な「水晶車廂」が混じっていて、スリルがあると人気だ。

★MRT動物園駅で乗り換え

住 新光路二段8号　TEL 02-2181-2345　営 9:00〜21:00（金・土曜、休日前〜22:00、土・日曜8:30〜）　休 第一月曜を除く月曜（祝日の場合は運転）　料 70〜120元（平日は悠遊カード利用で20元割引）　URL https://www.gondola.taipei

## 台北周辺 夕景スポット

台北周辺にはすばらしい夕景が楽しめるスポットがいくつもある。日中歩き回ったあとの一日の終わり、涼しい風に当たり、夕日に染まりながらゆっくり疲れた体を癒す、これ以上の贅沢はない。ぜひ日程に組み込もう。

### 淡水の美しい夕日を楽しむ
### 漁人碼頭〈淡水〉
イーレンマートウ / ぎょじんまとう

MAP p.30-B

淡水河河口の漁港を整備した漁人碼頭から望む夕日はロマンチックで美しい。港に架かる美しいデザインの跨港大橋は格好のデートスポットで、情人(恋人)橋と呼ばれている。

★MRT淡水駅2番出口から紅26バス20分、環河道路の淡水客般碼頭から船10分

住 新北市淡水区観海路199号

週末の夕暮れ時、情人橋の上や碼頭のボードウォークは、若者たちでいっぱいになる

### 全身が夕日に染まる
### 水心月茶坊〈九份〉
スェイシンユエ・チャーファン / すいしんげつさぼう

MAP p.167-A

九份で天気に恵まれたら、夕日を楽しもう。テラス席は最高。時間を気にせず、お茶を飲みながら、のんびり過ごせる。

★九份舊道バス停から徒歩15分

住 新北市瑞芳区軽便路308号
TEL 02-2496-7767
営 12:00〜20:00
休 無休
予 500元〜
M/語 中・日

淡水河対岸には観音山

住 新北市淡水区三民街2巷6号
TEL 02-2625-0888
営 12:00〜21:00(土・日曜〜22:00)
休 無休  予 200元〜
M 中・英  語 中

### 淡水紅樓3階から眺める淡水河
### 紅樓咖啡館〈淡水〉
ホンロウ・カーフェイクワン / こうろうコーヒーかん

MAP p.63-B

淡水河を望む段丘にある赤レンガの歴史的建物「淡水紅樓」の3階。対岸の観音山、八里が目の前で、日が落ちる夕方から客足が増す。アルコールもある。

★MRT淡水駅から徒歩10分

## 日が暮れてからのお楽しみ 夜市 I

台湾では、どこの町に行っても、必ずといってよいほど夜市がある。台北でも、スケールが大きいことで有名な士林夜市をはじめ、いくつもの夜市が毎夜開かれる。その中から個性豊かな5カ所の夜市を紹介しよう。

士林夜市名物 大雞排（台湾風チキンカツ）

### 一度は行く価値のある夜市
### 士林夜市／士林市場
スーリン・イエスー／スーリン・スーチャン
しりんよいち／しりんいちば

MAP p.58

台湾でも最大級の夜市。夕方になると、士林の街中を通る大東路を中心に夜市になる。新装なった士林市場の地下美食區には食べ物屋台がぎっしり（→p.59）。

★MRT剣潭駅1番出口から徒歩3分
住 文林路、基河路にはさまれた三角の一帯　営 17:00〜24:00頃

士林市場地下の美食區で腹ごしらえしてから夜市に繰り出そう

### 廟と夜市が隣同士
### 饒河街観光夜市
ラオフーチエ・クワングワンイエスー
じょうががいかんこうよいち

MAP p.29-D

夜市のゲートをくぐると、長さ500mほどの通りいっぱいに屋台や露店が並ぶ。すぐ隣の松山慈祐宮は見ごたえある媽祖廟。

★MRT松山駅5番出口からすぐ
住 MRT松山駅北側の饒河街一帯　営 17:00〜24:00頃

名物は薬燉排骨（薬膳スープで煮込んだスペアリブ）

歴史ある夜市だけあって、人気の老店も多い

## 早い時間の主力は高校生
# 師大夜市
シーター・イエス
しだいよいち

MAP p.55

下校途中の高校生が多く、健康的な雰囲気

一時周辺住宅街まで広がったエリアも縮小し、落ち着きを取り戻しつつある。路面店の衣料品店の多くは、早い時間から開いている（→p.55）。

★MRT台電大樓駅3番出口から徒歩5分
住 師大路・龍泉街一帯　営 16:00～24:00頃

## 龍山寺そばの下町夜市
# 艋舺観光夜市
マンガー・クワングワンイエス
もんがーかんこうよいち

MAP p.22-E

龍山寺前の廣州街で開かれるので廣州街観光夜市とも呼ばれる。食べ物屋台を中心に通りを埋め尽くすにぎわい。ディープな夜市として知られる華西街観光夜市の入口もこの一角にある。

★MRT龍山寺駅1番出口から徒歩3分
住 廣州街、華西街　営 16:00～24:00頃

## 飾らない地元民の夕食の場
# 延三観光夜市
イエンサン・クワングワンイエス
えんさんかんこうよいち

MAP p.24-D

迪化街のある大稲埕から北上した延平北路三段にある食べ物夜市。道路両側の歩道部分に屋台とテーブル、椅子が並ぶ。客はほとんど地元民で、家族連れの姿も多い。

★MRT大橋頭駅1番出口から徒歩2分
住 延平北路三段　営 18:00～24:00頃

あんかけスープに細い麺が入った麺線

## 台北っ子のおすすめ夜市
# 夜市 Ⅱ

台北っ子は夜市を使い分ける。麺を食べるならここ、安い服を買うならあそこ、といった具合だ。では初めての外国人におすすめの夜市は？ と聞くとたいていこの3カ所。理由は安全で歩きやすく、おいしい店があるから。

### 食べ物屋台を楽しむ夜市
## 寧夏夜市 ニンシャー・イエスー
ねいかよいち

所々に「座位区」があり、座って食べられる

MAP p.25-G

夜になると、通りの車道部分に屋台がぎっしりと並ぶ。歩道の路面店も名店揃いで、バラエティーに富んだ小吃が楽しめる。夜市外れの豆花店も捨てがたい（→p.92）。

★MRT中山駅5番出口／雙連駅1番出口から徒歩10分
住 寧夏路（南京西路〜民生西路間）　営 17:00〜24:00頃

豚足と煮卵がのった小どんぶり知高飯は、寧夏夜市名物

### 夜ごと、地元民でにぎわう
## 南機場夜市 ナンジーチャン・イエスー
なんきしょうよいち

MAP p.20-I

臭豆腐の匂いに誘われるようになったら夜市のベテラン!?

日本統治時代、ここに飛行場（機場）があったが、現在は住宅街に変わり、地元民に人気の夜市が生まれた。餃子、臭豆腐、肉圓などが人気。

★MRT龍山寺駅3番出口から徒歩20分
住 中華路二段と惠安街の間一帯　営 17:00〜24:00頃

屋台が密集する夜市の喧噪はないが、きれいで落ち着いた雰囲気があり、夜市初心者にはおすすめ。評判の良い老店（老舗）も多く、美食夜市といわれるのもうなづける。

★MRT南京復興駅2番出口から徒歩5分 (住)遼寧街(朱崙街～長安東路間) (営)17:00～24:00頃

ちょっと甘いピーナッツスープに油条をのせた花生湯油条

### 味は折り紙付きの老店も
### リァオニンチエ・イエスー
### 遼寧街夜市
### りょうねいかいよいち

MAP p.27-C

ほかの夜市より終わるのが早く、一部の店は10時過ぎには店じまいが始まる

露天屋台ではなく道路両側に店が並ぶスタイルで、落ち着いて食べられる

---

| MRT信義安和駅4番出口から徒歩5分 MAP p.28-I | MRT中山國小駅1番出口から徒歩5分 MAP p.24-F | MRT公館駅1番出口から徒歩2分 MAP p.55 |
|---|---|---|
| リンジャンチエ・クワングワンイエスー **臨江街観光夜市** | スワンツェンチエ・イエスー **雙城街夜市** | コンクワン・イエスー **公館夜市** |
| **勤め帰りのお客さんも多い** 通化街夜市とも呼ぶ。Taipei 101とセットがおすすめ。若者向け衣料雑貨の店も多い。(営)18:00～24:00頃 | **午後4時に店が入れ替わる** 昼と夜の二交代で朝から楽しめる食べ物屋台中心の夜市。隣に晴光市場がある(→p.45)。(営)8:00～24:00頃 | **若さあふれる学生街の夜市** シューズ、携帯電話などの専門店が並ぶ通りに、夜になると食べ物屋台が出現する(→p.55)。(営)15:00～24:00頃 |

## 癒しスポット
# 按摩
（マッサージ）

台北に行ったら、マッサージを体験しよう。旅の疲れをとるだけでなく、日本に帰ったらまた頑張ろう、という気持ちになれるかも。街を歩けば至るところで看板を見かけるが、不安ならまずはチェーン店でトライを。

大型店なら清潔で安心感がある（金楽）

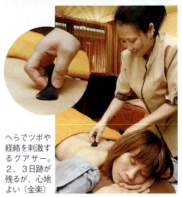

へらでツボや経絡を刺激するグアサー。2、3日跡が残るが、心地よい（金楽）

---

**MRT中山國小駅3番出口から徒歩2分**
MAP p.24-F
リュウシンジー・ズーティー・ヤンシェン・フイクワン
**6星集足體養身会館（台北民権会館店）**

### 安心の大手チェーン店
台湾最大の足裏マッサージのチェーン店。台湾足体協会の試験合格者だけがマッサージ師として働いているので、技術レベルも高く安心。フットバスは12種類の薬草入り。

- 住 民権東路二段28号
- TEL 02-2100-1818
- 料 足裏45分700元、全身60分1100元
- 営 10:00〜翌4:00
- 休 無休  M 中
- URL http://www.footmassage.com.tw/

---

**MRT中山國小駅2番出口から徒歩5分**
MAP p.25-I
ハオメン・スージャー・リーロン・ミンティエン
**豪門世家理容名店**

### 足で踏まれていい気持ち
ここではぜひ足踏みマッサージにチャレンジを。足の裏全体で背中、尻、太腿などを押される感覚は、日本では味わうことの少ない快感だ。足裏、全身などのメニューは充実。

- 住 林森北路410号B1
- TEL 02-2521-1222
- 料 全身90分1500元、全身温湿布付き120分2000元
- 営 24時間営業
- 休 無休  語 中・日
- URL https://www.dynasty-barber-shop.com.tw/

---

**MRT忠孝復興駅／南京東路駅から徒歩10分**
MAP p.27-C
ジンラー・ズーティー・ヤンションフイクワン
**金楽足體養生会館**

### 広々ゆったり、安心の大型店
4階建ての店内は広く清潔で明るい雰囲気。個室、グループ室も完備しているから、カップルや友だち同士にも好評。足裏、全身のマッサージのほか、グワサーやカッピングも。

- 住 八徳路二段324号
- TEL 02-2777-1222
- 料 足裏40分660元、全身60分1100元
- 営 10:00〜翌2:00
- 休 無休
- 語 中・日・英
- URL https://www.kinraku.com

※写真説明末尾の（　）内は、本書で紹介している店名の略称です。

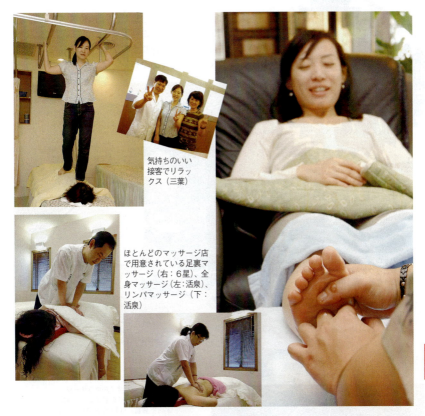

気持ちのいい接客でリラックス（三葉）

ほとんどのマッサージ店で用意されている足裏マッサージ（右：6星）、全身マッサージ（左：活泉）、リンパマッサージ（下：活泉）

見る・遊ぶ

137

按摩（マッサージ）

---

**MRT中山國小駅1番出口から徒歩3分　MAP p.24-F**

サンイエ・ツーティー・ヤンションクワン
### 三葉足体養生館

#### アットホームな雰囲気

足裏、全身、リンパマッサージなどコースも多彩で、リーズナブルな値段設定と日本語が通じる点で安心して利用できる。2011年に林森北路から雙城街に移転した。

住 雙城街17-3号2階
TEL 02-2599-5760
料 足裏30分500元、全身アロマオイル付き60分1000元
営 10:00～24:00
休 無休　語 中・日

---

**MRT行天宮駅4番出口から徒歩5分　MAP p.20-B**

フオチュエン・ズーティー・ヤンシェンシージエ
### 活泉足體養身世界

#### リンパを刺激して爽快感UP

場所は行天宮の斜め向かいでわかりやすく、日本語OKなので安心。駐在員には、リンパマッサージが価格と腕前で評判が良い。長安街にも支店がある。

住 民權東路二段134号
TEL 02-2571-2017
料 足裏40分550元、全身60分1000元
営 9:30～24:00
休 無休　語 中・日・英
URL http://lifeenergy.iwopop.com

---

**MRT中山駅4番出口から徒歩10分　MAP p.25-I**

シャーウェイイー・ヤンションハンクワン
### 夏威夷養生行館

#### ホテルに帰る前にスッキリ

長春路の林森北路近くという繁華街の真ん中にあり、客のほとんどが日本人。食事の帰りに立ち寄るのにも便利。帰りにスタッフカードをくれるので次回指名ができる。

住 長春路31号
TEL 02-2537-6566
料 足裏40分500元、足裏＋全身100分1500元　営 9:00～翌2:00
休 無休　語 中・日・英
URL http://www.hawaiispa.com.tw/

---

※店によっては10％のサービス料が加算される場合があります。事前に料金とサービス内容を確認することをおすすめします。

## 台北できれいになろう エステ／ヘアサロン

台北には高い技術を持ったエステサロンがたくさんある。ホテル内のサロンを上手に利用するのがおすすめ。街歩きの途中に気軽に立ち寄れるのがヘアサロン。シャンプー&頭皮マッサージで気持ちいいひとときを。

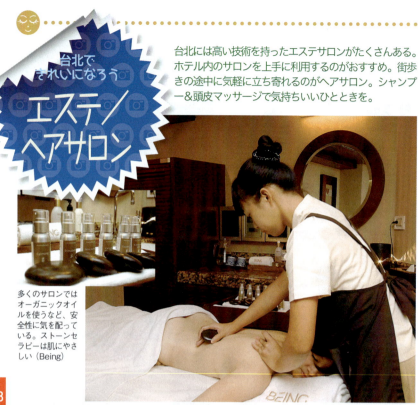

多くのサロンではオーガニックオイルを使うなど、安全性に気を配っている。ストーンセラピーは肌にやさしい（Being）

パック、オイルマッサージ、角質取りなどメニューは豊富。（ロイヤルバリ）

**MRT松江南京駅4番出口から徒歩5分**
MAP p.26-B

ビーイング・スパ
### Being Spa

**からだにやさしく美しく**

ストーンセラピー、フェイシャルトリートメント、ボディーマッサージなどに、アメリカインディアン、オーストラリア原住民などの伝統セラピーを組み入れている。

住 松江路63号（長榮桂冠酒店B1） 電 02-2518-8358 料 ストーンセラピー70分3700元、フェイシャル60分2200元 営 10:00〜22:00
休 無休 語 中・日・英
URL https://www.beingspa.com.tw/

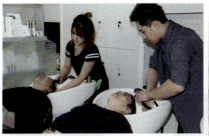

シャンプーは鏡を見ながら楽しく、洗髪はリラックスできるバックシャンプー（髪集市）

泡をしごきながら高く持ち上げる台湾式。頭皮マッサージとセットで（伊蕾絲）

ネイルアートをメニューに入れているサロンもある

見る・遊ぶ

エステ／ヘアサロン

---

**MRT西門駅6番出口から徒歩7分**
MAP p.22-B
ホアンジャー・ターリー・ジンディエン・ヤンション・フイクワン
## 皇家峇里経典養生会館（ロイヤルバリ）

### 南国気分でリラックス
バリ島をイメージする店。メニューは足裏マッサージ、角質除去、フェイシャルマッサージや美白、全身のオイルマッサージなど。姉妹店に「ロイヤルパリ（巴里）」がある。

- 住 昆明街82号
- TEL 02-6630-8080
- 料 足裏45分650元、全身オイルマッサージ90分2200元
- 営 10:00～翌2:00
- 休 無休
- M 西門・日
- JR https://www.royalbali.com.tw

---

**MRT中山駅1番出口から徒歩5分**
MAP p.25-K
イーレイスー・クオチー・メイファー・ミンティエン
## 伊蕾絲國際美髪名店

### 応接間のような落ち着いた店内
アンティーク調家具が並ぶ落ち着いたインテリアの中でリラックス。頭皮オイルマッサージは10分ほどで夢見心地、髪はつやつやに。台湾シャンプーは男性も受け付けている。

- 住 長安西路22号2階
- TEL 02-2562-5068
- 料 シャンプー450元
- 営 9:00～19:00
- 休 日曜
- 語 中・日

---

**MRT永春駅4番出口から徒歩5分**
MAP p.29-H
ファージーシー
## 髪集市 Hair kiss

### 明るい店で台湾式シャンプー
最近は台北でも台湾式シャンプーのできる美容師が少なくなっているが、この店では若いスタッフも教育を受けて習得している。シャンプー＆頭皮マッサージで気分爽快！

- 住 松徳路17号1F
- TEL 02-2728-5753
- 料 シャンプー＆ブロー250元～、頭皮ケア＆マッサージ500元～
- 営 10:00～20:00
- 休 日曜
- 語 中

※写真説明末尾の（　）内は、本書で紹介している店名の略称です。

# 夜はグラス片手に バー／ラウンジ

台北での一日が終わったら、ゆっくりグラスを片手にお酒を楽しむ。あるいは、友だちと楽しい時を過ごす。それもまたおしゃれな台北の夜の過ごし方。カップルやグループの旅行で、楽しい思い出を飾るのに最適。

## メイド服がよく似合う
### La Brasserie
ラ・ブラッセリー

MAP p.24-F

アールデコ調のパリのレストランの雰囲気の中でフランス田舎料理を提供。昼間はアフタヌーンティーでゆっくりおしゃべりできる。

★MRT中山國小駅4番出口から徒歩5分

住 民権東路二段41号（亞都麗緻大飯店2階）
TEL 02-2597-1234　営 ランチ12:00～14:00、アフタヌーンティー14:30～17:00、ディナー18:00～22:00、バー12:00～24:00　休 無休　予 600元～
M 中・英　語 中・日・英
URL http://taipei.landishotelsresorts.com/

古き良きフランスがテーマの落ち着いた空間

## 華やいだロック・テイスト
### 卡奈基餐廳
カーナイジー・ツァンティン
カーネギー・さんちょう

MAP p.21-K

店のテーマがThe Spirit of Rockというだけあって、若者向けの楽しい店づくりをしている。欧米系の外国人には人気の店で、華やいだ雰囲気。

★MRT信義安和駅2番出口
　六張犁駅から徒歩10分

住 安和路二段100号
TEL 02-2325-4433
営 11:30～翌2:00
休 無休
予 600元～
M 語 中・英

ランチタイムやアフタヌーンティーの軽食、カフェもOK

買う

## お菓子みやげならコレ！鳳梨酥と牛軋糖
フォンリースー／ニュウガータン

台湾みやげのお菓子の中で、絶大の人気なのが鳳梨酥（パイナップルケーキ）。そして最近人気上昇中なのが牛軋糖（台湾風ヌガー）。数あるブランドの中から、取材スタッフがイチオシの商品を紹介しよう。

### 鳳梨酥 微熱山丘
ウェイラー・サンチウ

パッケージはモダンだが味は伝統的。皮はかため。餡には在来種パイナップルを使い、香りがよく甘みも酸味も濃厚。10個入り420元

餡には甘みと適度な酸味がある台湾産17号パイナップルを使用。タルトにはフランス産バターを使用して香りがいい。12個入り500元

### 鳳梨酥 The Nine 烘焙坊
ザ・ナイン・ホンベイファン

### 牛軋糖 糖村
タンツン

やわらかく口当たりのよいフレンチヌガーにアーモンドのかりっとした食感がいい。プレーンのミルク味とコーヒー味がある。1箱500g 350元（プレーン）

### 牛軋糖 台北犁記餅店
タイペイ・リーチー・ビンティエン

聯翔餅店の名前で売られている。杏仁果はアーモンドのこと。ミルキーなヌガー。一個は小さめ。25個入り200元

## 鳳梨酥
### 佳徳糕餅
チャーター・ガオビン

バターの香りが心地よい皮に、パイナップル餡はボリュームたっぷり。伝統の味で根強い人気。1個30元

## 牛軋糖
### 老爺烘焙坊
ラオイエ・ホンペイファン

たっぷりのマカデミアナッツが入った牛軋糖。ヌガーは粘りが強い。抹茶味もあり。1個は大きめで30個入り420元

---

### 佳徳糕餅
チャーター・ガオビン
MRT南京三民駅2番出口から徒歩2分　MAP p.28-B

**コンテスト金賞に輝いた名品**

2階の工場から焼きたてが運ばれてくる。パインだけでなく、龍眼やラズベリーと、いろいろな味が楽しめる。店内は遠くから買いに来るお客さんでにぎわう。

- 住 南京東路五段88号
- TEL 02-8787-8186
- 営 8:00〜21:30
- 休 無休
- 語 中

---

### 微熱山丘
ウェイラー・サンチウ
MRT松山機場駅3番出口から徒歩15分　MAP p.21-G

**今、一番人気の伝統製法の味**

台湾中部南投県のパイン産地で、素材にこだわって作る鳳梨酥が人気になり、台北にも進出。商品は鳳梨酥のみ。パッケージもおしゃれで贈り物にも最適。

- 住 民生東路五段36巷4弄1号
- TEL 02-2760-0508
- 営 10:00〜20:00
- 休 無休　語 中・日・英
- URL https://www.sunnyhills.com.tw/

---

### The Nine 烘焙坊
ザ・ナイン・ホンペイファン
MRT中山駅4番出口から徒歩5分　MAP p.25-L

**味もパッケージも一級品**

ホテルオークラ プレステージ台北1階のパンとケーキの店。鳳梨酥は味はもちろん、センスあふれる美しいパッケージがおみやげに好適と大好評。

- 住 南京東路一段9号
- TEL 02-2181-5138
- 営 8:30〜20:30
- 休 無休　語 中・英
- URL http://www.okurataipei.com.tw/

---

### 糖村 Sugar & Spice
タンツン シュガー・アンド・スパイス
MRT忠孝敦化駅8番出口から徒歩3分　MAP p.28-E

**やわらかく上品な牛軋糖**

台中で有名なケーキ屋店。台北店もモダンな店づくり。ケーキをテイクアウトしてホテルでいかが。おみやげ用にはほかに鳳梨酥やチョコレートもある。

- 住 敦化南路一段158号
- TEL 02-2752-2188
- 営 9:00〜22:00
- 休 無休　語 中・英 (少し)
- URL https://www.sugar.com.tw

---

### ここもおすすめ鳳梨酥と牛軋糖の店

| 店名 | 読み | 説明 | MAP |
|---|---|---|---|
| 台北犁記餅店 | タイペイ・リーチー・ビンティエン | 台中の老舗中華菓子店 | MAP p.26-B |
| 廣方園 (→p.146) | クワンファンユェン | 高級台湾茶やプーアル茶の店 | MAP p.25-H |
| 老爺烘焙坊 | ラオイエ・ホンペイファン | ロイヤル・ニッコー・タイペイ内の店 | MAP p.25-K |
| 李鵠餅店 (→p.186) | リーフー・ビンティエン | 基隆の老舗人気店。廟口夜市のそば | MAP p.190 |

# おいしい食べ方教わりました
## 烏魚子 （からすみ）
ウーイーズ

台湾の乾物系みやげで一番人気を誇るのが、烏魚子（からすみ）。日本との価格差が大きく、贈って喜ばれるのだが、食べ方を知らない人が意外と多い。おいしい食べ方も教えてあげれば、もっと喜ばれること、間違いない。

大きい方が値段は高いがおいしい。おみやげ用は化粧箱に入れてくれる（伍宗行）

焼くときに火を入れすぎないように。中はねっとりした食感が最高だ（新亦勝）

### 烏魚子の食べ方
❶ 透明感のあるものを選ぶ ❷ 温めたフライパンにカラスミを入れ、蒸留酒（焼酎）をふりかける ❸ 両面に軽く色がつくくらい炙る ❹ 薄く切る。台湾では薄切りした大根と一緒に食べる

---

**MRT北門駅2番出口から徒歩12分**　MAP p.25-G、p.112
ヨンジョウハオ
### 永久號

**味と品質に間違いなし**
迪化街の片隅にあって、四代続く烏魚子の専門店。店構えは小さいが、選び方からおいしい食べ方まで、ていねいに教えてくれる。烏魚子は台湾の旧正月の食卓に欠かせない。

住 延平北路二段36巷10号
TEL 02-2555-7581
営 8:00〜18:00
休 旧正月
語 中・日（少し）
URL http://www.chiens.com.tw/

---

**MRT雙連駅2番出口から徒歩20分**　MAP p.25-G、p.112
シンイーション
### 新亦勝

**乾物ならほとんど揃う**
烏魚子、ホタテ貝柱、サクラエビ、干しシイタケなど乾物の店だが、レトルトパックのフカヒレスープや戻してそのまま使える冷凍フカヒレなどの便利な商品もある。

住 迪化街一段125号
TEL 02-2553-1613
営 9:00〜18:00
休 清明節、母親節、端午節、仲秋節、旧暦大晦日
語 中・日（少し）

---

**MRT西門駅4番出口から徒歩5分**　MAP p.23-G
ウーゾンハン
### 伍宗行

**乾物から菓子までおまかせ**
観光名所の集まるMRT西門駅、台北車站駅の間ぐらいで、観光帰りの買い物に便利。烏魚子や乾物、おみやげに使えるドライフルーツ、菓子などがだいたい揃う。

住 衡陽路56号
TEL 02-2311-3772
営 8:30〜20:00（土・日曜9:00〜19:00）
休 旧正月
語 中・日

※写真説明末尾の（　）内は、本書で紹介している店名の略称です。

# みやげ探しのナイススポット
## 超市 (スーパー) チャオスー

朝から夜まで営業時間が長い、お手軽な食品の数が豊富、旅行者にも買い物がしやすいなど、いいことずくめのスーパーを使わない手はない。台湾の味が簡単に楽しめるレトルトパックで、日本に帰ってから、もう一度台湾を楽しもう。

ア芒果酥マンゴーケーキ60元 イ黒糖沙琪瑪黒糖コーティングの菓子48元 ウ水果脆片フルーツチップス59元 エ椰果果凍ライチ味のコンニャクゼリー40元 オ芒果乾/芭樂乾ドライマンゴーとドライグアバ各150元 カ椒麻花生ピリ辛味の炒りピーナツ100元 キ杏仁酥片サクサクのアーモンド菓子180元 ク沙茶醤台湾の万能調味料95元 ケ黒櫻桃C亮白眼膜/絲瓜保湿弾力面膜ダークチェリーのアイパックとヘチマの顔パック各79元

---

### ▮MRT雙連駅2番出口から徒歩15分
MAP p.25-G
ジャーラーフー
**家楽福Carrefour重慶店**

#### 朝でも夜でも、いつでも何でも
日本でもおなじみ、外資系スーパーのカルフール重慶店は午前0時まで営業。10フロアあって、食品から生活雑貨まで何でも揃う。24時間営業の西門・桂林店などもある。

住 重慶北路二段171号
TEL 02-2553-7389
営 9:00〜翌2:00
休 無休
語 中
URL https://www.carrefour.com.tw/

### ▮MRT南京復興駅7番出口から徒歩5分
MAP p.21-G
ディンハオ・チャオスー
**頂好Wellcome超市長春店**

#### 24時間営業のスーパー
WellcomeのWのマークが目印。地元密着型の小型スーパーで、よく見かける。多くが24時間営業なので、ホテル近くにあればコンビニ感覚で重宝する。

住 長春路343号
TEL 02-8712-5676〜7
営 24時間営業
休 無休
語 中
URL http://www.wellcome.com.tw/

### ▮MRT南京復興駅4番出口から徒歩8分
MAP p.27-C
タールンファー
**大潤發RT-MART中崙店**

#### 大型スーパーの代表格
台北市内に複数の店舗を構える大型スーパー。3万アイテム以上の品揃えという大型店、奥が見通せないくらい広い。日本では見かけないおもしろグッズに出会えるかも。

住 八徳路二段306号CitiyLink B2
TEL 02-2779-0006
営 7:30〜23:00
休 無休
語 中
URL https://news.rt-mart.com.tw

## 香りに特徴あり 台湾茶

台湾のお茶は、ほとんどが烏龍茶、紅茶など、発酵茶の仲間だ。その特徴は何といっても香りにある。日本の緑茶にない甘い香りは、茶葉自身から出てくるもの。試飲をさせてもらい、自分の気に入った茶葉を買おう。

台湾の茶葉店では大陸の中国茶も扱っているが、せっかくなら台湾茶を買おう

老舗の茶葉店では、昔ながらの設備を見学させてくれるところもある（有記）

台湾では選ぶための試飲OK。ついでにおいしい淹れ方も覚えよう（廣方圓）

---

### MRT雙連駅1番出口から徒歩10分
MAP p.25-G

**ヨウジー・ミンチャー**
**有記名茶**

#### 老舗の誇りを感じる名店
店の奥の工場には歴史的にも貴重な炭火焙煎用の穴釜があり、今も使われている（頼めば見学可）。文山包種茶がおすすめ。センスよく扱いやすい茶器も揃っている。

- 住 重慶北路二段64巷26号
- TEL 02-2555-9164
- 営 9:00〜19:00
- 休 日曜、旧正月
- 語 中
- URL https://wangtea.com.tw

---

### MRT雙連駅1番出口から徒歩4分
MAP p.25-H

**クァンファンユェン**
**廣方圓**

#### 選び抜かれた良質の茶葉
センスのよい店構えで、凍頂烏龍茶、東方美人茶、高山茶、紅茶などの台湾茶のほか、大陸の普洱茶も揃う。この店の台湾産パイナップルを使った鳳梨酥はおすすめ。

- 住 中山北路二段72巷7号
- TEL 02-2563-2851
- 営 9:00〜21:00
- 休 無休
- 語 中・日・英
- URL https://www.kfytea.com

---

### MRT東門駅5番出口から徒歩3分
MAP p.26-J、p.111

**シャオチャーツァイタン**
**小茶栽堂（永康旗艦店）**

#### モダンな店のおしゃれパッケージ
円形の壁一面に、カラフルでおしゃれなパッケージが並ぶ。オーガニック烏龍茶をベースにした天然フレーバーティーのティーバッグが人気。マカロンやロールケーキもおすすめ。

- 住 永康街7-1号
- TEL 02-3393-2198
- 営 10:00〜22:00
- 休 無休
- 語 中・英
- URL http://www.zenique.net

※写真説明末尾の（　）内は、本書で紹介している店名の略称です。

## 代表的な台湾茶

台湾茶の名前は、なかなかわかりにくいが、地名、品種、特徴を組み合わせたものが多い。凍頂・文山・木柵・梨山などは地名、烏龍（青心烏龍種）・鉄観音・金萱・翠玉などは品種名だ。高山茶は高度1000m以上の高地で作られる高級茶の総称。

### ウェンサン・バオゾンチャー
### ❶ 文山包種茶

台北近郊の文山産。発酵度が低く、茶葉は長くよった形。さっぱりとした味わいで、すがすがしい香りは「清香」と表現される。

### トンディン・ウーロンチャー
### ❹ 凍頂烏龍茶

南投県鹿谷郷凍頂産の台湾を代表する烏龍茶。揉捻して固く巻いた茶葉、甘い香りとコクのある味わいが特徴で、豊かな余韻がある。

### ムーツァ・ティエクワンイン
### ❷ 木柵鉄観音

台北近郊猫空の木柵産。中発酵、固く巻いて、強めの焙煎により黒くツヤのある茶葉、香ばしくキレのある味わいが特徴。

### アーリーサン・カオサンチャー
### ❺ 阿里山高山茶

阿里山の標高の高い地域で作られる烏龍茶。揉捻して固く巻いた、深い緑色の茶葉で、花のような清々しい香りと甘みが特徴。

### トンファン・メイレンチャー
### ❸ 東方美人茶

紅茶に近い味わいの高発酵茶。5色が混じるという茶葉の美しさが特徴。ウンカが噛んだ茶葉を使うので、農薬は使用しない。

---

| MRT中山駅3番出口から徒歩6分 MAP p.25-L |
|---|

**シンツンシャン**
### 新純香

**試飲を楽しみながら購入できる**

スタッフの数が多く、試飲しやすい雰囲気のお店。店主の王さんは日本語も上手なので、説明を聞きながら、好みの茶葉を選べる。茶器やお茶菓子も揃っている。

住 中山北路一段105巷13-1号
TEL 02-2543-2932
営 10:00〜22:00
休 旧正月　語 中・日
URL http://www.taiwangoodtea.com.tw/

---

| MRT民權西路駅10番出口から徒歩1分 MAP p.24-E |
|---|

**フーイー・チャーハン**
### 富宇茶行

**価格表を見ながら安心試飲**

問屋なので大袋の茶葉が積まれた味気ない店内だが、カウンターで試飲できる。台湾烏龍茶、高山茶、台湾紅茶が揃っている。小売用の価格表があるので安心。女性店員は日本語可。

住 撫順街35-6号
TEL 02-2586-4312
営 10:00〜22:00
休 日曜
語 中・日
URL http://fb.com/fuyuteahouse

---

| MRT北門駅3番出口から徒歩15分 MAP p.25-G |
|---|

**ゼンウェイチャーユエン**
### 臻味茶苑

**店舗は文化財の閩南式住居**

台湾茶藝界の重鎮呂禮臻さんが選んだ茶葉が置かれている。どれも高品質で、お茶好きへのおみやげにしても安心。建物は閩南式の商家造の旧居で、一見の価値がある。

住 迪化街一段156号
TEL 02-2557-5333
営 10:00〜18:00
休 無休
語 中
URL http://www.chen-wey.com.tw/

# 台湾テイストをおみやげに 雑貨

台湾は今、雑貨ブーム。日本と同じように西洋雑貨やモダン雑貨に対する関心は高い。一方で、台湾古来の伝統や習俗に学んで、デザインに生かそうという動きも盛んだ。ここでは台湾テイストの雑貨店をご紹介。

中国伝統のチャイナカラーのベスト（李堯）

陶器のトップに皮のストラップ（台湾好）

トンボ玉の腕輪。5個買うと1個おまけ（雲彩軒）

オリジナルプリント布のコースター（印花樂）

チャイナテイストを生かした綿のTシャツ（李堯）

---

| MRT中山駅2番出口から徒歩3分 MAP p.25-H | MRT台北101／世貿駅2番出口から徒歩3分 MAP p.28-J | MRT中山駅4番出口から徒歩3分 MAP p.25-L |
|---|---|---|
| タイワンハオ・ティエン<br>**台湾好,店** | ハオチウ<br>**好,丘** | ユンツァイシェン<br>**雲彩軒（中山店）** |
| **台湾各地の産品が集合**<br>台湾島内各地の農村や原住民集落の産品を選りすぐった店。衣類、木工品、食器、文房具、さらには蜂蜜や茶などの農産品まで、小さな店内にローカルの魅力がいっぱい。 | **人気ベーグル店＋雑貨店**<br>眷村跡の四四南村内にある雑貨店＆カフェ。店内の半分は台湾グッズを集めた雑貨店。もう半分はベーグル専門カフェで、一日中若者グループでにぎわっている。 | **おみやげ雑貨ならここ！**<br>永康街にある本店、成家家居に続く3号店。中国民芸雑貨のほか、花をモチーフにしたオリジナルの刺繍が入ったグッズがカワイイ。おみやげ探しに好適の品ぞろえ。 |
| 住 南京西路25巷18-2号<br>電 02-2558-2616<br>営 12:00～21:00<br>休 月曜　語 中<br>URL https://www.lovelytaiwan.org.tw | 住 松勤街54号<br>電 02-2758-2609<br>営 月～金10:00～20:00、土・日9:00～18:30<br>休 第1月曜　語 中・英<br>URL https://www.goodchos.com.tw | 住 南京東路一段31巷2号<br>電 02-2571-2539<br>営 10:00～21:30<br>休 無休<br>語 中・日 |

※写真説明末尾の（　）内は、148～151ページで紹介している店名の略称です。本ページの店以外は順益＝順益原住民博物館内、孔廟＝台北孔廟内のショップです。

マスキングテープ。回家（家に帰る）の柄（好,丘）

東坡肉のマグネット（好,丘）

魯肉飯と小龍包のキーホルダー（好,丘）

中華菓子の形の天然石けん（好,丘）

帆布製ショルダーバッグ（蘑菇）

孫文が好んだ言葉「博愛」のビーチサンダル（孔廟）

台湾レトロデザインのノート。ティーバッグ4袋箱入り（→p.151 台北之家）

タイヤル族のテキスタイル手提げバッグ（順益）

買う

台湾テイストの雑貨 I

---

MRT東門駅5番出口から徒歩3分
MAP p.26-J、p.111
ユェンロンファン
**圓融坊**

### 雑貨もいいけど服がオススメ
伝統を感じさせるチャイナ雑貨で知られる有名店だが、オリジナルデザインのTシャツ、ロンT、バッグなども見逃せないアイテムだ。アダルトな女性客に人気。

住 永康街2巷12-1号
TEL 02-2322-2981
営 11:00〜21:00
休 旧正月
語 中・英・日

---

MRT西門駅1番出口から徒歩2分
MAP p.22-F
シーリョウ・ゴンファン
**16工房**

### MITの個性派ショップが集合
西門紅樓の八角楼に続く十字楼の建物内に、MIT（メイドイン台湾）の雑貨店約25店が出店。どの店も個性的で高品質。服飾雑貨、アクセ、クラフト工芸などいろいろあって楽しい。

住 成都路10号 西門紅樓十字楼1、2F
TEL 02-2311-9380
開 11:00〜21:30（金・土曜〜22:00）
休 月曜
語 中

---

MRT東門駅5番出口から徒歩2分
MAP p.26-J、p.111
リーヤオ・ミェンイーティエン
**李堯棉衣店**

### コットンチャイナ服の定番
カジュアルなチャイナテイストの服ならココ、というほどの有名店。コットンが主流で日本でも着やすい。デザイナーの個性にあふれた作品が楽しい。

住 麗水街2号
TEL 02-2396-7843
開 11:00〜21:00
休 旧大晦日〜正月4日
語 中・英

# 台湾デザインがおもしろい雑貨11

台湾の人たちのおおらかな性格のせいか、台湾のデザインには独創的なアイデアが多い。台湾のデザインを商品化したフェアトレードグッズも多く見かける。雑貨店めぐりを楽しもう！

がらくたロボットのペンダント（MaMa）

台北之家と印花樂がコラボしたナプキン（台北）

のんびりかたつむりのキーホルダー（MaMa）

収蔵品模様の定期入れ（當代）

館の建物イラストの缶バッジ（當代）

かわいい猫のアイピローはフェアトレード商品（繭裏子）

手捻りの麻糸。約75mで色や柄はいろいろある。フェアトレード商品（繭裏子）

---

### Have a Booday 蘑菇
ハブ・ア・ブーデイ・モーグー

MRT中山駅2番出口から徒歩3分　MAP p.25-H

**どれもナチュラル感いっぱい**
1階がオリジナルブランド「蘑菇booday」の商品。有機綿天然染料の衣類、シンプルな手帳、ノートなどが人気。2階は若者が集まるカジュアルなカフェ。

- 住 南京西路25巷18-1号
- 電 02-2552-5552
- 営 11:00～20:30
- 休 旧正月
- 語 中
- URL https://mogu.com.tw

### MaMa 手創精品
ママ

MRT東門駅5番出口から徒歩4分　MAP p.26-J、p.111

**ポップで個性的な品ぞろえ**
オリジナルデザインの傘のほか、折りたためるランプシェードやエコバッグ、ポーチなど、台湾アーティストの個性的な商品が並ぶ。市政府、西門町に支店がある。

- 住 永康街31号
- 電 無
- 営 10:00～22:00
- 休 旧正月
- 語 中・英

### 繭裏子
ジェングオズ

MRT東門駅5番出口から徒歩2分　MAP p.26-J、p.111

**素朴でかわいい雑貨がいっぱい**
台湾デザイナーがデザインしたものをインドやネパール、アフリカなどで制作した、フェアトレードの店。麻製の動物シリーズや布製のバッグが人気。迪化街ほかに支店がある。

- 住 永康街2巷3号
- 電 02-2395-6991
- 営 12:30～21:30
- 休 無休
- 語 中
- URL https://www.twine.com.tw

※写真説明末尾の（　）内は、148～151ページで紹介している店名の略称です。本ページの店以外は當代＝台北當代藝術館のショップです。

自然と文明の共存がテーマのTシャツ（花生騒）

台湾原住民邵族に伝わる白鹿を模したTシャツ（花生騒）

台湾小吃柄のランチョンマット。竹の箸とスプーン付き。（印花樂）

ワニの手差し刺繍の箸袋。フェアレード商品（繭裏子）

イラストを切り抜いたようなJASPER+C+の手提げバッグ（台北）

収蔵作品をデザインしたトートバッグ（當代）

帆布製のデイパック（蘑茹）

買う　台湾デザインの雑貨Ⅱ

151

---

| MRT中山駅4番出口から徒歩3分 MAP p.25-K |
|---|

タイペイジージャ
### 台北之家

**台湾ブランド大集合**
台湾デザイナーによるブランドの名店の商品を集めたセレクトショップ。阿之寶手創館、JASPER+C+、蘑菇、BRUT CAKE、漢聲巷、蒋堂などの品がそろう。

住 中山北路二段18号
TEL 02-2522-2387
営 月〜木・日曜10:30〜22:00、金・土曜〜22:30
休 不定休　語 中・日・英
URL http://www.spot.org.tw/

| MRT北門駅2番出口から徒歩12分 MAP p.25-G、p.112 |
|---|

インホアルー
### 印花樂

**かわいいプリント布がいっぱい**
若手デザイナーの創造力あふれる布＆布製品を販売。オリジナルプリントのブックカバーやトートバッグ、文具小物など、デザインやアイデアは見るだけでも楽しい。

住 民樂街28号
TEL 02-2555-1026
営 9:30〜19:00
休 無休
語 中・日
URL https://inblooom.jp

| MRT北門駅2番出口から徒歩10分 MAP p.25-J |
|---|

ホアションサオ
### 花生騒

**ストーリー性を感じるデザイン**
台湾先住民の文化や神話をモチーフにしながら、従来のイメージにとらわれず、トレンドに合わせた独創性のある作品を制作しているファッションブランド。

住 迪化街一段3号
TEL 02-2555-9823
営 10:00〜19:00
休 無休
語 中
URL https://www.wasangshow.com

## 手作り大好き 服飾衣料

布物の手作りが大好きで材料を探したいというなら、迷うことなく永樂市場2階の布地問屋街や、3階の仕立屋街へ。ビル周辺にも布や服飾材料の問屋が並んで、東京西日暮里繊維街のような雰囲気。趣味の手芸材料の専門店は台北駅北側に多い。中国刺繡の入ったバッグや靴もおみやげにぴったりだ。

リクエストは遠慮なく伝えよう（永樂市場）

中国刺繡の布靴はすべて手作り。サンダルは室内履きにもいい（小格格）

永樂市場3階には、仕立屋がぎっしり並ぶ。チャイナドレスは、2階で生地を選んで、3階で仕立ててもらうことができる。一着3500元ぐらいから

心得のある人なら、キットを購入して手作りのおみやげもおすすめ（小熊）

### 布地のことならなんでもOK
### 永樂市場
ヨンラー・スーチャン
えいらくいちば

MAP p.25-G、p.112

正式名称は「永樂布業批撥（卸売）商場」。建物2階に布地問屋が、3階には仕立屋の小さな店がぎっしりと並んでいる。1階には食品売り場、4階にフードコートがある。

★MRT北門駅3番出口から徒歩10分

住 迪化街一段21号
営 9:00～18:00（店により異なる）
休 日曜、祝日
語 中・日（一部の店のみ対応）

永樂市場2階の生地屋街。基本は問屋だがほとんど小売りもOK

建物は生地問屋のほか、仕立屋街、フードコート、ホールなども入った複合ビル

※写真説明末尾の（　）内は、本書で紹介している店名の略称です。
※市場や屋台ではクレジットカードは使えません。個人経営の小さな店では使えない場合もあります。

### 全部手作り、布物の店

| MRT剣潭駅2番出口から徒歩10分 |
| MAP p.20-B、51-A |

ウェイゼン・ショウゴンブーバオ
**葳臻手工布包**

オリジナルの布製バッグ専門店。客家花布のバッグは台湾らしさいっぱいで、おみやげにもぴったり。ほかにポーチやキーケース、財布など小物も充実。

- 住 通河街1巷6号
- TEL 02-2559-9020
- 営 10:00～19:00
- 休 無休
- 語 中

### ビーズのマスコットキットが人気

| MRT北門駅2番出口から徒歩8分 |
| MAP p.25-A |

シャオション・マーマ
**小熊媽媽DIY**

台湾最大の手芸用品店。ビーズ、中国結びなどの材料のほか、ビーズ人形、バッグなどの手芸キットもいろいろ揃う。近辺にはDIY用品店が多く集まっている。

- 住 重慶北路一段30号B1
- TEL 02-2550-8899
- 営 10:00～20:00
- 休 無休　語 中・日（少し）・英（少し）
- URL https://www.bearmama.com.tw/

### クロスステッチと伝統刺繡が融合

| MRT市政府駅1番出口から徒歩7分 |
| MAP p.28-F |

シュー・クラフツ
**繡 Xiu Crafts**

ヨーロッパで盛んなクロスステッチに、コンピューターによる作図デザイン、ぼかしとグラデーションの技法を取り入れて、精緻な中国絵画の世界を表現。

- 住 菸廠路88号　誠品生活松菸店2F
- TEL 02-6636-5888内線1621
- 営 11:00～22:00
- 休 無休　語 中・日・英
- URL http://www.xiucrafts.com/

### かわいい柄とやさしい履き心地

| MRT西門駅1番出口から徒歩3分 |
| MAP p.22-F |

シャオガーガ・シエファン
**小格格鞋坊**

中国刺繡の入った布靴の専門店。サンダル、ミュール、フラットなど形はいろいろ。繊細でかわいい刺繡から手作りのぬくもりが伝わる。手洗いも可能。

- 住 西寧南路96号
- TEL 02-2370-9063
- 営 10:00～22:00
- 休 無休　語 中・日
- URL http://www.eb-shoes.com.tw/

### 地元で人気のカジュアルブランド

| MRT忠孝敦化駅3番出口から徒歩3分 |
| MAP p.28-E |

ア・ラ・シア
**à la sha**

台湾ではおなじみの若者向けブランド。台湾人デザイナーによるポップな服や雑貨は個性的。遊園地のような店内で自分だけのお気に入りを探せる。

- 住 忠孝東路四段222号
- TEL 02-8771-5789
- 開 12:00～22:00
- 休 無休　語 中・英
- URL http://www.alasha.com.tw

オリジナリティあふれる店内にはファッションのヒントがいっぱい（à la sha）

台湾ならではの布製小銭入れやバッグは根強い人気（葳臻）

クロスステッチのキットも販売（繡）

# 本場の豊富な品ぞろえ
## 楽器・書道具

日本には中国を発祥とする文化を楽しむ人が多い。二胡は日本でも手に入るが、品揃えでは本場にかなわない。書道用品も、目移りするほどの品数。腕に覚えのある人には、ぜひ台北の専門店を訪ねて欲しい。

二胡以外にも琵琶などの伝統楽器がたくさん

壁一面の二胡。練習用からプロ用高級品までそろう

店はビルの3階にある

### 二胡ファンならきっとご存じ
### 長安樂器
ちょうあんがっき

MAP p.26-J、p.111

中国の伝統楽器全般の専門店で、音楽界や音大生の間で絶大な信頼を得ている。関連の楽譜や書籍、CD、DVDなども豊富にそろう。日本から二胡を求めに来る客も多い。修理などのアフターサービスも万全。

★MRT東門駅3番出口から徒歩5分

来店中の二胡の先生が音を聞かせてくれた

住 愛国東路71号3階　TEL 02-2395-6321
営 10:00〜20:00（土曜〜19:00）
休 日曜、祝日　語 中・英・日
URL http://www.cachinamusic.com.tw

蕙風堂本店は師範大学正門の向かい側

### 圧倒的な紙・手本帳…
### 蕙風堂
フイフォンタン
けいふうどう

MAP p.55、p.111

書道ファンの間ではよく知られた店。近くに本・支店合わせて3店舗ある。筆墨印硯から篆刻、書籍まで、書道関連用品はほとんどそろっている。特に麗水店地下の宣紙コーナーの品ぞろえは豊富だ。

★MRT古亭駅5番出口から徒歩5分

住 和平東路一段123号（麗水店）
TEL 02-2321-1380
営 10:30〜21:00（日曜、休日〜19:00）
休 端午節、中秋節、春節　語 中
URL http://www.topline88.com/

地下の宣圖部の宣紙コーナー。サイズも産地もいろいろ

1階は紙以外の書道用品や額装が中心

見本帳や書籍の在庫も豊富

## 掘り出し物を探しに
# 玉・骨董

### 週末のみ開催の大規模市場
# 建國假日玉市/花市
けんこくかじつたまいち/はないち
チェンクオ・チャーズー・ユースー/ホアスー

MAP p.27-G・K

毎週末に開催される建國假日玉市は出店数では台湾最大。見渡す限り玉の店が並んで壮観だ。玉は値の張るものからおみやげ用まで、まさに玉石混淆。自分の鑑識眼と価格交渉力が試される!?

建国南路の高架下にある駐車場で、土・日曜に開催される市。仁愛路を挟んで北側が玉市、南側が花市、信義路より南側が藝文（書画骨董）区（→p.47）。

★MRT忠孝新生駅3番出口から徒歩10分

住 建國南路一段
営 9:00～18:00頃
休 土・日曜のみ開催
URL http://www.tckjm.com.tw

ヒスイや玉の専門店ばかりが500近く出店するという玉市エリア

上から玉市、花市、藝文区の各エリア入口

藝文区には、書画、骨董、茶葉などの店が集まる

天井には霧を散布する設備まである花市エリア

---

MRT忠孝新生駅1番出口から徒歩3分
MAP p.26-F

サンプー・グートン・シャンチャン
### 三普古董商場

**高級骨董の専門店街**
新生南路に面した入口から地下に入ると30軒近くの骨董品店が並んでいる。玉、仏像、陶器の店が多いが、硯や壺、青銅器の専門店もあり、どれも高級品ばかりだ。

住 新生南路一段14号B1
営 11:00～19:00（店により異なる）
休 原則第2・4月曜（店により異なる）
語 中

---

MRT忠孝新生駅4番出口から徒歩5分
MAP p.26-F

クワンホア・クワングワン・ユースー
### 光華觀光玉市

**玉や骨董の小店がずらりと並ぶ**
市民大道と新生北路の角に小さな玉や骨董の店がずらりと並ぶ。安価な石から値の張る玉や骨董まで、扱う品物は幅が広い。玉好きには平日はここ、週末は建國玉市がおすすめる。

住 八徳路二段1号（新生北路、市民大道、八徳路が交わる三角地帯）
営 10:00～18:00（店により異なる）
休 無休（店により異なる）
語 中

---

MRT中山駅6番出口から徒歩3分
MAP p.25-K

イースーイースー
### 意思意思

**ギャラリーのような雑貨店**
普通の住宅の2階にあり、入口がわかりにくいので、小さな看板に要注意。無造作に置かれたアンティーク、雑貨、アート作品に囲まれた大きなテーブルでは、お茶もできる。

住 南京西路64巷16-2号2F
営 14:14～21:00
休 月～木曜
語 中・英

## 雰囲気は日本とそっくり デパート/モール 専門店街

台北は消費が旺盛？ その代表格のデパートやショッピングモールは日本とそっくり。違うところといえば、必ず美食街（フードコート）があること。一方、専門店街は日本には見かけない雰囲気。同業店が一箇所に集中していて、商売になるのか心配なくらいだ。

### ユエントン・ツォンクワン・フーシンクワン
### 遠東SOGO復興館　MAP p.27-H
えんとうそごうふっこうかん

忠孝復興駅を挟んで2つのSOGO百貨店が立つ。復興館はファミリー、近くの忠孝館は女性を意識した店づくり。★MRT忠孝復興駅に直結

住 忠孝東路三段300号　TEL 0800-212002
営 11:00～21:30（金・土曜、休前日～22:00）、B3スーパーは9:00～　休無休
URL https://www.sogo.com.tw/

### ツェンピン・シンイーティエン
### 誠品信義店　MAP p.29-G
せいひんしんぎてん

台湾最大の書店チェーンの旗艦店。高感度の雑貨店、文具店などのテナントが入る。
★MRT市政府駅2番出口から徒歩3分

住 松高路11号
TEL 02-8789-3388
営 書店：10:00～24:00、ショップ：11:00～22:00（金・土曜～23:00）、5F：11:00～22:00
休 無休
URL https://meet.eslite.com

### シンクワン・サンユエ・シンティエンディー
### 新光三越信義新天地　MAP p.29-G・K
しんこうみつこししんぎしんてんち

A4、A8、A9、A11と、性格の異なる4棟を空中回廊で結ぶ大型店。★MRT市政府駅3番出口から徒歩3分

A4館　住 松高路19号　TEL 02-8789-5599
A8館　住 松高路12号　TEL 02-8780-9966
A9館　住 松壽路9号　TEL 02-8780-5959
A11館　住 松壽路11号　TEL 02-8780-1000
営 11:00～21:30（休前日～22:00）　休無休
URL https://www.skm.com.tw/

### マンニェン・シャンイエ・ダーロウ
### 萬年商業大樓　MAP p.22-B
まんねんしょうぎょうたいろう

通称オタクビル。ゲームソフトやスポーツシューズなど、若者向きの店が集まる。
★MRT西門駅6番出口から徒歩5分

住 西寧南路70号　TEL 02-2381-6282　営 11:30～22:00（月曜14:00～）　休無休

### IT街（八徳路）
パーダールー
はっとくろ

MAP p.26-F

八徳路のパソコンや電子部品、スマホなどの店が集まるエリア。雰囲気はミニ秋葉原。

★MRT忠孝新生駅1番出口から徒歩3分　住 八徳路一段

### 五分埔
ウーフェンプー
ごふんほ

Map p.29-D

松山駅から近い衣料品問屋街で、台湾最大の服飾品集散地。多くの店が小売に対応。

★MTR松山駅4番出口から徒歩5分

住 松山路、永吉路、中坡北路、松隆路に囲まれたエリア
営 12:00～24:00（店により異なる）
休 無休（店により異なる）

### 光華商場
クワンホワ・シャンチャン
こうかしょうじょう

MAP p.26-F

正式名称は光華数位新天地。6階建てのビルにエレクトロニクス関連の店がぎっしり入る。ソフトやフィギュアの店も。

★MRT忠孝新生駅1番出口から徒歩5分

住 市民大道三段8号　TEL 02-2341-2202
営 10:00～21:00
休 春節、不定休あり
URL http://www.gh3c.com.tw/

### 問屋街（華陰街）
ホワインチエ
かいんがい

MAP p.25-J

台北駅北の華陰街は日用雑貨品の問屋街。スーツケースはバッグを探すなら、一見の価値あり。

★台北駅1番出口から徒歩3分　住 華陰街

### 站前地下街
ザンチエン・ディシアチエ
えきまえちかがい

MAP p.23-C

台北駅地下には站前地下街をはじめいくつもの地下商店街や名店街が網の目のように広がっている。雨天の買い物に便利。

★MRT台北車站駅に直結　住 台鉄台北駅地下
URL http://www.sfmm.org.tw/

### ここも お すすめ

| | | |
|---|---|---|
| 京站時尚廣場 Qsquare<br>（ジンジャン・シーシャン・クワンチャン） | 台北駅北のハイセンス・ショッピングモール | MAP p.25-K |
| 寵物街（チョンウーチエ） | ペットショップ街。臨江街夜市近くの基隆路 | MAP p.21-K |
| 五金街（ウージンチエ） | 金物屋、調理器具屋街。淡水河沿いの環河南路 | MAP p.22-A |

買う　デパート／ショッピングモール／専門店街

# おいしくて楽しいおみやげ

日本に帰ってから、台湾の味を楽しみながら旅を思い出そう。ドライフルーツやインスタント食品なら、軽くて持ち帰りにも便利だ。

左はオクラチップス130元。右は7種の野菜チップスと6種のフルーツチップス各120元。

3種のドライフルーツは各150元。「台湾一番」のドライフルーツシリーズは全部で19種類もある。

左はパパイヤ（木瓜）のドライフルーツ320元、右はシイタケチップス120元。

ドライフルーツ類は、フルーツティーにすると甘酸っぱくておいしい。

**紅海棠**（ホンハイタン） MAP p.112

大稲埕迪化街にある食品店。ドライフルーツや焼き菓子など、おみやげに便利な包装商品の品ぞろえが豊富。

🏠迪化街一段89号（霞海城隍廟からすぐ）☎02-2555-8390
⏰9:00〜18:30 休無休

上左／2種のインスタント粥で、にんにく風味の鶏粥と龍眼きくらげ粥各209元。上右／超辛の辛子ソース50元。下／インスタントビーフン、スープ付き45元。

**天和鮮物**（ティエンホーシェンウー） MAP p.26-A

台湾で最大級のオーガニック食品の店。生鮮品も豊富だが、おみやげにはジャムや調味料などの瓶、缶がおすすめ。

🏠北平東路30号（MRT善導寺駅6番出口徒歩3分）☎02-2351-6268
⏰10:00〜21:00 休無休

**神農市場**（シェノンスーチャン） MAP p.24-B、51-A

花博公園のMAJIMAJI 集食行樂（MAJI SQUARE）にあるこだわりの食品店。台湾中からローカル色豊かな農産物や食材が集まる。

🏠玉門街1号（MRT圓山駅1番出口すぐ）☎02-2597-7126
⏰10:30〜21:00 休無休

※生のフルーツ、肉類、肉加工品は、日本への持ち込みが禁止されています。ジャムやペースト類は手荷物での機内持ち込みができないので、パッキングして委託荷物の中へ。

# 台北近郊

# 台北近郊　見どころマップ

### 陽明山 (→p.168)
台北市の北郊外の国家公園。花あり、温泉あり、噴気口ありで楽しめる

### 金山/野柳 (→p.169)
金山で温泉につかったら、金包里老街で鴨肉を食べ、野柳へ向かう

### 基隆 (→p.184)
食事は近くの碧砂漁港の海鮮料理か、廟口夜市の食べ歩きで

### 九份/金瓜石 (→p.162)
午前中に金瓜石に向かい、観光。夕方からは九份で、夕日を眺める

### 鶯歌/三峽 (→p.176)
焼物の街・鶯歌と、台北周辺では最大級の老街がある三峽は近い

### 平溪線沿線 (→p.172)
ローカル線でタイムスリップのミニ旅行。願いを込めて天燈上げ

### 新竹 (→p.182)
内湾線や東方美人茶で有名な北埔は、客家料理のおいしい街

### 大溪 (→p.180)
昔の姿を残し、今なお活気ある老街。名物豆干でひと休み

### 烏來 (→p.188)
タイヤル族の温泉郷。川沿いのホテルで露天風呂。トロッコ列車も

### 坪林 (→p.187)
台湾茶が好きなら一度は行きたい。茶業博物館と茶葉料理店は外せない

### 宜蘭 (→p.191)
食に恵まれ、おいしいレストランがたくさん。礁溪温泉、羅東夜市で遊ぶ

# 台北近郊

# ウォーキングの基礎知識

大都市台北からわずかな時間でアクセスできる魅力的なエリア

## 海、山、温泉など、豊かな自然に触れる

　台北からMRT（捷運）や鉄道、バスでほんの1時間も郊外に出ると、驚くほど豊かな自然が出迎えてくれる。近郊まで足を延ばせば、台北の旅の楽しさはさらに大きくふくらむはずだ。

　国際港基隆（→p.184）へは、台北から東部幹線鉄道で40分ほど。ここは駅から徒歩10分ほどの廟口夜市が有名。

　ノスタルジックで華やかな風景が、宮崎駿監督のアニメ映画『千と千尋の神隠し』の舞台とよく似ていると人気の高い九份（→p.162）は、金鉱として栄えた当時の面影と、急斜面に広がる独特の景観が旅情をそそる。九份から一山越えると金瓜石（→p.166）の集落。こちらも金鉱山で栄えた街。かつての姿がそのままテーマパークとして保存公開されている。

　台鉄瑞芳駅から支線の平渓線（→p.172）に乗ると、基隆河沿いの渓流や瀑布（滝）、緑豊かな自然が味わえる。十分駅で途中下車して、伝統文化の天燈上げも体験してみよう。

　基隆から海岸線を北に進むと奇岩で有名な野柳（→p.169）、海水浴場や温泉のある金山（→p.169）に出る。金山へは台北から陽明山越えのバスもあり、途中の野趣あふれる温泉が好評。

　温泉といえば、山間のいで湯烏來（→p.188）もおすすめだ。トロッコでタイヤル族の文化村を訪ねたり、露天風呂からスパまで、様々なタイプの日帰り入浴を楽しむことができる。

　雪山トンネルの開通により、高速バスによるアクセスが便利になったのが、東部の宜蘭（→p.191）周辺。礁渓温泉や羅東夜市、近年は、レジャー農場で遊ぶエコツーリズムがブームだ。

## 台湾の工芸、歴史、文化を伝える老街

　台北の近郊には、古くから栄え、その街並みを今に伝える老街（古い通り）が点在している。

　台北から30分ほどの鶯歌（→p.176）は、台湾最大の陶器の街。街には大小たくさんの窯元があり、整備された老街には陶磁器店が軒を連ねる。鶯歌のすぐ隣に、見事な彫刻の祖師廟や風情ある老街で知られる三峡（→p.178）がある。

　お茶の郷、坪林（→p.187）や、巨大こま回しの大渓（→p.180）、客家人が多く住む内湾線終点の内湾（→p.183）、東方美人茶の北埔（→p.183）も、ぜひ訪ねたい場所だ。これらの街の老街を散策していると、歴史や風俗を肌に感じることができるだろう。土地の料理や特産品も味わってみたいところだ。

三峡老街

礁渓温泉の温泉ホテル

金山のシンボル慈護宮

平渓線十分駅前の天燈上げ

# 九份／金瓜石
きゅうふん／きんかせき

ジョウフェン／ジンクワスー

新北市

バス：舊道・金瓜石
MAP p.31-D、p.163・167

### アクセス access
台北駅から台鉄自強号で45分、瑞芳駅下車。基隆客運バス金瓜石行に乗り換え九份老街まで20分、金瓜石まで30分。または、MRT忠孝復興駅前から基隆客運バスで九份老街まで1時間30分、金瓜石まで1時間40分

### hint! 歩き方のヒント

| | |
|---|---|
| 観光 | ★★★★★ |
| 食べ歩き | ★★★★ |
| 文化 | ★★★ |
| 徒歩 | ★★★★★ |

アニメ「千と千尋の神隠し」の舞台に似ていることで注目を集めた豎崎路

## 九份

### エリアのしくみ

### かつてはゴールドラッシュ、そして今は観光で不夜城に

九份は、第二次世界大戦後の一時期まで金の採掘で栄えた街。1910年代のゴールドラッシュで、一気に不夜城となった。金が掘り尽くされると、うち捨てられた時期もあったが、近年、台湾映画『悲情城市』のロケ地となったことをきっかけに観光地として復活、アニメ『千と千尋の神隠し』のイメージの舞台となったことで日本人観光客も大勢訪れている。

山の中腹を東西にはう基山街は昔のトロッコ道で、飲食店やみやげ物店が密集して大にぎわいだ。山の急斜面を上下に結ぶ石段の豎崎路には、華やかな時代を思わせる建物が今も残り、趣のある茶館などに姿を変えている。

九份とともにゴールドラッシュをもたらしたもう一つの金山、金瓜石（→p.166）は一山越したところに静かにたたずむ。九份からバスで10分ほどで、こちらは金鉱をテーマとした博物園區として整備された。最近は両エリアに魅力的な民宿が増え、注目を浴びている。

### おすすめ街歩き  九份メインコース

山の斜面にへばりついた九份の街。街歩きは上から下へ、がおすすめ。

**九份老街バス停**

「九份派出所」バス停ではなく、「九份老街」バス停で降りる。基山街の入口はセブンイレブンが目印。

**基山街**

徒歩10分 — 狭い道の両側に店がぎっしり。休日は大変な混雑となる。

**豎崎路**

徒歩10分 — 豎崎路は基山街と交わる急な階段street。両側に茶館が並ぶ。タクシーに乗るなら九份老街バス停前に戻る。

**九份老街バス停**

※台北市内から九份・金瓜石へのバスは、MRT忠孝復興駅前からは1062番、北門駅前からは965番に乗る。

## 九份

### おすすめポイント

**基山街** チーサンチエ
きざんがい

MAP p.163-B

**観光客がごったがえす細い路地**

　山の斜面に築かれた九份の街には、等高線に沿って2本の道がある。金鉱時代のトロッコ道の名残で、基山街と軽便路である。基山街は近年、九份の観光化とともに、飲食店やみやげ物店が並ぶにぎやかな商店街となり、九份観光のメインルートになった。九份老街バス停を降りると、すぐ先に多くの人が吸い込まれていく路地があるが、そこが入口だ。

★九份老街バス停下車すぐ

国内外の観光客でにぎわう基山街

**九重町客栈** ジョウチェンディン・クーザン
くじゅうちょうきゃくさん

MAP p.163-B

**基山街の中ほどにある公認民宿**

　にぎやかな基山街の中ほどにあるが、周辺は夜になると一変して静かな雰囲気に。1階はカフェレストランで、休憩や食事にも便利。スイートルームはプライベートテラス併設で抜群の展望が楽しめる。

★九份老街バス停から徒歩5分
住 新北市瑞芳区九份基山街29号
TEL 02-2496-7680　FAX 02-2496-7681
料 S／W 3000元〜　室 5　語 中
URL http://www.9cd.com.tw/

## 阿蘭草仔粿
アーラン・ツァーヅグオ
あらんそうしか
MAP p.163-B

### 九份名物、草仔粿の専門店
基山街の中ほどにある菓子店。草仔粿は日本でいう草餅。中味の餡は、日本でおなじみの小豆餡のほかに、緑豆餡や塩味の切干大根餡、漬物餡などもあり、どれもおいしい。また芋粿という、芋と干エビを入れて蒸した団子も名物。1個売りもしているのでお試しを。

★九份老街バス停から徒歩10分
住 新北市瑞芳区九份基山街90号　TEL 02-2496-7795
営 9:00～20:00　休 無休　語 中

上：芋粿
下左：草仔粿の小豆餡／下右：切干大根餡

## 九份茶坊
ジョウフェン・チャーファン
きゅうふんさぼう
MAP p.163-A

### 見事な建物、芸術的空間の茶館
かつての名士の住居を改装した重厚な作りの建物。細部までアンティークな雰囲気に作り込まれた部屋からテラス越しに望む眺望は、とても贅沢な気分。お茶もおいしい。

★九份老街バス停から基山街を進み、豎崎路を過ぎてすぐ
住 新北市瑞芳区九份基山街142号
TEL 02-2496-9056
営 10:30～21:00
休 無休　語 中・日
URL https://www.jioufen-teahouse.com.tw

好みのお茶を選んでゆっくり過ごそう

狭い石段は人であふれかえる

## 豎崎路
シューチールー
じゅさきろ
MAP p.163-A

### 海を見下ろす風情あふれる石段道
九份の象徴ともいえる風景が豎崎路の急な石段。両側には昔ながらの面影を残す茶館が並ぶ。夕方、飾られたちょうちんに灯がともされるとロマンチック。茶館の眺めのよい席で、ゆっくりしたい。

★九份老街バス停から基山街経由で徒歩15分

## 阿柑姨芋圓
アーカンイー・イーユェン
あかんいいもえん
MAP p.163-B

### モチモチのタロイモ団子は食感が最高！
九份名物の「芋圓」の専門店。作りたてを食べる芋圓は、やわらかくモチモチしていて絶品だ。店の奥に九份の景色を一望できる広いイートインコーナーがある。気後れせずに奥に進み、絶景を見ながらひと休みしよう。

★基山街から豎崎路を上がり一番上右側
住 新北市瑞芳区豎崎路5号
TEL 02-2497-6505
営 9:00～20:00（土曜～22:00）　休 無休　語 中

入口で芋圓を買って奥の展望ルームへ

### ウーハオ・センラン
## 5號深藍
ごごうしんらん
MAP p.163-B

### 手描きTシャツをおみやげに
　一枚一枚、手描きの絵が描かれたTシャツやワンピースはいかが。絵柄はイラスト風、九份の海山をイメージした自然派、かわいい猫のモチーフなどいろいろ。同じものが一つとないのが、ちょっと自慢に。

★基山街から豎崎路を上がり、阿柑姨芋圓の斜め前
住 新北市瑞芳区九份中山巷5号　TEL 02-2496-7577
営 10:30～17:30（変動あり）
休 不定休　語 中・英

手描きTシャツは400元ぐらいから

### ペイチン・ツェンスー
## 悲情城市（小上海茶樓）
ひじょうじょうし（しょうしゃんはいちゃろう）
MAP p.163-A

### テラスでくつろぎの日だまり珈琲
　1950年代当時の台湾の雰囲気を再現したカフェレストラン。店名は映画『悲情城市』のロケ地になった縁から。家具は日本統治時代のものだ。台湾家庭料理、お茶がメインだが、テラスでのコーヒーもいい。

★基山路から豎崎路を下って左側
住 新北市瑞芳区豎崎路35号2F
TEL 02-2496-0852
営 10:00～21:00　休 無休　語 中

時計の針を逆回転させたような店

## このエリアのすすめスポット

### シェイシンユエ・チャーファン
## 水心月茶坊
すいしんげつちゃぼう
MAP p.163-A　p.131

### アーメイ・チャージョウクワン
## 阿妹茶酒館
あまいちゃしゅかん
MAP p.163-B

### 雰囲気抜群で、お酒も飲める
　九份の茶館では珍しく、お酒が飲める。なかでもお酒をウーロン茶で割って金木犀の蜂蜜を加えた「桂花茶酒」は、この店でしか味わえない。茶葉が入った茶餅など点心も豊富。

★基山街から豎崎路を下って右側
住 新北市瑞芳区市下巷20号
TEL 02-2496-0833
営 8:30～翌2:30　休 無休
M 中・日　語 中・日・英

どこかで見たことのある気持ちにさせる外観

### ウーファンカン
## 五番坑
ごばんこう
MAP p.163-A

### 鉱山の町だったことを実感
　かつての金鉱の坑道口。坑道口までは軽便路が続く。これは鉱石積み出し用のトロッコが通っていた跡だ。近くに九份金礦博物館（10:00～18:00、無休、100元）もある。

★豎崎路から軽便路経由で徒歩10分

### ジョウフェン・フォンゾン・ボーウークワン
## 九份風箏博物館
きゅうふんふうそうはくぶつかん
MAP p.163-B

### 凧好きが作った小さな博物館
　急な斜面にある建物から中を通って下に降りる。1階には世界各国の凧、2階には中国各地の凧が展示されている。民宿も経営。

★九份老街バス停から徒歩5分
住 新北市瑞芳区坑尾巷20号　TEL 02-2496-7709
営 9:30～18:00（要予約）　休 旧正月
料 150元（宿泊客は無料）　語 中
URL http://kite.okgo.tw/

世界中から集められた凧はカラフルで形もいろいろ

| 金瓜石 | エリアのしくみ |

## もう一つの金山の街、金瓜石の歩き方

鉱山の街として開発発展し、いまや一大観光地となっている九份。そのすぐ近くに、もう一つの「鉱山の街」があるのをご存じだろうか？ それが黄金博物園區として整備され最近注目されて、静かなブームとなっている金瓜石である。今は人口わずか千人足らずの山村だが、かつて金鉱山最盛期には1万5000人もの労働者や家族が住んでいた。その繁栄の後を歩いてみよう。
★九份からバスで10分

正面が本山五坑、石段を上がれば黄金神社

### 金瓜石メインコース

黄金博物園區でじっくり時間をとって遊んだら、帰りがけに夕暮れの九份も楽しむ。

**台北・MRT忠孝復興駅前**
バス100分
MRT忠孝復興駅前の忠孝東路三段から基隆客運の直行バスを利用。このバスは九份を経由し、終点が金瓜石。

**金瓜石バス停**
徒歩15分
黄金博物園區内で旧坑道を見たり、砂金すくいの体験をする。昼食は礦工食堂で。広いエリアにスポットが点在するので、滞在には3時間はほしい。

**黄金博物園區**
徒歩20分
天気がよかったら、黄金博物館の脇から黄金神社の高台まで登ろう。

**黄金神社**
徒歩30分
早めに金瓜石観光を終えて、帰りがけに九份に立ち寄るのがおすすめ。

**金瓜石バス停**
バス15分
夕方、灯がともるころの九份の街は美しい。夕景を楽しんで、ゆっくり台北に戻ろう。

**九份／台北**

---

| 金瓜石 | おすすめポイント |

**黄金博物園區** (ホワンジン・ボーウーユェンチー／おうごんはくぶつえんく)　MAP p.167

### 鉱山の仕事や暮らしが追体験できる

金鉱の街、金瓜石の街並みや坑道などを野外博物館として復元展示している。日本人従業員住居跡、錬金工廠、皇太子（のちの昭和天皇）を迎えるための太子賓館などの施設のほか、坑道歩き体験や、砂金すくい体験もできる。食事、休憩は礦工食堂で。
★金瓜石バス停からすぐ
住 新北市瑞芳区金瓜石金光路8号　TEL 02-2496-2800
開 9:30～17:00（土・日曜、祝日～18:00）
休 第1月曜、旧大晦日、旧正月、その他不定休
料 80元
URL https://www.gep.ntpc.gov.tw/

左：煉金楼での砂金すくい体験（100元）
右：本山五坑見学体験（50元）

**四連型日式住宅** (スーリェンシン・リースージューザイ／よんれんがたにっしきじゅうたく)　MAP p.167

### 赤レンガの塀に囲まれた

旧日本人従業員宿舎。建物だけでなく、当時の家具や生活用具もセットで保存され、時間が止まったかのようだ。現在は生活美学体験館として公開されている。台湾人労働者が多く住んでいた祈堂路老街の小さな住居と比べてみると、その違いがさらに感慨深い。

★金瓜石バス停から徒歩3分
＊開館時間等は黄金博物園區に準じる

宿舎の修復には日本人研究者も協力

## 太子賓館
タイズビンクワン
たいしひんかん
MAP p.167

### 庭園が美しい純日本家屋
　1922年に鉱山会社により、視察に訪問する予定だった当時の皇太子（のちの昭和天皇）の宿舎として建てられた。総檜作りで、釘は一本も使われていないという。結局皇太子は来ず、台湾の山中に純和風の建築物が奇跡のように残った。

★金瓜石バス停から徒歩5分
＊開館時間等は黄金博物園区に準じる

幻の賓館が山中に静かにたたずむ

## 黄金博物館
ホワンジン・ボーウークワン
おうごんはくぶつかん
MAP p.167

### 金瓜石の成り立ちを知る
　建物は当時の鉱山会社の事務所をそのまま利用したもの。中では金瓜石鉱山の開発と歴史、鉱山文化などを、数多くの資料や写真で紹介している。

★金瓜石バス停から徒歩10分
＊開館時間等は黄金博物園区に準じる

## 黄金神社
ホワンジンシェンシャー
おうごんじんじゃ
MAP p.167

### かつての日本の神社跡
　昭和8（1993）年に日本人が建立した神社跡。黄金博物園区の最奥の高台にある。正式名称は金瓜石社で、大国主命、金山彦命、猿田彦命を祀った。現在社殿は残っておらず、鳥居と石燈籠、旗台のみが残っている。ここからの基隆湾の眺めはすばらしい。

★金瓜石バス停から徒歩20分

残った柱が過ぎた歳月を物語る

## 礦工食堂
クワンコンシータン
こうこうしょくどう
MAP p.167

### 「礦工便当」はここだけのオリジナル
　黄金博物園区内にある食堂＆カフェ。名物は昔の鉱山労働者のお弁当を復元した「礦工便当」。白飯の上に排骨や漬物、豆干や煮卵がのり、ステンレスの弁当箱、箸、風呂敷がセットになって290元。持ち帰れるので、記念品にいかが？

★金瓜石バス停から徒歩5分
＊開店時間等は黄金博物園区に準じる

天気のいい日はテラス席が快適

金瓜石

# 陽明山
ヤンミンサン
ようめいざん

台北市

バス：陽明山
MAP p.19-A、p.168

### アクセス access

台北車站駅からMRT淡水線で剣潭駅まで8分、バス260番または紅5番で陽明山公園まで20分。
剣潭駅からタクシーで15分

### hint! 歩き方のヒント

| | |
|---|---|
| 自然 | ★★★★★ |
| 観光 | ★★★★ |
| 温泉 | ★★★ |
| バス | ★★★ |

陽明山公園内の擎天崗には牧場が広がる

## 陽明山　エリアのしくみ

### 台北の郊外にあって、ハイキング、温泉など豊かな自然を満喫

　陽明山は台北市の北側に広がる山地で、陽明国家公園に指定されている。公園内には700m以上の山が10座以上あり、豊かな自然のなかに公園、牧場、吊り橋、温泉浴場や足湯などが点在する。

　土・日曜、休日には公園内の見どころを循環する遊園バス（108番）を利用すると便利。平日に見どころを回るなら、MRT剣潭駅からタクシーのチャーターがおすすめ。半日で1200元ぐらいが目安。

　2～4月にかけては山桜やツツジが咲き乱れる花見の名所として有名だ。夏には、たくさんのチョウが飛び交い、自然の楽園となる。

　また、陽明山一帯は温泉地としても有名。ミニ箱根のような雰囲気で、そこここに噴気口があって硫黄の匂いが漂っている。

## 陽明山　おすすめポイント

陽明山公園
ヤンミンサン・コンユェン
ようめいざんこうえん

MAP p.168

### 温泉もハイキングも楽しめる

　陽明山という名前の山はなく、広いエリアの総称。行楽の起点となるのが陽明山バス停。循環遊園バス（108番）バス停は、陽明公園内第2駐車場にある。

★陽明山バス停から遊客中心まで徒歩10分
陽明山国家公園遊客中心／竹子湖路1-20号
TEL 02-2861-3601　営9:00～16:30　休最終月曜、旧大晦日　料無料　URL https://www.ymsnp.gov.tw/

小油坑の噴気口

# 金山/野柳

きんざん/やりゅう　ジンサン/イエリョウ

新北市　バス：金山・野柳
MAP p.31-C、p.171

### アクセス access

🚌 國光客運台北バスターミナルから國光客運バス1815番の金山行で1時間30分。野柳も経由する。または基隆から🚌基隆客運790番の金山行で野柳まで30分、金山まで45分

### hint! 歩き方のヒント

| | |
|---|---|
| 自然 | ★★★★★ |
| 観光 | ★★★ |
| 食べ歩き | ★★★ |
| バス | ★★★★★ |
| タクシー | ★★★ |

上：奇岩が並ぶ野柳風景特定区／下左：金包里老街／下右：舊金山総督温泉

## 金山/野柳　エリアのしくみ

### 台北からも日帰りできる海沿いのリゾートエリア

　基隆から淡水へ至る海岸沿いには、奇岩が続く野柳風景特定区、白い砂浜が広がる白沙湾海水浴場、野柳岬を望む新金山海水浴場、金山温泉など、観光スポットが多い。台北市街からも日帰りできる近さから、地元では若者のドライブコースとして人気のエリアだ。

　金山はテレサ・テン（鄧麗君）の墓があることでも知られた小さな温泉町。墓は山の斜面の公園墓地の一角にある。海岸には金山青年活動中心をはさんで、南側に金山、北側に新金山の海水浴場がある。

　温泉は、街中に点在する温泉施設で楽しめる。温泉でリラックスした後は活気あふれる金包里老街をぶらついてみよう。名物の鴨肉はぜひ食べたいローカルフードだ。

## おすすめ街歩き　温泉と鴨肉堪能コース

由緒ある舊金山総督温泉でお湯につかり、老街の人気メニューにアタックしてみよう。

**台北**

バス90分

台北駅隣の國光客運台北バスターミナルから乗車。金包里老街入口近くの金山バス停で下車。

**金包里老街／慈聖宮**

老街を冷やかして歩く。老街外れの慈護宮は大きな媽祖廟。中ほどの金包里鴨肉さの鴨肉で昼食タイム。廣安宮廟前のオープンキッチンで注文し、近くの食堂に自分で料理を運んで食べる。会計は食後、スタッフに。

**舊金山総督温泉／朱銘美術館／テレサ・テン墓園**

午後は温泉でのんびり遊ぶか、近くの朱銘美術館へ。スケールの大きな野外展示が中心なので晴れの日がおすすめ。テレサ・テン墓園もすぐ近く。

**金山バス停**

バス90分

國光客運バスで台北に戻る。バスは基隆経由市政府ターミナルのルートもある。

**台北**

## 金山/野柳  おすすめポイント

### 舊金山総督温泉
ジュウジンサン・ゾンドゥー・ウェンチュエン
きゅうきんざんそうとくおんせん

MAP p.171

#### 金山温泉でも最古の温泉場
創業1939年という由緒ある温泉は、かつて台湾総督が好んだがゆえにこの名が残る。また泉質のハロゲン湯は台湾でここだけのもの。1階が水着着用のプール、2階がレストラン、3階が個室風呂、そして4階は海を臨み、眺望がすばらしい露天風呂になっている。

★國光客運金山バス停から徒歩10分
住 新北市金山区民生路196号　TEL 02-2408-2628
営 9:00～24:00　休 無休　料 入浴料300元～
URL http://www.warmspring.com.tw/

レトロな雰囲気が建物からも滲み出す

### 金山青年活動中心 温泉健身館
ジンサン・チンニェン・フオトンジョンシン・ウェンチュエン・ジエンシェンクワン
きんざんせいねんかつどうちゅうしんおんせんけんしんかん

MAP p.171

#### クアハウスタイプの温泉館
青年活動中心（センター）とは、公益法人が運営する宿泊施設。台北から金山行きのバスに乗ると、終点がこの金山青年活動中心（金青中心）である。温泉健身館は施設に付属する公共温泉。酸性泉で、かすかに塩味もする。打たせ湯やジャクジーなどの内風呂のほか、広い露天風呂がある。水着、帽子着用。

★國光客運金山青年活動中心バス停からすぐ
住 新北市金山区青年路1号　TEL 02-2498-1190
営 8:00～22:00（6～9月15:00～）　休 月・火曜
料 250元
URL http://chinshan.cyh.org.tw/

### 慈護宮
ツーフーゴン
じごぐう

MAP p.171

#### 金色の顔の媽祖を祀る
金包里老街の入口にあり、別称が「金包里媽祖廟」。金山で一番大きな廟で、金面媽祖を中心に多くの神様を祀っている。土地の人々は「大廟」と呼んで、厚い信仰を寄せている。

金面媽祖の呼び込みも派手な慈護宮

★國光客運金山バス停から徒歩5分
住 新北市金山区金包里街16号　開 参拝自由　休 無休

### 金包里老街
ジンバオリー・ラオチエ
きんぼうりろうがい

MAP p.171

#### 台湾北岸一帯では最古の老街
起源は清の時代まで遡る古い街並みは、かつての魚路古道の一部分でもある。現在は慈護宮と廣安宮の門前町としてにぎわい、狭い通りには名物の落花生と芋菓子の店が並ぶ。

★國光客運金山バス停から徒歩3分
住 新北市金山区金包里街一帯
営 8:00～22:00頃（店によって異なる）

通りには観光客目当ての店がずらりと並ぶ

### 金包里鴨肉ㄜ
ジンバオリー・アーパーオ
きんぽうりかもにく

MAP p.171

#### 金山のローカルフードを味わう
廣安宮の狭い境内に半ば屋外のキッチンがあり、次々と料理の皿を出してくる。中でも鴨肉は絶品だから、ぜひとも味わって欲しい。

★國光客運金山バス停から徒歩3分
住 新北市金山区金包里街104号　TEL 02-2498-1656
営 9:00～18:30　休 無休　語 中

ゆで上がったばかりの鴨肉は絶品

## 萬里(加投)温泉 ワンリー・ウェンチュエン ばんりおんせん
MAP p.171

### 街道沿いの街中の温泉街

金山地区には温泉が多い。加投温泉もそのひとつ。金山の隣町、萬里にあるので萬里温泉と呼ぶことが多い。国道沿いに並ぶ温泉施設は古びた日帰り温泉が多いが、最近は高級リゾート温泉も建ち始めている。

★國光客運萬里加投バス停から徒歩1分
住 萬里区大鵬村萬里加投

国道沿いに温泉施設が立ち並んでいる

## 朱銘美術館 ジューミン・メイシュークワン しゅめいびじゅつかん
MAP p.31-C

### 雄大な作品「太極」が有名

現代台湾を代表する彫刻家・朱銘の作品を展示する個人美術館。といっても大部分の作品が、広々とした野外に展示されていて、ちょっとしたウォーキング。作品はいずれも力強さと自由さにあふれている。

★金山からタクシーで約15分、無料シャトルバスが金山区公所から平日2本、休日3本運行
住 新北市金山区西勢湖2号 TEL 02-2498-9940
開 10:00～18:00（11～4月～17:00）
休 月曜、旧正月 料 350元
URL https://www.juming.org.tw/

作品には力強い意志に満ちている

## 鄧麗君墓園 ドンリーチュン・ムーユェン とうれいくんぼえん
MAP p.31-C

### アジアの歌姫テレサ・テンが眠る丘

朱銘美術館の西側、金宝山墓園の最奥に、鄧麗君（テレサ・テン）の墓が

墓標の鍵盤からテレサの歌声が流れる

ある。筠園と名付けられた墓の前には、歌っている在りし日の彼女の像が立つ。今なお多くのファンが訪れ、哀惜の念を捧げている。

★金山からタクシーで約15分
住 新北市金山区西勢湖18号 開 参拝自由 休 無休

## 野柳地質公園 イエリョウ・ディージー・ゴンユェン やりゅうちしつこうえん
MAP p.31-C

### さまざまな奇岩が並ぶ観光スポット

台湾北部で唯一海岸自然公園（野柳風景特定区）に指定されている奇岩が並ぶ岬。入口のゲートから遊歩道を行くと、波や風に浸食された岩が並ぶ海岸に出る。海岸は大きく3つのエリアに分かれ、第1区には有名なクレオパトラの横顔といわれる女王頭や仙女鞋（仙女のスリッパ）などがある。第2区には豆腐岩、海蝕溝、龍頭石、第3区には海亀石、珠石など、さまざまな岩や海蝕洞がある。

★基隆駅から基隆客運バス30分、野柳下車
住 新北市萬里区野柳里港東路167-1号
開 8:00～17:00 休 無休 料 80元
URL http://www.ylgeopark.org.tw/

# 平渓線沿線 ピンシーシエン

新北市

台鉄：侯硐・十分・平渓・菁桐
MAP p.31-D・G・H、p.173

### アクセス access

台北駅から台鉄自強号で瑞芳駅へ。平渓線に乗り換え。台北から瑞芳まで約45分。瑞芳から菁桐まで約50分。MRT木柵駅から 台湾好行バス木柵平渓線で平渓まで65分、十分まで75分

### hint! 歩き方のヒント

| | |
|---|---|
| 観光 | ★★★★★ |
| 食べ歩き | ★★★ |
| 台鉄 | ★★★★★ |
| 徒歩 | ★★★★ |

十分駅近くの鉄道を走る平渓線と眼鏡瀑布（滝）

## 平渓線沿線　エリアのしくみ

### 瀑布（滝）と天燈（ランタン）と老街と

台湾鉄路（台鉄）の支線の一つ平渓線は、総延長12.9km。渓流に沿って走る田舎の風情たっぷりのローカル線だ。かつて沿線には炭鉱が点在し、石炭輸送の目的で敷設された。起点は猴硐駅だが、実際には瑞芳駅発で運行され、基隆河沿いに菁桐駅までを結んでいる。

毎年旧暦1月15日元宵節の夜に、願い事を綴った紙製の天燈（ランタン）を空へ上げる祭り「天燈節」が行われることでも有名。祭りの日には平渓駅や十分駅一帯は大にぎわいとなる。火を灯した無数の天燈が夜空に舞い上がる光景は幻想的だ。また平渓エリアは滝の村とも呼ばれ、自然の景観もすばらしい。十分駅で途中下車して、眼鏡瀑布や吊り橋、足をのばして十分瀑布まで散策を楽しみたい。

※平渓線内が乗り降り自由の「平渓線一日週遊券」は80元。瑞芳駅及び台北駅で発売。

### おすすめ街歩き 平渓線途中下車コース

台北を早朝出発し、1時間に1本走る列車をフル活用。十分、平渓、菁桐で途中下車して、それぞれ2時間ぐらいぶらついてみよう。

**瑞芳駅**

電車25分
駅の2番ホームに平渓線専用のチケット売り場がある。乗り降り自由な1日周遊券が買える。

**十分駅**

電車12分
十分瀑布や眼鏡瀑布に足をのばしたい。時間があれば新平渓煤礦博物園区のトロッコ列車の体験や、坑道見学も。

**平渓駅**

電車5分
線路両脇のお店をのぞいたり、老街の路地裏歩きも。天燈の店も多いので、願い事を空に上げてみよう。

**菁桐駅**

電車40分
老街で名物の楊家雞捲を味わって、静かな茶館でぼーっとするのもよい。駅裏高台の喫茶店もおすすめ。

**瑞芳駅**

平渓線沿線

 おすすめポイント

## 平渓線
ピンシーシェン
へいけいせん

MAP p.173

### 河と滝、天燈、ローカル線の旅

　平渓線が完成したのは1921年4月。沿線の炭鉱の石炭を運ぶための専用線として敷設されたが、1929年に総督府の管轄下に入り、一般の旅客運行も始まった。

　戦後は炭鉱業の衰退で一時廃線の危機もあったが、現在は自然豊かな、魅惑のローカル線として、多くの鉄道ファンや観光客に人気の路線となっている。路線は東部幹線の猴硐駅が起点だが、実際ほとんどが瑞芳駅発で運行され、日本製の気動車DR1000型が牽引している。

　なお、十分老街にある鉄道雑貨店「鉄道藝廊」で平渓線のグッズが手に入る。

URL http://www.pingshi.com.tw

本当は軌道内立入禁止だが……鉄路はロマンチック

## 瑞芳
ルイファン
ずいほう

MAP p.173-B

### 平渓線起点の川沿いの町

　基隆河に沿うように街並みが広がる山間の町は平渓線の起点ばかりでなく、九份へのバスの乗換え駅としても知られる。瑞芳の名物は串焼きの一種、龍鳳腿と、ドラム缶のような釜で焼いた胡椒餅。いずれも駅前通り突き当りの美食街（第二公有零售市場）で味わえる。

★台北駅から自強号で45分

単線ならではのタブレット交換が見られる十分駅

瑞芳の駅前大通り。この突き当りが美食街

にぎわう元宵節の十分駅前。中央の奥が老街

シーフェン
**十分**
じゅっぷん
MAP p.173-A

### 涼を誘う十分瀑布と吊り橋

　十分は平溪線沿線で最もにぎやかな街。線路に平行して老街があり、民家は門を線路に向けて建てられている。街中をすれすれに列車が走りぬける姿は有名で、鉄道ファンのみならず、多くの人が記念撮影をしている。十分での楽しみは、歩いて静安吊り橋や滝めぐり、それに新平溪煤礦博物園區のトロッコ列車と多彩。駅近くのカフェ「樓仔厝」や鉄道グッズの店「鉄道藝廊」にも寄ってみたい。

★瑞芳駅から平溪線で約20分、十分駅下車
十分旅遊服務中心☎02-2495-8409

シーフェン・プーブー
**十分瀑布**
じゅっぷんばくふ
MAP p.173-B

### 台湾のナイアガラといわれている

　幅40m、高さが20mあり、地元では台湾のナイアガラとして親しまれている滝。十分駅から十分瀑布まで歩いて約20分。水しぶきがかかるほど間近に見る迫力と清涼感は抜群。

★十分駅から徒歩20分
住 新北市平溪区乾坑路10号
開 9:00～17:00（6～9月～18:00）
休 旧暦大晦日　料 無料

時間帯によっては滝にかかる虹が見られる

シンピンシー・メイクワン・ポーウーユエンチー
**新平溪煤礦博物園區**
しんへいけいばいこうはくぶつえんく
MAP p.173-B

### 緑のトンネルをトコトコ走る

　炭鉱をテーマにした博物館で、石炭を運んだトロッコ列車に乗り約1.2km離れた坑道口

かつての石炭運搬軌道をのんびりと走るトロッコ

まで移動し、石炭の選別場跡や手押し車、ヘルメットを被って坑道見学などができる体験型の野外施設がある。当時の採掘道具や、炭鉱労働者の暮らしぶりなども紹介している。

★十分駅からトロッコ乗り場まで徒歩15分
住 新北市平溪区新寮里（十分寮）頂寮子5号
☎ 02-2495-8680　開 9:00～16:00
休 月曜、旧正月　料 200元
URL http://www.taiwancoal.com.tw/

ピンシー
**平溪**
へいけい
MAP p.173-A

### 夜空をさまよう天燈で知られる

　駅から老街へはゆるい坂道を下っていく。日本統治時代の木造家屋が並び、味わい深いものがある。平溪といえば天燈（ランタン）といわれるほど、街中に天燈を扱う店が数多くあり、ふだんでも体験することができる。小さな街が一年で一番華やぐのが旧暦1月15日元宵節の夜に行われる天燈上げのとき。

★平溪線で瑞芳駅から約45分、十分駅から約25分

平溪線と共存する街並み

チントン
**菁桐**
せいとう
MAP p.173-A

### 古い歴史をもつ菁桐駅

　平溪線終点の街で、1929年に建てられた日本式木造駅舎が残る。保存状態もよくレトロな雰囲気の菁桐駅は、結婚写真の撮影場所と

菁桐駅とその向こうに菁桐鉄道故事館

しても人気となっている素朴な駅だ。すぐ隣に、鉄道グッズの販売もする菁桐鉄道故事館がある。また付近には菁桐礦業生活館やこぢんまりとした老街、煤礦記念公園なども。菁桐では名物の雞捲をぜひ味わいたい。

★平溪線で瑞芳駅から約50分、平溪駅から約5分

ホウトン
**猴硐**
こうどう
MAP p.173-B

### 「猫村」としてすっかり人気に

瑞芳駅で平溪線に乗り換え、最初の駅が猴硐。ここが注目を浴びるようになったのは、たくさんの猫に出会える「猫村」として知られることになったから。篤志家たちが猫を管理し、避妊手術や予防接種もしている。集落を歩くと、そこここに猫がいる！

★平溪線で瑞芳駅から約6分

ホアンコン・ツァーファン
**皇宮茶坊**
こうぐうちゃぼう
MAP p.173-A

### かつての日本住居を利用

菁桐から少し歩いたところにあるカフェで、日本統治時代に建てられた日本家屋を開放した懐かしい風情の茶館。ドラマや映画の舞台にも使われている。茶席から眺める日本風の庭も趣深い。

★菁桐駅から徒歩10分
住 新北市平溪区白石里白石脚5号
TEL 02-2495-2021　営 11:00～18:00（土・日曜10:30～）
休 月・火曜　予算 200元～　M 中　語 中・日

電車を降りると、もう猫がお出迎え。愛猫家のテンションは一気にアップ！

室内は昭和の風情が色濃く残る

## ●とっておき情報●

### 願いを運んで、天燈(ティエンドン)よ空高く舞い上がれ

今や、台湾を代表する風物詩となった天燈上げ。その舞台が平溪だ。天燈とは熱気球の原理に基づいた大型の紙風船のことで、三国志で有名な諸葛孔明の発明と伝えられている。その後、天燈は合図や連絡など様々な用途に利用され、現在はこれを上げることで願い事がかなうといわれている

平溪や十分には、ふだんでも天燈を扱う店があり、作り方から上げ方まで伝授してくれる。天燈は願い事により色が異なり、飛ばすときはお店の人が手伝ってくれる。また旧暦1月15日元宵節（春節後、最初の満月の日）の夜には、参加者がいっせいに天燈を上げるイベントがある。数多くの天燈が、暗い夜空にゆらめき高く上がる姿は、幻想的で感動ものだ。イベント参加には事前登録が必要で、新北市HPなどに案内がある。

毎年、元宵節の夜に、一斉に天燈を上げるイベントが開かれる。夜空に吸い込まれる天燈が美しい

天燈に思い思いの願い事を書いて大空へ

# 鶯歌/三峽
おうか/さんきょう

インクー/サンシャー

新北市　台鉄：鶯歌
MAP p.30-F、p.176・177・179

### アクセス access
台北駅から台鉄莒光号または普通車で鶯歌まで30分。三峽へはMRT板南線永寧駅から🚌703副、705、706、812、916番バスで30分。鶯歌駅から🚌702番バス三峽行で15分。

 **hint! 歩き方のヒント**

| | |
|---|---|
| 観光 | ★★★★★ |
| 文化 | ★★★ |
| ショッピング | ★★★★ |
| 徒歩 | ★★★★★ |

観光客でにぎわう鶯歌の陶瓷老街

## 鶯歌/三峽　エリアのしくみ

### 台湾最大の陶磁器の里と歴史と芸術が結合した赤煉瓦の老街

鶯歌は日本の陶芸ファンにはよく知られた、台湾最大の陶磁器の里。街には大きなスケールの焼き物専門博物館、鶯歌陶瓷博物館がある。

目当ての陶瓷老街（陶磁器商店街）は、鶯歌駅からいったん坂を下り、次の坂を上ったところ。歩いて10分ほどのところにある。重慶街と尖山埔路に挟まれた三角形の一帯に、大小多数の店が並んでいて、初めてのときは、どこの店に入っていいか迷うほどだ。

多くのショップが皿や碗などの日用食器、飾り物など幅広く品揃えしているが、茶器専門店や作家物の店など個性的な店もあるので、ゆっくり歩いてみたい。買い物をして荷物が重くなったら、台北への帰りはタクシー利用も選択肢の一つ。40～50分、500元前後で着ける。

三峽はかつて3本の川が集まる、水運で栄えた台湾北部有数の商業都市だった。現在は栄華の遺産である赤煉瓦の街並みと、台湾でもっとも美しいといわれる精緻な彫刻と造形を誇る清水祖師廟を中心に、その文化的価値が見直され、観光地としてにぎわっている。

鶯歌と三峽

### 鶯歌

**おすすめポイント**

#### 鶯歌陶瓷博物館
インク・タオツー・ボーウークワン
おうかとうじはくぶつかん
MAP p.177-B

##### 世界でも有数の規模
台湾初の陶器をテーマにした本格的博物館。地元のコンテストで入賞した傑作をはじめ、世界88カ国から集められた民族色豊かな陶器が展示されている。

★鶯歌駅から徒歩15分
住 新北市鶯歌区文化路200号　TEL 02-8677-2727
開 9:30～17:00（土・日曜～18:00）
休 第1月曜、旧正月　料 80元
URL https://www.ceramics.ntpc.gov.tw/

#### 鶯歌陶瓷老街
インク・タオツー・ラオチエ
おうかとうじろうがい
MAP p.177-A

##### 陶芸ファンでなくても楽しめる
陶瓷老街は、陶器の里・鶯歌でも古くから陶芸店が集まる地域。広いので、全体を歩いて目星をつけてからお店をのぞくのがおすすめ。

★鶯歌駅から徒歩10分
住 新北市鶯歌区尖山埔路一帯　営 10:00～18:00頃（店によって異なる）

#### 富貴陶園
フーグイ・タオユエン
ふうきとうえん
MAP p.177-A

##### 料理と器と芸術が一体の空間
陶器ショップ富貴陶園が展開するしゃれたレストラン。台湾作家の創作陶磁器に盛られたオリジナル中国料理を、土、鉄、石、木などさまざまな素材を取り入れた、芸術的香り高い空間で愉しむ、新しいスタイルのレストラン。アートギャラリーも併設。

★鶯歌駅から徒歩12分
住 新北市鶯歌区重慶街96-98号　TEL 02-2670-5250
営 11:30～20:00（土・日曜11:00～20:30）　休 第1火曜　料 200元～　M／語中・英
URL http://www.fugui-yingge.com.tw/

茶器や食器を求める人で週末はごったがえす

庭を望むレストランで斬新な味を

台北近郊　177　鶯歌

陶作坊鶯歌旗艦店はオリジナル商品がずらりと並ぶ

タオツオファン・インクーチージャンティエン
**陶作坊鶯歌旗艦店** MAP p.177-A
とうさくぼうおうかきかんてん

### デパート等への出店も多数
　1983年創業。茶人でもある陶芸家のオーナーが自らデザインした茶器は使いやすいと人気。特に、陶器のケトルや電熱コンロは評判が高い。台北の新光三越などのデパートにも出店している。
★鶯歌駅から徒歩10分　住新北市鶯歌区重慶街57号
TEL02-8677-4488　営10:30～19:30　休無休　語中
URLhttps://www.taurlia.com.tw/

ウェンファフーイーミンファン
**文化壺藝茗坊** MAP p.177-A
ぶんかこげいめいぼう

### 台湾茶ファン必見。茶壺がズラリ
　台湾の陶芸家の作品を多数そろえている茶壺（急須）の専門店。手頃な価格のものから作家物まで、シンプルなものから装飾的なものまで、すべてが手作り。茶杯やその他茶器もあるので、台湾茶好きには見逃せない。
★鶯歌駅から徒歩12分
住新北市鶯歌区重慶街108号
TEL02-2679-8460
営11:00～19:30　休無休　語中・日

台湾茶用の茶壺（急須）の専門店

フォンチンタン
**風清堂** MAP p.177-B
ふうせいどう

### 鶯歌に着いたら真っ先に訪ねる店
　台鉄鶯歌駅から一番近い茶器専門の店。中国茶の茶席で使う茶杯、茶壺、蓋碗、陶製ケトルや電熱コンロなどの茶道具の全般が、初心者用から上級者用までバランスよく揃っている。お茶好きには必見の店。
★鶯歌駅から徒歩2分
住新北市鶯歌区文化路253号　TEL02-2678-8155
営9:00～18:00　休無休　語中

## 三峡

サンシャー・ラオチエ
**三峡老街** MAP p.179
さんきょうろうがい

### 祖師廟の門前町として残る街並み
　祖師廟を左手に回った通りの角から南へのびる民権街は、昔ながらの風情を残す老街。間口が均等に分けられた、赤煉瓦の街並みが続く。老街の修復も進められ、商店街の活気を取り戻した。
★三峡台北客運バスターミナルから徒歩10分
住新北市三峡区民権街（中山路～仁愛路）

見事な赤煉瓦の回廊が続く

チンスェイ・ツウスーミャオ
**清水祖師廟** MAP p.179
せいすいそしびょう

### 美しい彫刻は世界的にも有名
　見事な彫刻で知られる、三峡のシンボルというべき廟で、200年にわたる歴史を誇る。ここの彫刻は世界的にも知られ、台湾ではもっとも美しい彫刻ともいわれている。廟の前はちょっとした広場になっており、屋台が出ている。また、参拝客相手の食堂などもあり、にぎわっている。
★三峡台北客運バスターミナルから徒歩10分
住新北市三峡区長福街1号　開4:00～22:00
休無休　料無料

左：祖師廟は地元の芸術家・李梅樹の設計による
右：列柱には見事な龍の彫り物が施されている

※台北方面からバスで三峡へ行く場合の下車停留所は文化路の「新興街口」、台北へ帰る場合の乗車停留所は「三峡國小」が便利。

### サンシャー・リーシー・ウェンウークワン
### 三峡歴史文物館
### さんきょうれきしぶんぶつかん
MAP p.179

#### 歴史的建物も文化財級
　日本統治期に三峡の庄役場として建てられた。現在は三峡歴史文物館として親しまれ、この街の貴重な資料が見られる。1階は芸術作品が主で、内容は定期的に変わる。2階は常設展示室となっており、三峡関連の歴史資料や史跡文物が展示されている。

★祖師廟から徒歩3分
住 新北市三峡区中山路18号　℡02-8674-3994　開9:00～17:00　休月曜、清明、端午、旧正月　料無料

### サンシャー・ランラン・ジャンシー・ゾンシン
### 三峡藍染展示中心
### さんきょうあいぞめてんじちゅうしん
MAP p.179

#### 藍染の体験ができる
　三峡の地場産業である藍染の発展と育成を目的とし、三峡藍染の歴史や工程について展示。作品販売のほか、藍染め体験もできる（ハンカチサイズ200元～）。専属の講師がいて、染め方を指導してくれる。時間は約1時間。

★三峡歴史文物館の隣
住 新北市三峡区中山路20巷3号　℡02-8671-3108　開10:00～17:00　休月曜、清明、端午、旧正月

かつて藍染は三峡の中心産業だった

### カンシーシュアンチャンフーティエン
### 康喜軒（長福店）
### こうきけんちょうふくてん
MAP p.179

#### 「金牛角」って、クロワッサン？
　三峡の名物「金牛角」の創始店。形はクロワッサンに似ているが、パイ生地ではなく硬めで香ばしいパン。おすすめがクロワッサンソフトクリーム。金牛角をコーンに見立て、その上にソフトクリームがのっている。街を歩きながらのデザートによい。

★祖師廟前広場
住 新北市三峡区長福街10号
℡02-2673-8343
営8:00～20:00　休無休　語中

### ダイジー・チャーファン
### 戴記茶坊
### たいきさぼう
MAP p.179

#### 三峡特産のお茶「碧螺春」を扱う店
　三峡周辺で作られる緑茶、三峡碧螺春と、台湾紅茶の一種、蜜香紅茶が買える店。渋みがなく、ストレートで飲んで甘くておいしい蜜香紅茶がおすすめ。茶葉コンテスト受賞歴もある。生産農家直販の店。

★祖師廟前から徒歩2分
住 新北市三峡区秀川街59号　℡02-2672-2366
営9:00～18:00　休無休　語中

店は清水祖師廟広場に面している

三峡名物クロワッサンソフトクリームの店

# 大溪 (ターシー)
### たいけい

桃園市　バス：大溪
MAP p.30-F、p.181

### アクセス access
台北駅から台鉄自強号で桃園まで約30分、桃園駅南口桃園客運バスターミナルから🚌桃園客運バス5096番大溪行で約20分（10～20分に1本）。または高鉄桃園駅から台湾好行バス慈湖行で大溪老街下車。

### hint! 歩き方のヒント

| | |
|---|---|
| 観光 | ★★★★★ |
| 文化 | ★★★ |
| 食べ歩き | ★★ |
| 徒歩 | ★★★★★ |

上：意匠に富む和平老街の街並み／下左：朝市風景／下右：麦芽糖あめ作り

## 大溪　エリアのしくみ

### 重さ52kgもある巨大こま回しと名物料理・豆干の街

　美しいアーケード（亭仔脚）が残る大溪の和平老街。かつては樟脳の産地、木材の加工、大漢溪の水運を利用した物資の集散地として栄えた。間口4.5mほどに整然と区割りされた商店街は、表通りに面してアーケードとそれぞれに意匠を凝らしたバロック風のレリーフを構え、往時の繁栄ぶりを偲ばせる。1997年から街の美化保存が始まり、趣のある街並みは、新たに観光地として脚光を浴びつつある。また木材加工の過程から生まれたこまの伝統が伝わり、巨大こま回しの妙技も見ることができる。さらに、香辛料を利かせたタレで豆腐を煮込んだものが、大溪名物「豆干」。和平路には、80余年の歴史を誇る黄日香豆干本舗や姚茶館など数軒がある。

## 大溪　おすすめポイント

 フービン・ラオチエ
### 和平老街
わへいろうがい

MAP p.181

### 古の姿を美しく残す老街

　老街がよく残っているのは、和平路の約400m。中正公園に近い和平老街の西端から歩き始めるとよい。昔ながらのレリーフを残す約90の店舗が並ぶ。仏壇など木彫家具を扱う店が多いが、みやげ物店や茶館、名物豆干の店など個性的な店もあって楽しめる。

★桃園客運バスターミナルから徒歩7分
🏠桃園市大溪区和平路

老街にはのんびりとした時間が流れる

### 中正公園
ゾンジョン・コンユェン
ちゅうせいこうえん
MAP p.181

**大漢溪を見下ろす眺めが美しい**

街の西側、大漢溪に望んだ公園。公園内には大溪名物のこまのモニュメントがある。公園から眺めるバロックスタイルの大溪橋は夜のライトアップが優雅。

★桃園客運バスターミナルから徒歩7分
住桃園市大溪区普済路

### 福仁宮
フーレンゴン
ふくじんぐう
MAP p.181

**こま回しが見られるかも…**

和平老街の中央にある古廟。開漳聖王と天上聖母が祀られていて、創建は福建省漳州出身の人々による。大溪の人は大人も子どもたちもこま回しが大好きで、宮の前の広場では、巨大こま回しも見られることがある。

★桃園客運バスターミナルから徒歩10分
住桃園市大溪区和平路100号 開参拝自由 料無料

約200年の歴史を誇る古刹。赤い屋根瓦が印象的だ

### 達文西瓜藝文館
ダーウェン・シークァ・イーウェンクワン
たつぶんすいかげいぶんかん
MAP p.181

**店の主人はこま回しの名人**

台湾の歴史的な建物や祭りをテーマにした紙細工などを扱うみやげ物店。だが、ご主人の黄建義さんは、巨大こま回しの名手のひとり。週末など大勢のお客さんを相手に妙技を披露することもたびたび。遭遇したらラッキー。

★桃園客運バスターミナルから徒歩10分
住桃園市大溪区和平路29号 電03-3873089
営10:00～18:00(土・日曜、祝日～20:00) 休無休

### 姚茶館
ヤオチャークワン
ようちゃかん
MAP p.181

**おやつ代わりに豆干を食べよう**

家具屋さんなのに、「姚茶館」というもう一つの名があって、大溪名物「豆干」(写真)が食べられるおもしろい店。真っ黒な外見に初めは驚くが、食べてみると豆の香りもしっかりとした名品。

★桃園客運バスターミナルから徒歩12分
住桃園市大溪区和平路91号 電03-3882567
営10:00～19:00
休月曜 予算100元～
M/語中

### 大溪橋
ターシーチャオ
たいけいばし
MAP p.181

**美しいデザインの歩行者用吊り橋**

2008年に架け替えられた歩行者・自転車専用の吊り橋。大溪の街から見下ろす大漢溪に架かるバロック風の石造りの橋脚は、堂々とした美しいデザインで、すっかり観光名所となった。

★大溪バスターミナルから徒歩15分
住桃園市大溪区瑞安路一段
開終日(夜間はライトアップ)

台北近郊

181

大溪

# 新竹 (シンチュー)

新竹県

高鉄：新竹　台鉄：新竹
MAP p.30-I

### アクセス access

台北駅から台鉄自強号で新竹駅まで1時間10分。高鉄（新幹線）で高鉄新竹駅まで32分。台北バスステーションから三重客運や豪泰客運バスで1時間10分～1時間30分

### hint! 歩き方のヒント

| | |
|---|---|
| 観光 | ★★★★ |
| 食べ歩き | ★★★ |
| 徒歩 | ★★★★ |
| タクシー | ★★ |

上：干柿は新竹県北埔の特産品／下左：城隍廟内の小吃店／下右：重厚な台鉄新竹駅

## 新竹　エリアのしくみ

### 緑豊かで歴史ある農山村風景にIT産業都市の新しい顔が加わる

　台北から西海岸を南に下ると、桃園県、新竹県、さらに苗栗県へと続く。このあたりは客家人（ハッカ）の占める割合が多い。新竹県の政治、経済の中心は新竹市で、台北から約70kｍ、人口はおよそ45万人。

　近年は郊外にIT関連工場が多く進出し、「台湾のシリコンバレー」の異名がある。町の中心には迎曦東門城、城隍廟など多くの歴史的建築物が残る。風が非常に強いことから「風の城」とも呼ばれ、この風を利用して作られる「米粉（ビーフン）」は有名。また貢丸（肉団子）も新竹の名物。

　新竹県は東西に長く中心地の新竹市は西海岸に近いが、東部の山地部に入ると、台湾茶の一種、東方美人茶や干柿の産地として有名な北埔がある。台鉄ローカル線の内湾線も山に向かって走っている。沿線には客家の村が多く、客家料理の店もたくさんある。なお、台鉄新竹駅と高鉄新竹駅（台鉄は六家駅）は離れていて、六家線で20分の距離だ。

## 新竹　おすすめポイント

### 城隍廟 (チョンフオアンミャオ／じょうこうびょう)

MAP p.30-E

### 台湾の閻魔大王を祀る廟

　新竹の城隍廟は250年以上の歴史をもつ。祀られている「城隍爺」は善悪を判断する司法の神で、新竹はその最高位。廟全体は米粉や貢丸（肉団子）を売る店で埋まり、市場のよう。新竹の名産のほか、肉圓、四神湯とさまざまな小吃の屋台がぎっしり並ぶ。

★台鉄新竹駅から徒歩10分
住 新竹市北区中山路75号
TEL 03-5223666

たくさんの小さな店と一体となった城隍廟

ベイプー
### 北埔
ほくほ

MAP p.30-I

### 客家料理と東方美人茶の街

北埔は清代に中国大陸から移民してきた客家人が開拓した土地で、現在でも客家文化を色濃く残している。住民の多くは客家人で、北埔老街には客家料理や客家料理に欠かせない食材を売る店が並ぶ。また、穀物を擂鉢ですって茶といっしょに飲む客家独特の「擂茶」を楽しめる茶館も多い。

★高鉄新竹駅から台湾好行バスで40分

信仰や村人の活動の中心でもあった北埔慈天宮

ペープー・シータン
### 北埔食堂
ほくほしょくどう

MAP p.30-I

### 廟前広場にある客家料理の店

北埔の町の中心部、北埔慈天宮前の広場にある赤れんがの小さな食堂は、昔ながらのたたずまい。客家人である主人の作る料理がおいしいと評判。観光客だけでなく地元の客でもにぎわう。

★北埔老街バス停から徒歩5分
住北埔郷北埔街4号
TEL03-5801156 営11:00～19:00 営木曜 M/語中

ネイワンシエン
### 内湾線
ないわんせん

MAP p.30-I

### 吊り橋と客家料理。沿線は風情たっぷり

1両だけのディーゼル車で運行されるローカル線。沿線風景は、郊外の農村から緑濃い山村へと変わっていく。1時間に1本程度の運行。台北からだと、半日を過ごすつもりが必要だ。見どころは終点の内湾駅に集中している。攀籠の吊り橋を見るなら、内湾駅からハイキング気分で一駅歩くのもよい。

★台北駅から台鉄新竹駅まで急行で1時間10分

終点の内湾駅は、のんびりした山間部の駅

ネイワン・ラオチエ
### 内湾老街
ないわんろうがい

MAP p.30-J

### 客家文化が濃厚な街並み

内湾老街は駅前から始まる商店街。客家人の多い街らしく、客家料理店や野薑花粽、酸菜、草もちなどの店が軒を連ねる。老街の中心あたりに昔の映画館「内湾戯院」があり、現在は古い映画を見ながら食事をするレストランになっている。

★内湾駅前
住横山郷中正路

週末の老街は台北からの日帰り観光客でにぎわう

気さくでローカルな雰囲気の店内

# 基隆 (チーロン) きりゅう

基隆市　台鉄：基隆
MAP p.31-D、p.185・186

### アクセス access
台北駅から台鉄自強号、莒光号、区間車で基隆まで35〜45分。國光客運台北バスターミナルから1813番基隆行で50分

### hint! 歩き方のヒント

| | |
|---|---|
| 観光 | ★★★ |
| 食べ歩き | ★★★★ |
| 文化 | ★★ |
| 徒歩 | ★★★★ |
| タクシー | ★★★ |

基隆港に迫る基隆市街。基隆は小高い山に囲まれた港街

## 基隆　エリアのしくみ

### 国際港のある海の玄関口
### 台北から足をのばして廟口の市へ

　基隆は、英語名のKeelung（キールン）で国際的に知られている港街。台湾北部の海の玄関口で、港を囲んで市街地が広がっている。
　10〜3月は季節風の影響で雨の日が多い街として知られている。港の南側がにぎやかな一帯で、仁三路や愛四路の廟口小吃や夜市は、港街らしい荒削りな雰囲気でまた格別だ。港の東側の丘に上れば、広い中正公園、海沿いに進めば要塞の跡の和平島や海鮮料理で有名な和平観光魚市や碧砂漁港がある。
　基隆はまた、台湾北部観光の拠点でもある。2015年にモダンな基隆新駅が完成、駅前バスターミナルも整備された。金山、野柳、九份などへのバスが頻繁に出ているので、利用価値は大きい。

### おすすめ街歩き　潮騒と夜市コース

午前中は和平島か漁港を訪れ、海の香を楽しむ。午後は市内散策の後、名物夜市へなだれ込む。

**台北**

電車 40分　ホテルをゆっくり出て台鉄基隆行が便利。早めに出てバスを利用し、金山/野柳で遊んでから基隆入りも可能だ。

**基隆**

バス&徒歩 30分　路線バスかタクシーで和平島へ。散歩気分で見学。

**和平島**

タクシー 10分　碧砂漁港の魚市場を見物、隣の海鮮料理店へ。

**碧砂漁港**

バス 20分　市内見物。夜が近づいたら仁三路、愛四路へ。夜市を見ながら歩くと、廟口小吃のある奠済宮に着く。

**基隆**

## 基隆

### 廟口夜市
ミャオコウ・イエスー
びょうこうよいち
MAP p.186

**奠済宮門前の小吃街夜市**

開漳聖王を祀る奠済宮の門前、愛三路から仁三路にかけては、さまざまな小吃（小皿料理）店が並ぶ。紅焼鰻羹（ウナギの醤油煮）や三明治（サンドイッチ）、天婦羅（さつま揚げなどの練り物）、また港街らしく新鮮な海鮮料理を出す店などだ。午後4時を過ぎると仁三路、愛四路に出る夜市の屋台と相まって、この付近は圧倒されるほどにぎやかになる。夜市には日本統治時代から続いている店もあり「歴史のあるにぎやかさ」なのだ。

★基隆駅から徒歩10分
住 基隆市仁愛区仁三路、愛四路一帯
営 12:00〜24:00頃

廟口夜市の店には番号が付いているので覚えておくと便利

### 中正公園
ゾンジョン・コンユェン
ちゅうせいこうえん
MAP p185-B

**山頂の白い観音像がシンボル**

眼下に基隆港を見下ろす山の山頂に広がる公園。麓から10分ほどで登ることができる。公園には豪壮な4層建築の主普壇、高さが22.5mもある純白の観音像が立つ。観音像内部の5階部分は展望台で眺望がよい。隣に旅客サービスセンターもあり休憩可能。

★基隆駅からタクシー7分、または徒歩30分
住 基隆市信義区壽山路　開 入園自由（観音像内は9:00〜17:00）

中正公園に立つ主普壇。中元節にはお祭りの会場となる

廟口夜市の名物、鼎邊趖はワンタン風の麺。店は奠済宮の境内（下写真）に数店ある

台北近郊　基隆

基隆港に入港する大型クルーズ客船

フーピンダオ・コンユェン
### 和平島公園
わへいとうこうえん
MAP p.31-D

### 波による奇勝と戦争の置きみやげ

　基隆港入口に位置する和平島は2つの顔を持つ。一つが、長い歳月にわたり岩が波に削られてできた万人堆の奇勝。もう一つが、島全体を大陸からの進攻に備えて要塞化した名残。トーチカなどが随所に残るが、現在は平和な海浜公園だ。

遊歩道沿いのトーチカ群

★基隆駅からバス101路で和平島公園下車
住 基隆市中正区平一路360号　TEL 02-2463-5452
開 8:00～19:00(11～4月は18:00)　休 無休　料 80元
URL https://www.hpipark.org

バードウズ・クワンクアン・イーカン
### 八斗子観光漁港
はっとうずかんこうぎょこう
MAP p.31-D

### 揚がったばかりの新鮮な魚介が並ぶ

　八斗子漁港に隣接した魚市場&海鮮料理店。市場には亜熱帯らしく色とりどりの魚が並ぶ。エビやカニも日本近海とは種類が違っていておもしろい。隣の棟が料理店街になっていて、市場で買った魚を持ち込むと調理してくれる。

★基隆駅前から基隆市バス103で20分。タクシー15分
住 基隆市中正区北寧路　TEL 02-2469-3606
開 10:00～17:00　休 無休　予 300元～

新鮮な刺身や生ウニもOK

グオリーハイヤン・クジーボーウークワン
### 國立海洋科技博物館
こくりつかいようかぎはくぶつかん
MAP p.31-D

### 海洋都市基隆を象徴する博物館が開館

　日本統治時代の火力発電所跡地に建てられた海をテーマにする博物館。海の生態、海と生活、海と文化、海洋技術などを最新のビジュアル展示技術を駆使して紹介している。

★基隆駅からバス103で25分、海科館／碧水港下車
住 基隆市中正区北寧路367号　TEL 02-2469-6000
開 9:00～17:00(休日～18:00)
休 月曜、旧大晦日
料 200元(エリア探索館とショップは無料)
URL https://www.nmmst.gov.tw

リーフー・ビィンティエン
### 李鵠餅店
りこくもちてん
MAP p.186

### パイナップルケーキの老舗

　台湾でも、ここのパイナップルケーキは格別といわれるほど人気。ぎっしりつまった餡とサクサクした皮のバランスが絶妙。創業100年を越える老舗には、観光客やファンがみやげに買いに訪れる。1個16元。

★基隆駅から徒歩10分
住 基隆市仁愛区仁三路90号
TEL 02-2422-3007
営 9:00～21:30
休 不定休　語 中
URL http://www.lee-hu.com.tw/

一見ふつうの店構えだが、パイナップルケーキは全国区の人気

基隆中心部

# 坪林 (ピンリン)
へいりん

新北市　バス：坪林
MAP p.31-G

### アクセス access
MRT新店駅から新店客運バス923番で坪林まで約50分。平日昼間は1時間おき、休日は30分おきの運行。

### hint! 歩き方のヒント
観光　★★★
食べ歩き　★★★
文化　★★★★★
徒歩　★★★★

## 坪林　エリアのしくみ
### さわやか系文山包種茶の故郷
坪林一帯は、台湾でも歴史の古い茶産地で、さわやかな香りと味が特徴の台湾茶、文山包種茶が有名。台北と宜蘭を結ぶかつての幹線道路、北宜路沿いに、茶葉店やレストランが並ぶ。少し離れた静かな老街や周辺の茶畑の見学も含め半日ぐらいの日程がほしい。

上：北勢溪を臨む坪林の街／右下：静かな坪林老街

## 坪林　おすすめポイント

### 坪林茶業博物館 (ピンリン・チャーイェ・ボーウークワン)
へいりんちゃぎょうはくぶつかん　MAP p.31-G

**台湾のお茶がよくわかる**
建物は中国の四合院建築を模していて、中国茶の作り方や台湾茶の歩みなどを紹介。休憩所では、各種台湾茶と茶菓子を楽しむことができる。また売店では地元特産の烏龍茶、文山包種茶はじめ、茶葉や茶器を販売している。

★坪林バス停から徒歩10分
住 新北市坪林区水德里水聳淒坑19-1号
TEL 02-2665-6035　開 9:00～17:00 (土・日曜～17:30)
休 第1月曜、旧正月　料 80元
URL http://www.tea.ntpc.gov.tw/

北勢溪の川沿いに建つ茶業博物館

### 合歡茶宴風味餐廳 (フーファン・チャーイエンフォンウェイ・ツァンティン)
ねむちゃえんふうみさんちょう　MAP p.31-G

**本場で味わう茶葉料理**
茶業博物館から50mほどのところにある茶葉料理店。自然豊かな地元の川エビやマスなどと茶葉を使ったメニューはオリジナル。東坡茶味、茶油麺線がおすすめ。

★坪林茶業博物館から徒歩2分
住 新北市坪林区水德里水聳淒坑28号　TEL 02-2665-6434
営 11:00～19:30 (土・日曜～20:00)　休 無休
予 600元～　M／語 中

年間を通して茶葉料理が味わえる

# 烏來
### ウーライ
うらい

新北市　バス：烏來
MAP p.31-G、p.189

### アクセス access
台北車站駅からMRT淡水信義線で中正紀念堂駅乗り換え、松山新店線新店駅まで22分。新店客運バス849番に乗り換えて終点烏來まで約25分。

### hint! 歩き方のヒント

| | |
|---|---|
| 観光 | ★★★ |
| 自然 | ★★★★ |
| 温泉 | ★★★★★ |
| 食べ歩き | ★★ |
| 徒歩 | ★★★★★ |

上：烏來は、二本の川の合流点に温泉旅館が並ぶ温泉郷／下左：みやげ物屋ではタイヤル族の女性が手織りの実演／下右：飲食店や日帰り温泉施設などが並ぶ烏來老街

## 烏來　エリアのしくみ

### 渓流に沿った温泉街とタイヤル族の文化を楽しむ

　台北市街からわずか1時間ほどの山間の静かな温泉郷。「ウーライ」とは、ここに住む原住民タイヤル族の言葉で温泉のこと。

　バス停からしばらくは、温泉旅館やおみやげ屋が並ぶ烏來老街を歩く。日本の温泉街と似た雰囲気だ。覧勝大橋で南勢溪を渡ると、烏來名物のトロッコ列車の乗り場がある。狭い軌道をかなりのスピードで走るので、スリルがあって楽しい。帰りは線路と渓流の間の道を歩くのもいいだろう。

　トロッコの終点の先に烏來瀑布（滝）を対岸に望める場所がある。周辺にはタイヤル族をはじめ原住民族の歌と踊りが楽しめる酋長文化村などがある。ロープウェイで滝上の雲仙楽園に行くと、緑の中の散策ができる。

### おすすめ街歩き　烏來自然と温泉コース

滝のしぶきを浴び、緑の中を歩き、おいしいものを食べ、温泉につかる。まるで天国。

**MRT新店駅**

バス 25分

台北市内からMRTで新店へ。新店からのバスが込んでいたらタクシーでもさほどかからない。

**烏來**

トロッコ列車 10分

烏來バス停からトロッコ乗り場までは、老街を歩き橋を渡って約15分。

**烏來瀑布・雲仙楽園**

徒歩 30分

滝を見たら頭上のロープウェイで雲仙楽園へ。気持ちのいい散策コースだ。帰りはトロッコ列車に沿った歩道を歩いて下ろう。

**烏來温泉**

バス・MRT 50分

温泉ホテル、旅館はたくさんある。日帰り温泉につかり、疲れをとってから市内に戻る。

**台北**

# 烏來

 **おすすめポイント**

### 烏來溫泉
ウーライ・ウェンチュエン
うらいおんせん
MAP p.189

## 山の中の湯量豊かな温泉街

烏來溫泉は新北市の南端の南勢溪、桶後溪の2本の川が合流する山中にある。森の中に川あり、滝あり、タイヤル族の民俗色も豊かで、変化に富んだ温泉地だ。2本の川沿いに大規模な温泉ホテルが並ぶ。景色を眺めながらの温泉は快適だ。余裕があったら、河床の露天公共浴池（水着専用）も楽しんでみたい。

★烏來バス停から半径500m内に施設は点在

### 小川源
シャオツュアンユエン
おがわげん
MAP p.189

## 日本風の温泉にゆっくり入れる

名前やマークからして日本の温泉をかなり意識した温泉健康施設。男湯100坪、女湯120坪の大浴場にそれぞれ4つのお風呂があるほか、2人用の個室が8室。そのほか、南勢溪を眺められる休憩室やレストランなどもある。

★烏來バス停から徒歩3分
住 新北市烏來区烏來街32号 TEL 02-2661-6222
営 8:00〜24:00 休 無休 料 300元
URL http://www.protospring.com.tw/

烏來老街の中心と、立地は抜群

### 烏來觀光台車
ウーライ・クワングワン・タイツァー
うらいかんこうだいしゃ
MAP p.189

## トロッコ列車はスリル満点

南勢溪に沿った崖に作られた狭い軌道を、すごい勢いで走り抜ける。迫った木々が顔をかすめるほどでスリル満点、ジェットコースターのような気分だ。約2kmの軌道に沿って道があるので、帰りは歩くのもよい。

★烏來バス停から乗り場まで徒歩10分
住 新北市烏來区溫泉街 営 8:00〜17:00(7・8月9:00〜18:00) 休 無 料 片道50元

かわいらしい列車がお出迎え

### 雲仙樂園
ユンシェン・ローユエン
うんぜんらくえん
MAP p.189

## 烏來の里を見下ろす遊園地

烏來瀑布（滝）を眼下に眺めつつ、ロープウェイで山に登ったところにある自然の中の遊園地。園内には、ボートやプール、小さいながらもジェットコースターなどがあり、リゾートホテルのレストランでは食事も。シダの緑が美しい渓谷の景色は、まさに雲の上の楽園のよう。たっぷりと森林浴を楽しみたい。

★ロープウェイ駅から階段を登って10分
住 新北市烏來区瀑布路1-1号 TEL 02-2661-6510
営 9:30〜16:30（土・日曜〜17:00）休 無休
料 220元（ロープウェイ往復料金込み）
URL http://www.yun-hsien.com.tw/

緑がまぶしい雲仙樂園

## このエリアのおすすめスポット

### 璞石麗緻溫泉会館
プーシー・リーデー・ウェンチュエンフイクワン
MAP p.31-G　p.129

台北近郊

189

## 烏來老街
ウーライ・ラオチエ
うらいろうがい
MAP p.189

### 橋から橋まで続く小さな老街
　バス停からのびている烏來橋を渡ると、道の両側におみやげ店、日帰り温泉、飲食店がぎっしり並ぶ200mほどの商店街が、南勢溪にかかる攬勝大橋まで続く。ここが烏來老街で、タイヤル族の民族衣装や工芸品、烏來名物の粟餅や粟酒などが売られている。

★烏來バス停から老街入口まで徒歩1分
住新北市烏來区烏來街一帯

多くの屋台が並び食欲を誘う

## 烏來泰雅民族博物館
ウーライ・タイヤル・ミンズーボーウークワン
うらいたいがみんぞくはくぶつかん
MAP p.189

### タイヤル族の暮らしぶりに触れる
　烏來老街の入口あたりにあるタイヤル族の民族博物館。館内にはタイヤル族の歴史や伝統文化、手工芸、生活など、多岐にわたりテーマごとに資料を展示。女性によるタイヤル族独特の手織物の実演もしている。それらの工芸品の販売もしている。

★烏來バス停から徒歩2分　住新北市烏來区烏來街12号　TEL02-2661-8162　営9:30〜17:00(休日は〜18:00)　休第1月曜、旧正月　料無料　URLhttps://www.atayal.ntpc.gov.tw

エスニックな手作り作品をおみやげに

## 酋長文化村
チウチャン・ウェンホアツン
しゅうちょうぶんかむら
MAP p.189

### 魅力いっぱいのダンシング
　トロッコ列車の終点近くにあり、タイヤル族の工芸品を扱うみやげ物店。常時タイヤル族をはじめ原住民の踊りのパフォーマンスも実演している。レストランも併設している。

色彩豊かなタイヤル族の織物も売られている

★トロッコ終点からすぐ
住新北市烏來区瀑布路34号　TEL02-2661-6551
営8:30〜16:30(休日は〜17:00)　休不定休　料無料
URLhttp://www.wulai-shuucho.com

## 山珍温泉飯店
サンジェン・ウェンチュエン・ファンティエン
さんちんおんせんはんてん
MAP p.189

### 原住民料理で60年の老舗店
　竹筒飯等の田舎料理、地鶏、猪肉、地元でとれた野菜などを使った原住民料理が楽しめる。ご当地野菜の山珠葱はおいしいのでぜひ試したい。地下には個室温泉風呂がある。

★烏來バス停から徒歩3分
住新北市烏來区烏來街30号
TEL02-2661-6422　営11:00〜22:00
休無休　予250元〜　M中　語中・日

緑豊かな野菜が食欲をそそる

## 烏來瑪拉斯
ウーライマラス
うーらいまらす
MAP p.189

### 民族衣装の店員がお出迎え
　烏來地域のタイヤル族のほかにも、台湾全土の原住民工芸品を取り扱う。カラフルな柄のコップやアクセサリーがかわいい。

★烏來バス停から徒歩3分
住新北市烏來区烏來街111号
TEL02-2661-7426
営10:00〜19:00
休火曜　語中・日
URLhttp://www.malas.com.tw/

原住民デザインが人気の壁掛け

# 宜蘭 (イーラン)
ぎらん

**宜蘭県**　台鉄：頭城・礁溪・宜蘭・羅東
MAP p.31-L、p.192、193

### アクセス access
台北駅から台鉄自強号で宜蘭駅まで1時間20分、莒光号で1時間45分。台北バスステーションから葛瑪蘭客運バス、または市府バスステーションから首都客運バスで、宜蘭まで約1時間

### hint! 歩き方のヒント

| | |
|---|---|
| 観光 | ★★★★ |
| 自然 | ★★★★ |
| 文化 | ★★★ |
| 食べ歩き | ★★★★ |
| タクシー | ★★★ |

上：國立傳統藝術中心の屋外ショー／下左：蘭陽博物館／下右：レトロな宜蘭駅舎

## 宜蘭　エリアのしくみ

### 台湾東部の玄関口、豊かな蘭陽平原と素朴な文化が残る街や村々

　宜蘭県は台湾北部の東側に位置し、県都は蘭陽平原の中央にある宜蘭市。宜蘭酒廠や牛舌餅、東港陸橋下部から和睦路の東門観光夜市が有名だ。温泉なら北部の礁溪温泉か南端の蘇澳冷泉。また、礁溪の近くの頭城は清時代に遡る古い街で、宜蘭市の南の羅東は県内随一の夜市で知られる。

　宜蘭県は海、山、平地がそろい自然に恵まれている。わき水も豊富で、米も水もおいしい。県内各地にこの自然を生かしたレジャー農場や民宿、地産地消タイプのレストランが点在。台北からは高速バスで1時間足らずと、十分日帰りが可能な距離なので、おいしい料理を食べ、自然に親しむエコツーリズムが気軽に楽しめる場所として人気が高い。

### おすすめ街歩き　台北発★1泊コース

礁溪温泉で温泉三昧の後、人気のレジャー農場で宿泊。翌日は宜蘭を観光し高速バスで台北へ。

**台北**

鉄道 110分 ― 台北駅から台鉄で礁溪へ。礁溪温泉街を散策したら、ホテルの温泉でゆっくりお湯遊び&昼食を楽しむ。

**礁溪**

タクシー 30分 ― 今、台湾で人気のレジャー農場の一つ香格里拉休閒農場へ。果樹園見学もできる。到着は早めに（宿泊）。

**香格里拉休閒農場**

タクシー 20分 ― 翌日は宜蘭へ。徒歩で宜蘭酒廠などを見学。直接タクシーで國立傳統藝術中心へ向かうのもおすすめ。

**宜蘭**

バス 60分 ― 帰りは、葛瑪蘭（カマラン）客運バスで台北へ。30分毎ぐらいに出発している。到着は台北バスステーション。

**台北**

# 宜蘭

## おすすめポイント

### 宜蘭酒廠 (イーラン・ジョウチャン / ぎらんしゅじょう)
MAP p.192

**紅麹で醸造した老酒、紅露酒が有名**

台湾紅麹館、甲子蘭酒文物館、酒銀行（3年間無料でお酒を貯蔵）などの見学エリアがある。紅麹を利用した菓子なども販売。果実酒や紅露酒入りアイスキャンディーも人気。

★宜蘭駅から徒歩15分
住 宜蘭市舊城西路3号　TEL 03-9355526
営 8:00～17:00　休 旧大晦日　料 無料

お酒の小さなテーマパークのような工場

### 九芎埕藝術廣場 (ジョウゴンチョン・イーシュークワンチャン / きゅうきゅうていげいじゅつひろば)
MAP p.192

**再開発で一躍注目ゾーンに**

旧城外側に隣接する公園で、1906年に建てられた日本家屋を活用した資料館の宜蘭設治紀念館や九芎埕音楽館などがある。東隣には、かつての監獄跡を再開発した蘭城新月廣場が広がる。大型ショッピングセンターやホテルからなり、多くの人でにぎわっている。

★宜蘭駅から徒歩15分
住 宜蘭市舊城南路縣府2巷19号

九芎埕藝術廣場にある宜蘭設治紀念館

### 東門觀光夜市 (トンメン・クワンガン・イエスー / とうもんかんこうよいち)
MAP p.192

**陸橋高架下の夜市で、熱気がむんむん**

聖後街が宜興路と交わる東港陸橋にある夜市で、陸橋の高架下には食べ物屋台が密集している。雨に濡れることはないが、その熱気はかなりのものだ。聖後街には服飾や雑貨関係の店が多い。

★宜蘭駅から徒歩5分
住 住宜蘭市聖後街　営 17:00～24:00頃

狭い高架下に熱気と様々な匂いが交錯している

### 頭城休閒農場 (トウチェン・シュウシェン・ノンチャン / とうじょうきゅうかんのうじょう)
MAP p.193-A

**台湾の農村体験ができるレジャー農場**

110ヘクタールという広大な敷地のレジャー農場。畑、稲作、果樹園、鶏や牛の飼育など、さまざまな台湾の伝統的農業を展開していて、季節や人数に合わせてその一部が体験できる。地元食材で料理を提供するレストランや酒工場、ホテル級の宿泊施設もある。

★頭城駅からタクシー15分
住 宜蘭県頭城鎮更新路125号
TEL 03-9772222　料 1泊2日（2人）5800元～（1日目15:00～2日目15:00、園内ガイド、3食付き、天燈揚げ・DIY体験等含む）URL https://www.tcfarm.com.tw/

頭城休閒農場内のレストラン。開放的で心地よい

小川には温泉が流れていて、手を入れると温かい

 **蘭陽博物館**
ランヤン・ボーウークワン
らんようはくぶつかん
MAP p.193-A

### ユニークな姿に引き寄せられて
　頭城駅から烏石港に向かう途中にある、大きく傾いた特異な、そしてモダンな建物が蘭陽博物館。この辺りの海岸の岩礁をイメージしている。ミュージアムショップまでは無料で入れるので、ぜひ立ち寄りたい。烏石港は亀山島渡航のベースの港。

★頭城駅から徒歩20分
住宜蘭県頭城鎮青雲路三段750号 TEL03-9779700 開9:00～17:00 休水曜（祝日の場合は開館）、旧大晦日と元旦 料100元 URLhttp://www.lym.gov.tw/

建築設計もすばらしい

 **湯圍溝温泉公園**
ウェンウェイゴウ・ウェンチェンコンユエン
ゆいこうおんせんこうえん
MAP p.193-A

### 温泉が流れる小川の公園
　礁溪温泉街のほぼ中心にある、長さ500mほどの緑地。小川に沿って散策路が整い、日本式に男女別の檜造りの公共浴場が建っている。小川は自然に湧き出た温泉が流れていて温かい。足湯や、軽食が食べられる休憩所もあり、温泉を楽しむ家族連れなども多い。

★礁溪駅から徒歩7分　公共浴場：住宜蘭県礁溪郷徳陽路99-11号 TEL03-9874882 開8:00～24:00（12:30～13:00、17:00～17:30は清掃時間）休無休 料80元

 **礁溪温泉**
ジアオシー・ウエンチュエン
しょうけいおんせん
MAP p.193-A

### 疲労回復と美容の効果が期待できる
　礁溪温泉は街中に湧く温泉で、駅の西側一帯にホテルや浴場施設が点在している。湯圍溝温泉公園や礁溪温泉公園には足湯や公共浴場があり、多くの人々が日帰り温泉を楽しんでいる。林立する温泉ホテルには、スパや大浴場などの温泉施設が充実している。

★礁溪駅から湯圍溝温泉公園まで徒歩7分、礁溪公園まで10分
礁溪温泉公園：住宜蘭県礁溪郷公園路16号
昼間は足湯を楽しむ家族連れやお年寄りでにぎわう

宜蘭広域

## 羅東夜市 （ラートン・イエスー／らとうよいち）

MAP p.193-B

### 名物の龍鳳腿はお見逃しなく

羅東は、宜蘭の南約10kmに位置する林業開発により発展した街。街の名物が、宜蘭エリアで最大規模の羅東夜市。おいしい小吃が多いことでも知られ、食いしん坊が大勢訪れる。ここの名物料理が春巻に似た龍鳳腿で、民生路と興東路の交差点近くにある阿公仔龍鳳腿などが有名。ほかにも包心粉圓やスイーツの冰雪などが人気だ。

★羅東駅から徒歩5分
住 宜蘭県羅東鎮民生路・公園路・民権路一帯
営 17:00〜24:00頃（店によって異なる）

小吃の店は夜遅くまでにぎわう

## 香格里拉休閒農場 （シャングリラ・シューシェンノンチャン／こうかくりらきゅうかんのうじょう）

MAP p.193-B

### 台湾を代表するレジャー農場民宿のひとつ

蘭陽平野に臨む丘陵に建つヨーロッパのロッジを思わせる建物を中心に、周囲に広大な果樹園が広がっている。台湾の農村に伝わる伝統文化を体験できるよう、湯圓作り、コマ遊び、天燈揚げ、伝統おもちゃ作りなどのプログラムを用意、宿泊客は自由に参加できる。レストランのシェフの腕は一流で、地元食材を使った手の込んだ料理が楽しめる。

★羅東駅からタクシー20分
住 宜蘭県冬山郷大進村梅山路168号 TEL 03-9511456
料 T/4500元〜（天燈揚げ等体験付き）
URL http://www.shangrilas.com.tw

民宿といってもホテルと同等の設備、サービスを提供

## 國立傳統藝術中心 （クオリー・チュアントン・イースウゾンシン／こくりつでんとうげいじゅつちゅうしん）

MAP p.193-B

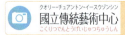

### 台湾の伝統芸術に触れる

台湾中の伝統藝術や民間習俗を見たり、触れたり、体験できるテーマパーク。歴史的街並みが再現され、体験工房、フードコート、ショップがずらりと並んでいる。週末を中心に、屋外パフォーマンスやパレードなど各種イベントを開催。隣接する冬山河親水公園と結んだ観光船も楽しめる。

★羅東駅からタクシー15分
住 宜蘭県五結郷季新村五濱路二段201号
TEL 03-9508859　開 9:00〜18:00（入場は〜17:00）
休 無休　料 150元　URL https://www.ncfta.gov.tw

再現された昔の街並みで展開される野外芝居

## 蘇澳冷泉園区 （スーアオ・ランチュエン・ユエンチー／そおうれいせんえんく）

MAP p.193-B

### 世界でも珍しい天然炭酸冷泉

蘇澳の冷泉は、水温22度でひんやり冷たいが、炭酸が豊富に含まれていて、しばらくつかっていると体が温まってくる。広い露天のプールと個室風呂がある

★台鉄蘇澳駅から徒歩10分
住 宜蘭県蘇澳鎮冷泉路6-4号
TEL 03-9960645
開 9:00〜21:00
※2019年8月現在、大規模改修工事が進行中。その間、近くの阿里史冷泉区公共浴室が無料で利用できる。

蘇澳冷泉の露天エリアは水着着用で入る

## 台北晶華酒店
Regent Taipei
リージェント・タイペイ

MRT中山駅4番出口から徒歩6分　MAP p.25-L

### ゆとりある広さと明るさ

台北のメインストリート、中山北路に堂々と立つ、台湾を代表するホテル。ロビーから奥へ続く空間の広さに驚かされる。客室も広くぜいたくな造り。従業員の接客も評判がいい。沐蘭スパは有名エステサロン。

- 住 中山北路二段39巷3号
- TEL 02-2523-8000
- 料 S/T6000元～/T8000元～
- 室 538
- 語 中・日・英
- URL https://www.regenthotels.com

## 君品酒店
Palais de Chine Hotel
パレ・デ・シン

MRT台北駅1番出口から徒歩3分　MAP p.25-K

### フランス貴族の館のよう

京站時尚廣場の5～17階を占める。フレンチクラシックをテーマに、ヨーロッパの高級家具や骨董がふんだんに配されている。客室内の設備は最新で機能的。洋食、中華ともに贅沢な食事が味わえる。

- 住 承德路一段3号
- TEL 02-2181-9999
- 料 S/T 5900元～
- 室 284
- 語 中・日・英
- URL https://www.palaisdechinehotel.com/

## 台北寒舎艾美酒店
Le Meridien Taipei
ル・メリディアン

MRT市政府駅3番出口から徒歩5分　MAP p.29-G

### 芸術感あふれるモダン空間

台北の新都心、信義地区の台北101そばにある高級ホテル。現代アートのコレクションが多数置かれ、美術館のような雰囲気。客室はモノトーンが基調。モダンスタイルと芸術性が混じり合い、贅沢感が漂う。

- 住 松仁路38号
- TEL 02-6622-8000
- FAX 02-6636-8000
- 料 S/T 9200元～
- 室 160
- 語 中・日・英
- URL https://www.marriott.com

## 台北W飯店
W Hotel
ダブリュー

MRT市政府駅2番出口から徒歩1分　MAP p.29-G

### Taipei 101を目前に眺める

MRT市政府駅直結の統一阪急百貨が入るビルの上層階にあり、交通至便。台北市街と背後に広がる山々の眺望がすばらしい。ガラスやステンレスの光沢をいかしたデザインがスタイリッシュ。

- 住 忠孝東路五段10号
- TEL 02-7703-8888
- FAX 02-7703-8897
- 料 S/T 9500元～
- 室 405
- 語 中・日・英
- URL https://www.marriott.com

## 台北君悦酒店
Grand Hyatt Taipei
グランド・ハイアット

MRT台北101／世貿駅5番出口から徒歩3分　MAP p.28-J

### 高級ショップエリアに立地

27階建てで台北最大の客室数を誇る大型高級ホテル。台北101は徒歩圏内。玄関ホールは4階まで吹き抜けになっている。間接照明を取り入れ、高級感と優雅な雰囲気。客室のデザインは温かみがある。

- 住 松壽路2号
- TEL 02-2720-1234
- FAX 02-2720-1111
- 料 S/T 8600元～
- 室 850
- 語 中・日・英
- URL http://www.hyatt.com

## 台北喜來登大飯店
Sheraton Grand Taipei Hotel
シェラトン・グランド

MRT善導寺駅2番出口から徒歩1分　MAP p.23-D

### ゴージャスな巨大吹き抜け空間

MRT善導寺駅のそば、台北駅へも徒歩圏内と、便利な立地。館内は、モダンチャイナをコンセプトに落ち着いた雰囲気。館内に8店ある四川、広東、フランス、日本、タイ等の各国料理レストランは、いずれも評判が高い。

- 住 忠孝東路一段12号
- TEL 02-2321-5511
- 料 S 5900元～/T 6200元～
- 室 688
- 語 中・日・英
- URL https://sheratongrandtaipei.com

両替可　レストラン　喫茶室　バーラウンジ　ショップ　プール　Wi-Fi　冷蔵庫　ドライヤー　温泉

## 台北西華飯店
The Sherwood Taipe
シャーウッド

MRT中山國中駅から徒歩9分　MAP p.21-G

### 重厚で豪華、上品な構え

オフィス街一等地の高級ホテル。外観は重厚感のある現代建築。館内、客室は古いヨーロッパをモチーフにしながらも現代的にアレンジされており、居心地がよい。怡園、Toscana等のレストランも充実。

- 住 民生東路三段111号
- TEL 02-2718-1188
- FAX 02-2713-0707
- 料 S/T7500元〜
- 室 343　語 中・日・英
- URL https://www.sherwood.com.tw/

## 台北大倉久和大飯店
The Okura Prestige Taipei
オークラ プレステージ台北

MRT中山駅4番出口から徒歩3分　MAP p.25-L

### ぜいたくなホテルライフが味わえる高級ホテル

ホテルオークラが運営する台北でも最高クラスのホテル。場所は観光やビジネスに便利な中山エリア。モダンクラシックの優雅で落ち着いた客室と最新設備に加え、日本料理「山里」、広東料理などを提供する「桃花林」などレストランも充実。日本人スタッフが常駐するので、サービス面でも安心。1階ベーカリーのパイナップルケーキが大人気。

- 住 南京東路一段9号
- TEL 02-2523-1111
- FAX 02-2181-5150
- 料 S/T6500元〜
- 室 208　語 中・日・英
- URL http://www.okura-nikko.com

## 亞都麗緻大飯店
The Landis Taipei Hotel
ランディス

MRT中山國小駅4番出口から徒歩3分　MAP p.24-F

### 最高レベルの格調を誇る

アールデコ風のイメージで統一された館内は、古きよきヨーロッパを彷彿させる。2011年に全客室をリニューアルし、洗浄トイレやWi-Fiも完備された。B1の「天香樓」の浙江料理は絶品だ。

- 住 民権東路二段41号
- TEL 02-2597-1234
- 料 S/W5600元〜
- 室 209　語 中・日・英
- URL http://taipei.landishotelsresorts.com/

## 誠品行旅
Eslite hotel
エスリテ

MRT市政府駅から1番出口から徒歩10分　MAP p.28-F

### 芸術と文化に満ちた空間を創出

ラウンジに入ると、壁一面を埋める5000冊近い蔵書がお出迎え。グリーンと白を基調としたナチュラルで落ち着いた客室は窓が広く、アメニティーも申し分ない。松山文創園区内にあり、誠品生活松菸店と同じ建物。

- 住 菸廠路88号
- TEL 02-6626-2888
- 料 S/T5600元〜
- 室 104
- 語 中・日・英
- URL https://www.eslitehotel.com

## 福容大飯店淡水漁人碼頭
Fullon Hotel Danshuei Fishermen's Wharf
フーロン・タンスイ

MRT淡水駅からタクシー10分　MAP p.30-B

### 台北近郊のリゾートホテル

淡水漁人碼頭にできた大型リゾートホテル。建物全体が客船のようなデザインで、隣接して展望塔「情人塔」が立つ。リバービューの客室からは、淡水河、対岸の八里、観音山の景観が楽しめる。

- 住 新北市淡水区観海路83号
- TEL 02-2628-7777
- FAX 02-2805-9959
- 料 S/T5200元〜
- 室 198　語 中・日・英
- URL https://www.fullon-hotels.com.tw

泊まる　ホテル

| MRT中山駅4番出口から徒歩4分 |
| --- |
| MAP p.25-K |

### 老爺大酒店
Hotel Royal Taipei
ロイヤル・ニッコー・タイペイ

#### 欧風の外観とインテリア

中山北路に面した赤レンガの端正な高級ホテル。客室はブラウンを基調にしたシックなデザイン。日本料理店「中山」、飲茶が人気の「明宮」もある。1階ベーカリーのパイナップルケーキは評判が高い。

- 中山北路二段37-1号
- TEL 02-2542-3266
- FAX 02-2543-4897
- S$4100元〜/T4400元〜
- 室202
- 語 中・日・英
- URL http://www.royal-taipei.com.tw/

| MRT松江南京駅4番出口から徒歩3分 |
| --- |
| MAP p.26-B |

### 長榮桂冠酒店（台北）
Evergreen Laurel Hotel (Taipei)
エバーグリーン・ローレル

#### エバー航空系の豪華ホテル

客室は、全室が43㎡以上の広さを持ち、ダウンの寝具セットやイタリア直輸入の家具を備えた贅沢な造りで、大理石の浴室はくつろげる。地下にあるスパの泥パック、エステも評判。

- 松江路63号
- TEL 02-2501-9988
- FAX 02-2501-9966
- S$3800元〜/T4600元〜
- 室95
- 語 中・日・英
- URL https://www.evergreen-hotels.com/

| MRT忠孝復興駅2番出口から徒歩7分 |
| --- |
| MAP p.27-L |

### 台北福華大飯店
The Howard Plaza Hotel Taipei
ハワード・プラザ

#### 重厚感漂う豪華なホテル

ロビーには13階の大きな吹き抜けを利用した滝や噴水が配されていて開放感がある。客室には重厚な中国家具を置く老舗格の高級ホテル。中、洋、和のレストランや、B1の中国茶の店「奇古堂」は有名。

- 仁愛路三段160号
- TEL 02-2700-2323
- S$3600元〜/W3900元〜
- 室606
- 語 中・日・英
- URL http://www.howard-hotels.com.tw/

| MRT六張犁駅から徒歩10分 |
| --- |
| MAP p.21-K |

### 香格里拉台北遠東國際大飯店
Shangri-La's Far Eastern Plaza Hotel Taipei
シャングリ・ラ・ファーイースタンプラザ

#### 高層ツインタワービルが目印

台北市内でもひときわ目立つ43階建て高層ツインタワービルの一棟で、客室からの眺望も抜群。館内もゴージャスだ。隣の棟は高級ショッピングモール「遠企購物中心」。2012年夏に客室リニューアル。

- 敦化南路二段201号
- TEL 02-2378-8888
- S/T7000元〜
- 室420
- 語 中・日・英
- URL https://www.shangri-la.com

| MRT中山國小駅1番出口から徒歩7分 |
| --- |
| MAP p.24-F |

### 台北華國大飯店
Imperial Hotel Taipei
インペリアル

#### 高い吹き抜けが印象的

ロビーに入ると、12階の吹き抜け天井から降り注ぐ自然光と螺旋階段が目をひき、ヨーロッパのホテルのよう。ツインルームが多く日本人宿泊客にも人気。1階の英国風バーは落ち着いていて雰囲気がよい。

- 林森北路600号
- TEL 02-2596-5111
- S/T4100元〜
- 室326
- 語 中・日・英
- URL https://www.imperialhotel.com.tw/

| MRT台北車站駅6番出口から徒歩1分 |
| --- |
| MAP p.23-C |

### 台北凱撒大飯店
Caesar Park Hotel Taipei
シーザー・パーク

#### 台北駅前の高級ホテル

台北駅正面斜め前、新光三越百貨の並びにある。台北駅地下街に直結していて、雨にも濡れずホテルに入れるのは便利。ホテル内の広東料理店「王朝」も申し分ないが、周辺でも食べるには困らない。

- 忠孝西路一段38号
- TEL 02-2311-5151
- S/T3200元〜
- 室478
- 語 中・日・英
- URL https://taipei.caesarpark.com.tw/

両替可　レストラン　喫茶室　バーラウンジ　ショップ　プール　Wi-Fi　冷蔵庫　ドライヤー　温泉

### MRT雙連駅1番出口から徒歩7分
MAP p.25-I

## 台北國賓大飯店
The Ambassador Hotel Taipei
アンバサダー

### ビジネスにも観光にもいい

台北の老舗ホテルの一つで、木をふんだんに使った客室は、柔らかな雰囲気。多くの日本人が利用するホテルで、ビジネスセンターもある。「川菜廳」は四川料理、「粵菜廳」は広東料理の有名レストラン。

- 住 中山北路二段63号
- TEL 02-2551-1111
- FAX 02-2531-5215
- 料 T5100元～
- 室 416　語 中・日・英
- URL http://www.ambassador-hotels.com

---

### MRT南京復興駅6番出口から徒歩10分
MAP p.27-D

## 王朝大酒店
Sunworld Dynasty Hotel Taipei
サンワールド・ダイナスティ

### 大胆な設計で豪華さを演出

大胆なデザインの巨大ホテルは、吹き抜けのロビーが印象的。カフェも抜群の開放感。内部はベージュ基調の明るいインテリア。アーケードは「都市の中のもうひとつの都市」と評される。

- 住 敦化北路100号
- TEL 02-2719-7199
- 料 S/T4200元～
- 室 730　語 中・日・英
- URL http://www.sunworlddynasty.com.tw/

---

### MRT小南門駅2番出口から徒歩3分
MAP p.22-F

## 台北花園大酒店
Taipei Garden Hotel
ガーデン・ホテル

### 台北西部エリア高級のホテル

落ち着いた色調で天井の高い快適な客室でアメニティも整っている。西門町や龍山寺、総統府、中正紀念堂などの観光スポットも近くて便利。ビュッフェ朝食やレストランは充実、パン店も人気がある。

- 住 中華路二段1号
- TEL 02-2314-6611
- FAX 02-2314-5511
- 料 S/T2700元～
- 室 241　語 中・日・英
- URL http://www.taipeigarden.com.tw/

---

### MRT圓山駅からシャトルバスで10分
MAP p.51-A

## 圓山大飯店
The Grand Hotel
グランド

### 中国皇帝の気分を味わえる

中国の宮殿式建築の巨大な建物。その豪華さと迫力に圧倒させられる。建物はもともと迎賓館として使われたもの。周囲は整備された自然公園で、気持ちのよい散策が楽しめる。南側の展望は抜群。

- 住 中山北路四段1号
- TEL 02-2886-8888
- FAX 02-2885-2885
- 料 S/T3700元～
- 室 500　語 中・日・英
- URL https://www.grand-hotel.org/

---

### MRT忠孝新生駅4番出口から徒歩15分
MAP p.27-G

## 美麗信花園酒店
Miramar Garden Taipei
ミラマー・ガーデン

### スタイリッシュな都会派ホテル

欧風のしゃれた外観が、女性に人気のホテル。天井が高く、広い客室は国際クラスのゆとり。ビジネス街、ショッピング街はどこも近く、都会派のビジネスマンや観光客にぴったりのホテル。

- 住 市民大道三段83号
- TEL 02-8772-8800
- FAX 02-8772-1010
- 料 S/T4600元～
- 室 203　語 中・日・英
- URL http://www.miramargarden.com.tw

---

### MRT南京復興駅7番出口から徒歩1分
MAP p.27-D

## 台北商旅(慶城館)
Les Suites Taipei
レ・スイート

### 豪華さとアクセスのよさが魅力

MRT南京東路駅から2分という抜群のロケーション。商旅＝ビジネスホテルとしているが、施設、サービスともに5つ星クラス。客室やロビーもゆったりしており、欧米からの旅行者からも好評。

- 住 慶城街12号
- TEL 02-7706-0808
- 料 S5400元～/T5900元～
- 室 83　語 中・日・英
- URL http://www.suitetpe.com

| MRT南京復興駅6番出口から徒歩1分 |
| MAP p.27-D |

## 兄弟大飯店
Brother Hotel
ブラザー

### 交通の便がよい老舗ホテル
MRT南京東路駅のすぐ隣にあり、ホテル前のバス停には多くの市バスが通る。館内の台湾料理店「蘭花廳」（→p.74）が有名。日本料理レストランもある。近くには高級ブランド店が立ち並ぶ。

住 南京東路三段255号
TEL 02-2712-3456
FAX 02-2717-3334
料 S/T3700元〜
室 250　語 中・英・日
URL http://www.brotherhotel.com.tw/

| MRT忠孝復興駅2番出口から徒歩2分 |
| MAP p.27-H |

## 逸寛文旅大安館
Home Hotel Da-an
ホームホテル

### 洗練された台湾カルチャー空間
台湾原住民の意匠を随所に取り入れたモダンなデザイン。木材や石など自然素材、テキスタイルを多用し、シンプルかつ台湾らしさにあふれている。客室やアメニティにもMIT（メイドイン台湾）のグッズがたくさん。

住 復興南路一段219-2号
TEL 02-8773-8822
料 S/T4600元〜
室 137
語 中・日・英
URL https://www.homehotel.com.tw

| MRT雙連駅1番出口から徒歩10分 |
| MAP p.25-I |

## 華泰王子大飯店
Gloria Prince Hotel Taipei
グロリア・プリンス

### 安心できる設備とサービス
台北随一の繁華街、林森北路にあり、観光にもビジネスにも便利な立地。日系ホテルで日本人利用客が多く、安心感がある。設備も申し分ない。レストラン九華樓は、格調のある老舗の広東料理店。

住 林森北路369号
TEL 02-2581-8111
FAX 02-2581-5811
料 S/T2900元〜
室 220　語 中・日・英
URL https://www.gloriahotel.com/

| MRT忠孝敦化駅3番出口から徒歩1分 |
| MAP p.28-E |

## 神旺大飯店
San Want Hotel
サンワン

### ショッピングの好適地
ファッションの店が多い忠孝東路に面していて、交通の便もよい。1階はレストランだけでロビーは4階、客室は5階からになっている。2〜3階に本格的な潮州料理のレストランがある。

住 忠孝東路四段172号
TEL 02-2772-2121
料 S/T3200元〜
室 268
語 中・日・英
URL https://www.sanwant.com

| MRT南京復興駅5番出口から徒歩3分 |
| MAP p.27-D |

## 馥華商旅敦北館
Simple + Hotel
シンプルホテル

### 駅近のスタイリッシュホテル
フォワード（馥華）系列の小規模なビジネスホテル。名前の通り華美な装飾を排したシンプルでスタイリッシュな雰囲気にあふれる作り。松山空港からMRTで2駅、駅近で行動派には便利な立地。

住 敦化北路4巷52号
TEL 02-6613-1300
FAX 02-2731-7669
料 S/W2200元〜
室 70　語 中・日・英
URL http://www.simplehotel.com.tw/

| MRT中山駅2番出口から徒歩10分 |
| MAP p.25-G |

## 城市商旅（台北南西館）
City Suites
シティ・スイート

### 居心地満点で女性に人気
シンプルで落ち着いていて、清潔感のある館内は、デコラティブな中華風や過度なモダンと一線を画し、居心地のよい空間。日本人女性リピーターが多いのも納得。迪化街や寧夏路夜市は散歩気分の近さ。

住 南京西路169号
TEL 02-2550-7722
FAX 02-2550-7733
料 S4200元〜/T4700元〜
室 80　語 中・日・英
URL http://www.citysuites.com.tw/

両替可　レストラン　喫茶室　バーラウンジ　ショップ　プール　Wi-Fi　冷蔵庫　ドライヤー　温泉

### 台北馥華商旅
Taipei Forward Hotel
フォワード

MRT松江南京駅3番出口から徒歩2分
MAP p.26-B

#### シックな雰囲気の宿
清潔感にあふれた気持ちのよいホテル。ベージュを基調にした落ち着いた室内に全室32インチ液晶TVが完備。南京東路、松江路に隣接し交通は便利ながら、1本道を入るので、周囲は静かだ。

- 住 一江街3号
- TEL 02-2511-8896
- FAX 02-2511-8897
- 料 S2900元〜/T3100元〜
- 室 90　語 中・日・英
- URL https://sj.tfhg.com.tw

### 三徳大飯店
Santos Hotel
サントス

MRT民權西路駅5番出口から徒歩4分
MAP p.24-E

#### 庶民の街で疲れを癒そう
庶民の街、承德路に立つ中層ホテル。しかし雰囲気はいたってアットホーム。訪問者確認用TVモニターを全客室に設置するなど、安全対策も万全。MRT駅から近く、どこへ行くにも動きやすい。

- 住 承德路三段49号
- TEL 02-2596-3111
- FAX 02-2596-3120
- 料 S/T2100元〜
- 室 287　語 中・日・英
- URL http://www.santoshotel.com/

### 台北馥敦飯店馥寓
Taipei Fullerton Hotel MAISON NORTH
フラートン・ノース

MRT中山國中駅から徒歩5分
MAP p.21-C

#### 自宅のような居心地のよさ
規模は小さいが、自宅に帰ってくるような気兼ねのない雰囲気と快適さが評価され、リピーターが多い。客室は静かで落ち着いた雰囲気。駅から近く観光にもビジネスにも好適。MRT大安駅近くに復南館がある。

- 住 復興北路315号
- TEL 02-2713-8181
- FAX 02-2713-6199
- 料 S3500元〜/T4100元〜
- 室 71　語 中・日・英
- URL http://www.taipeifullerton.com.tw/

### 富園國際商務飯店
Rich Garden Hotel
リッチガーデン

MRT西門駅1番出口から徒歩5分
MAP p.22-F

#### 下町のビジネスホテル
繁華街の西門町から歩いて5分、龍山寺や華西街観光夜市、中正紀念公園までも15分と、観光スポットに恵まれた立地にある。ロビーや客室はシンプルなチャイニーズテイストにまとめられている。

- 住 中華路一段178号
- TEL 02-2388-7890
- FAX 02-2388-9780
- 料 S2100元〜/T2300元〜
- 室 48　語 中・日・英
- URL https://www.rich-gardenhotel.com.tw

### 康華大飯店
Golden China Hotel
ゴールデン・チャイナ

MRT行天宮駅4番出口から徒歩1分
MAP p.20-F

#### 交通至便の落ち着いたホテル
MRT行天宮駅すぐで、駅前にはスーパー、ホテル脇の錦州路には伝統市場や商店街があって、下町の空気が楽しめる。レストランの多い吉林路やマッサージ店の多い民權東路も徒歩範囲。

- 住 松江路306号
- TEL 02-2521-5151
- FAX 02-2531-2914
- 料 S/T3000元〜
- 室 215　語 中・日・英
- URL http://www.golden-china.com.tw/

### 慶泰大飯店
Gala Hotel
ガーラ

MRT行天宮駅1番出口から徒歩3分
MAP p.20-F

#### 清潔感のある客室
こぢんまりとしているが、西洋、中国の各レストランもあり、観光ホテルとしての質と高級感を保っている。改装をすませた客室は白がメインカラーで、落ち着きと清潔感がある。

- 住 松江路186号
- TEL 02-2541-5511
- FAX 02-2531-3831
- 料 S3100元〜/W3700元〜
- 室 160　語 中・日・英
- URL http://www.galahotel.com.tw/

## 優美飯店
Yomi Hotel
ヨミ

MRT雙連駅1番出口から徒歩5分
MAP p.25-I

### 日本人向けのサービスが充実

シンプルなホテルで以前から日本人客が多く、フロントスタッフは日本語が上手。サウナ付やシングル3ベッドの客室がある。無料のランドリーや、携帯充電器、自転車の貸し出しサービスがうれしい。

- 住 民生東路一段28号
- TEL 02-2525-5678
- FAX 02-2563-0564
- 料 S/W2300元～
- 室 63
- 語 中・英・日
- URL http://www.yomihotel.com.tw/

## 丹迪旅店（天津店）
Dandy Hotel
ダンディ

MRT中山駅3番出口から徒歩5分
MAP p.25-K

### 優しさいっぱいのプチホテル

色は白、家具は天然木を基調とした北欧風のナチュラルなデザインがメイン。フロア毎のデザインが個性的で、リピーターなら違う部屋を指定したい。台北駅北側の繁華街の中にあり、出歩くのも便利。

- 住 天津街70号
- TEL 02-2541-5788
- FAX 02-2541-3737
- 料 S/T3000元～
- 室 30
- 語 中・英
- URL https://www.dandyhotel.com.tw

## 福泰桔子商旅（林森店）
Orange Hotel
オレンジ

MRT中山駅3番出口から徒歩10分
MAP p.25-L

### 林森北路の便利な立地

周辺にはレストランやショップ、マッサージ店などがたくさんあり、行動派のベースには最適。客室はコンパクトながら、設備は最新、快適。目抜き通りの中山北路、南京東路も歩いてすぐ。

- 住 林森北路139号
- TEL 02-2563-2688
- FAX 02-2563-2777
- 料 S2300元～/T2700元～
- 室 88
- 語 中・日・英
- URL http://www.orangehotels.com.tw

## 台北碧瑤飯店
Hotel B
バギオ

MRT南京復興駅5番出口から徒歩6分
MAP p.27-D

### 窓からみる夜景がロマンチック

繁華街・忠孝復興の近くにある中規模ホテル。客室はシンプルでモダンなデザインで、設備も新しい。Taipei 101の夜景が見える部屋がおすすめ。桃園国際空港からのリムジンバスの便もよい。

- 住 八徳路二段367号
- TEL 02-2781-3121
- FAX 02-2771-8796
- 料 S2500元～/T2800元～
- 室 84
- 語 中・日・英
- URL http://www.hotelb.com.tw/

## 緑峯大飯店
Green Peak Hotel
グリーン・ピーク

MRT雙連駅1番出口から徒歩6分
MAP p.25-I

### いろいろな面で使い勝手がよい

中山北路と林森北路に挟まれた夜のにぎやかな一角にある。MRT雙連駅や中山駅から徒歩圏内で、立地はとてもよい。周囲には飲食店やマッサージ店がたくさんあり、台北の夜が有効に使える。

- 住 中山北路二段77巷18号
- TEL 02-2511-2611
- FAX 02-2563-8765
- 料 S2000元～/T2600元～
- 室 60
- 語 中・日・英
- URL http://www.greenpeakhotel.com.tw

## 天成大飯店
Cosmos Hotel
コスモス

MRT台北車站駅3番出口から徒歩1分
MAP p.23-D

### 台北駅に一番近いホテルはここ

台北駅のすぐ南に建つ17階建てホテルで、日本からのツアー客がよく使う。観光にもショッピングにもビジネスにも便利だ。1階にカフェ、2～3階には飲茶レストラン「江浙天成樓」がある。

- 住 忠孝西路一段43号
- TEL 02-2361-7856
- FAX 02-2311-8921
- 料 S/T2300元～
- 室 225
- 語 中・日・英
- URL http://www.cosmos-hotel.com.tw/

両替可｜レストラン｜喫茶室｜バーラウンジ｜ショップ｜プール｜Wi-Fi｜冷蔵庫｜ドライヤー｜温泉

### MRT中山國小駅1番出口から徒歩3分
MAP p.24-F

## 燦路都飯店
Hotel Sunroute Taipei
サンルート

### 日系ホテルならではのくつろぎ

日本のサンルートホテルのチェーン。中規模で清潔感あふれるビジネスホテル。フロント全員が日本語ができるので安心。1Fに日本料理店「大戸屋ごはん処」が入っている。台北松山空港からも近い。

- 住 民権東路一段9号
- TEL 02-2597-3610
- FAX 02-2597-6523
- 料 S2900元〜/T2800元〜
- 室 125　語 中・日・英
- URL https://www.sunroute.jp

---

### MRT中山駅4番出口から徒歩7分
MAP p.25-I

## 京都商務旅館
Kyoto Hotel
キョート

### 言葉の心配はまったくなし

小さなホテルだが、以前から日本人ビジネス客の利用が多く、日本人の対応に習熟している。フロントスタッフは流暢な日本語で対応してくれるから安心。林森北路の繁華街にあり、夜の出歩きにも便利。

- 住 長春路38号
- TEL 02-2567-3366
- FAX 02-2531-7490
- 料 S2900元〜/W3200元〜
- 室 40　語 中・英・日
- URL http://www.kyotohotel.com.tw

---

### MRT西門駅1番出口から徒歩8分
MAP p.22-E

## 華麗大飯店
Ferrary Hotel
フェラリー

### 個人旅行者向きのホテル

西門町や龍山寺に近い位置にあるビジネスホテル。リーズナブルな料金、安全衛生への配慮、レストラン、ビジネスルームなど、整った設備と行き届いた対応に、リピーターも多い。

- 住 康定路41号
- TEL 02-2381-8111
- 料 S2500元〜/T2600元〜
- 室 88　語 中・日・英
- URL https://ferrary.greenworldhotels.com

泊まる

203

ホテル

---

### MRT西門駅5番出口から徒歩3分
MAP p.22-B

## 捷絲旅（西門町館）
Just Sleep Ximending Branch
ジャスト・スリープ

### 晶華グループのシティホテル

晶華酒店（リージェント）が運営する新しいスタイルのシティホテル。シンプルで料金もリーズナブル。それでいてモダンなお洒落感覚に満ちている。朝食ビュッフェのメニューが充実。

- 住 中華路一段41号
- TEL 02-2370-9000
- 料 S2700元〜/T2900元〜
- 室 143
- 語 中・日・英
- URL https://www.justsleep.com.tw

---

### MRT西門駅3番出口から徒歩1分
MAP p.22-F

## 新驛旅店（西門捷運店）
CityInn Hotel Plus
シティ・イン

### 気軽でライトな感覚

西門町がすぐそこ。若者リピーター向けに、ロビーはあるがレストランはないなどシンプル＆低料金を徹底。代わりにランドリールームやコーヒーメーカーなどを提供。客室は明るくおしゃれな雰囲気。

- 住 寶慶路63号
- TEL 02-7725-2288
- FAX 02-7725-2799
- 料 S2400元〜/T2900元〜
- 室 66　語 中・日・英
- URL https://www.cityinn.com.tw/

---

### 台北駅西一門出口から徒歩5分
MAP p.25-K

## 新驛旅店（台北車站二館）
Cityinn Hotel Taipei Station Branch II
シティ・イン

### 駅近でシンプル＆使いやすい

都市型で部屋は狭いが清潔で、設備は最新。若いスタッフの応対がフレンドリー。ランドリールームやミニキッチンルームもあり、気楽にステイできる。三館が隣接していて、フロントは背中合わせ。

- 住 長安西路81号
- TEL 02-2555-5577
- 料 S/W2400元〜
- 室 50
- 語 中・日・英
- URL https://www.citiyinn.com.tw

## 喜瑞飯店
Ambience Hotel
アンビエンス

MRT松江南京駅3番出口から徒歩10分  
MAP p.26-B

### 白が基調のスタイリッシュホテル
人気デザイナーが設計を担当。白を基調にした内装に、ガラスと金属を組み合わせて、無機質なイメージだが、自然光を取り入れて居心地の良いスペースになっている。客室の調度類やアメニティはフランスメイド。

住 長安東路一段64号  
TEL 02-2541-0077  
料 S/W2600元～  
室 61  
語 中・日・英  
URL https://www.ambiencehotel.com.tw

## 國聯大飯店
Taipei United Hotel
ユナイテッド

MRT國父紀念館駅1番出口から徒歩2分  
MAP p.28-F

### シンプルながら暖かいデザイン
半円筒形のしゃれた外観。ロビーは明るく清潔。台北の中心部にありながら繁華街から離れているので、落ち着ける。客室、レストランのインテリアのデザインはシンプルですっきりしている。

住 光復南路200号  
TEL 02-2773-1515  
FAX 02-2741-2789  
料 S2400元～/T2500元～  
室 243  
語 中・日・英  
URL http://www.unitedhotel.com.tw/

## 凱統大飯店
KDM Hotel
KDMホテル

MRT忠孝新生駅7番出口から徒歩1分  
MAP 切りとり-12, p.26-F

### MRT駅が目の前の便利さ
並木道の美しい忠孝東路に面し、忠孝新生駅入口が道路の向かいにあり、交通の便は最高。空港からのリムジンバスも目の前に止まる。ＩＴ街で有名な八徳路・光華商場は徒歩圏内。

住 忠孝東路三段8号  
TEL 02-2721-1162  
FAX 02-2711-9096  
料 S/T2200元～  
室 56  
語 中・日・英  
URL http://www.kdmhotel.com.tw/

## 東呉大飯店
Dong Wu Hotel
トンウー

MRT大橋頭駅2番出口から徒歩5分  
MAP 切りとり-2, p.25-G

### こぢんまりと落ち着いたホテル
迪化街まで数分、慈聖宮の小吃街、伝統市場や延三夜市も近く、大稲埕の歴史的雰囲気を色濃く残す一角にある。部屋はきれいで居心地よく使いやすい。個人旅行やリピーターにおすすめ。

住 延平北路二段258号  
TEL 02-2557-1261  
FAX 02-2553-7614  
料 S1900元～/T2900元～  
室 60  
語 中・日・英  
URL http://www.dongwu-hotel.com

## 蜂巣旅店
Bee House
ビーハウス

台北駅西一門出口から徒歩5分  
MAP p.25-J

### 大手ホテル傘下のミニホテル
最近台北で増えている、大手ホテルグループ経営によるスタイリッシュな小型ホテルの一つで、コスモスの系列。台北駅北側の好立地。1階のフロントロビーにカフェベーカリーが併設されている。

住 太原路57号  
TEL 02-2559-9000  
料 S/W 2000元～  
室 31  
語 中・日・英

## 新仕商務旅店
Shin-shih Hotel
シンシー

MRT雙連駅1番出口から徒歩2分  
MAP 切りとり-3, p.25-H

### 交通至便で行動ベースに最適
空港からのバス停がすぐそばで、深夜着でも安心。中山北路やMRT雙連駅にも近く、小吃店や市場もあるので、一日中にぎやか。行動派には使いやすいビジネスホテルだ。フロントでは日本語も可。

住 民生西路8号  
TEL 02-2562-7466  
FAX 02-2542-1477  
料 S1800元～/W2300元～  
室 44  
語 中・日・英  
URL http://www.shin-shih.com.tw

# トラベル インフォメーション
## 日本編

| | |
|---|---|
| 出発日検討カレンダー | p.206 |
| 旅のスタイルを決める | p.208 |
| 得するための航空券選び | p.210 |
| ホテルを決める | p.211 |
| パスポート | p.212 |
| 通貨とクレジットカード | p.213 |
| 海外旅行保険・運転免許ほか | p.214 |
| 日本での情報収集 | p.215 |
| 気候と服装 | p.216 |
| 持ち物チェックリスト | p.217 |

[空港に行く]

| | |
|---|---|
| 成田国際空港 | p.218 |
| 東京国際空港(羽田空港) | p.220 |
| 関西国際空港 | p.221 |
| 中部国際空港 | p.222 |
| 出国手続きの流れ | p.223 |
| 空港利用のプラスワザ | p.224 |

## 出発3日前にやることチェックリスト

- ■ 持ち物チェックリストで荷物確認→p.217
- ■ パスポートのコピーをとる(本人写真が写っているページ)
- ■ パスポート紛失時のための写真(4.5cm×3.5cm)を5枚用意
- ■ カード会社・保険会社の現地連絡先を確認
- ■ クレジットカードなど各種カードの受け取り
- ■ 旅程や宿泊先、ツアー会社の連絡先を家族や知人に連絡
- ■ 持病がある人は病院や薬局で薬をもらう
- ■ 隣近所に留守にすることを伝える
- ■ 新聞などを留め置きにする手配
- ■ 家賃などの支払日が旅行期間と重なっていないかチェックと処理
- ■ 留守番電話のメッセージを変える
- ■ 冷蔵庫のナマ物の処理
- ■ 植物やペットの留守中の世話をお願いする
- ■ テレビ番組をチェック、録画予約
- ■ 空港への列車、リムジンバスなどの時刻を確認
- ■ 空港までの交通機関や駐車場に予約を入れる
- ■ スーツケースを空港に送る→p.224

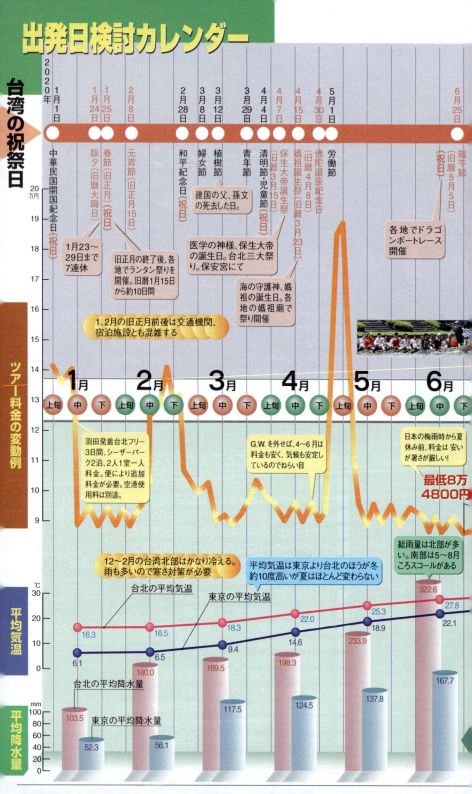

# 初めに旅のスタイルを決める

成田国際空港

## 観光客数と旅行シーズン

訪台する日本人、来日する台湾人の数は毎年増え続け、2018年に訪台した日本人数は197万人、来日した台湾人数は483万人となった。このため、台湾で連休となる春節、清明節、端午節、中秋節には来日する台湾人観光客が多く、航空券が取りにくくなるし、料金も高くなる。旅行プランを立てるときには、台湾の休日も考慮しよう。

## 個人手配旅行？ パッケージツアー？ 自分にあったスタイルを決める

台北に行くことが決まったら、まずは、どんなスタイルで旅行をしたいのかをはっきりさせよう。旅のスタイルは大きく分ければ、①スケジュールがほとんど決まっているフルタイム型パッケージツアー、②往復の飛行機とホテルだけが決まっているフリータイム型パッケージツアーやダイナミックパッケージ、③自分ですべて手配する個人手配旅行、の3つに分けられる。それぞれ、メリット、デメリットがあり、旅の目的や海外旅行の経験度、料金など、自分のイメージする旅行に近いスタイルを選ぶようにしよう。

| あなたに向いてる旅のスタイルは？ | パッケージツアー フルタイム型 | パッケージツアー フリータイム型 | 個人手配旅行 |
|---|---|---|---|
| 海外旅行は初めて | ◎ | △ | × |
| リピーターなので観光名所は行かなくてよい | × | ◎ | ◎ |
| 自分なりの「旅のこだわり」がある | × | ○ | ◎ |
| 団体で観光するのは苦手 | × | ○ | ◎ |
| 自由時間がたっぷりほしい | × | ○ | ◎ |
| 地方や離島にも行ってみたい | ○ | △ | ◎ |
| 滞在時間が少ないので効率よく回りたい | ◎ | △ | × |
| 一緒に行く人が旅に不慣れだ | ◎ | ○ | × |

## パッケージツアーを賢く利用

フルタイム型パッケージツアーのメリットは、添乗員やガイドが同行し、限られた時間内に効率よく有名観光地を案内してくれること、言葉の心配がいらないこと、そして万一のトラブルやアクシデントにも対応してもらえることだ。一方デメリットには、行きたいところに行けない、フリータイムが少ない、ホテルや食事の選択範囲が狭い、などの制約があること。

フリータイム型パッケージツアーは航空券とホテル、ホテルへの送迎だけがセットになっているもので、その他の時間は自由に使うことができる。ツアーの便利さと個人の自由旅行のよさをミックスして楽しむことができる。ある程度旅慣れている人や台湾リピーター、個人手配旅行でも滞在期間が2〜3泊と短い場合などには利用価値が高い。

パッケージツアー共通のデメリットには、ホテルを1人部屋にするとかなり割高になる、免税店への立ち寄りが組み込まれている場合が多い、などがある。

フリータイム型は、もちろん自由に旅行プランを組み立てていいのだが、現地オプショナルツアーを組み合わせるのもよい。自分で手配するよりスムーズに回れるなど、メリットが多い場合もあるので要チェック。

## ダイナミックパッケージ

インターネットで航空券やホテルの照会・予約・決済までを一気に行うのがダイナミックパッケージ。組み合わせによって内容・価格が動的（ダイナミック）に変化する点が、フリータイム型パッケージツアーと違う。自分の思うように旅程を組み立てることができる点が個人手配旅行に近いが、旅行商品としてはパッケージツアーと同じ募集型企画旅行なので、旅程保証の対象となる。

東京羽田国際空港

## ここがポイント！

- ●フルタイム型パッケージツアー…初めての台北旅行、おまかせであちこち見て回りたい人向け。
- ●フリータイム型パッケージツアー…台北は2回目以上、交通費、宿泊費を抑えてあとは自由に回りたい人向け。
- ●個人手配旅行…台北はリピーター。飛行機やホテル、日程など全部自分の好きに選びたい人向け。

### ■主なオプショナルツアーの例

| ツアー名 | 料金/時間 | コースの内容 |
|---|---|---|
| Taipei101展望台の夜景観賞とディナー | 1300〜2000元<br>約3〜4時間 | 台北で人気のレストランで夕食の後、高層ビル「Taipei 101」の89階、地上382mの展望台から夜景を観賞 |
| 九份半日観光 | 1500元〜<br>約4〜5時間 | アニメ「千と千尋の神隠し」のイメージそのままのノスタルジックな街を歩く。昼コースと夜コースがある |
| 九份・十分天燈上げ・十分瀑布・猴硐猫村 | 5775元<br>7時間 | 貸切タクシーで九份と平溪線の見所を一気に回る。日本語が話せるドライバーの案内で、1台料金、4人まで。 |
| 変身写真体験 | 4000元〜<br>約3時間 | メイクアップ＆ドレスアップで、いつもと違う自分に変身。スタジオでプロカメラマンが撮影。写真はアルバムで |
| 太魯閣（タロコ）峡谷1日観光 | 4200元<br>14時間 | 台北・花蓮往復は列車利用。花蓮駅からはバスで太魯閣峡谷へ。昼食はホテルで。帰りに花蓮市内も観光。 |
| 基隆・野柳半日観光 | 1200元<br>5時間 | バスで出発。港町基隆を観光後、ハイライトの野柳風景区では波の浸食で生まれた奇岩が並ぶ海岸を見て回る。 |
| 烏來半日観光 | 2000元<br>約6時間 | 台湾原住民タイヤル族が多く居住する烏來。トロッコに乗った後、歌や踊りを楽しみ、老街を散策 |

※上記料金は往復の交通費、入場料などを含む。
※オプショナルツアーに参加したい場合は、日本の旅行会社あるいは現地ホテルのフロントに相談するとよい。

## 個人手配で、気ままに自分旅行を楽しむ

　台北は市内交通も整っているし、郊外への交通手段もいろいろあるので、個人手配旅行も比較的簡単だ。インターネットを使えば、航空券もホテルもじっくり選べる。

　航空券は出発日の違いや、出発便と帰国便の組み合わせで料金に差が出るので、料金優先かスケジュール優先かは迷うところだ。航空会社のサイトでは、出発便帰国便の組み合わせがシュミレーションできるので、納得のチケットを選ぼう。

　ホテルもインターネットで選ぶのがおすすめだ。公称の宿泊料金は高く、実際の宿泊料金とは大きな差がある。本書のホテルカタログのページでは実勢価格に近い料金を参考に掲載している。ホテル予約専門サイト（→p.211）だと料金や立地の選択などが容易だ。部屋の広さやベッドの大きさ、アメニティなども比べることができる。ホテルのサイトだと特別値引きなどが見つかることがある。料金は予約時の先払いか現地払いか、キャンセル条件はどうかなどにも注意しよう。ホテルは素泊まりにして朝食は外で食べるのも楽しいものだ。

　移動はMRTとタクシーの組み合わせでほとんど問題ない。食事も予約の必要なレストランはホテルスタッフから電話を入れてもらうとよい。

## 主なツアー問い合わせ先

**●ルックJTB**
ナビダイヤル 0570-070-489
URL https://www.jtb.co.jp/lookjtb/

**●エイチ・アイ・エス**
関東予約センター
TEL 0570-04-8489
URL https://www.his-j.com/

**●JALPAK**
TEL 050-3164-1111
URL https://www.jal.co.jp/intltour

**●ホリデイ**
近畿日本ツーリスト東京コールセンター
TEL 03-6857-1003
URL https://www.knt.co.jp/holiday/

**●ANAハローツアー**
ナビダイヤル 0570-055-860
URL https://www.ana.co.jp/ja/jp/inttour/hallo/

### パッケージツアーのチェックポイント

- ☐ 旅行期間
- ☐ 出発時間、発着空港
- ☐ 滞在型か周遊型か
- ☐ ホテルのグレード
- ☐ 利用航空会社
- ☐ 免税店立寄りの有無
- ☐ 食事が付いているか
- ☐ 観光が含まれているか
- ☐ 添乗員、現地ガイドの有無
- ☐ ツアーの最少催行人員

オプショナルツアーで人気の九份

# 得するための航空券選び

## 台湾へ就航している航空会社

各航空会社の略号とURLは下記の通り（http://は省略）

**CI　チャイナ エアライン**
www.china-airlines.com
**BR　エバー航空**
www.evaair.com/ja-jp/
**NH　全日空**
www.ana.co.jp
**JL　日本航空**
www.jal.co.jp/inter/
**CX　キャセイパシフィック航空**
www.cathaypacific.com/
**3K　ジェットスターアジア航空**
www.jetstar.com/jp/ja/
**TR　スクート**
www.flyscoot.com/
**MM　ピーチ**
www.flypeach.com/jp/
**JW　バニラ・エア**
www.vanilla-air.com
**IT　タイガーエア台湾**
www.tigarairtw.com/
**GK　ジェットスタージャパン**
www.jetstar.com/
**D7　エアアジアX**
www.airasia.com/
**DJ　エアアジア・ジャパン**
www.airasia.com/jp/
**7G　スターフライヤー**
www.starflyer.jp/
**AE　マンダリン航空**
www.mandarin-airlines.com/
**PR　フィリピン航空**
www.philippineairlines.com/

## 格安旅行は航空券選びから

個人手配旅行のポイントは航空券選び。高額な正規航空券に対して、各種割引航空券があるので積極的に利用しよう。実際に割引航空券を手に入れるには、旅行会社に行くか、インターネットで購入するかだが、インターネットだと旅行会社扱いの航空券も、航空会社の航空券も、どちらの料金も比較できるので便利だ。ただし割引航空券には、便の変更ができない、払い戻しができないなどの制約があるので要注意だ。

●**航空会社の割引航空券**　ゾーンペックス航空券と呼ばれるもので、各航空会社が独自で条件や料金を設定したもの。チャイナ エアラインの「エコノミーフレックス」、全日空の「エコ割」や日本航空の「先得」などがある。格安航空券が空席待ちになることがあるのに比べ、確実に手に入れやすい。座席指定やマイレージなど、航空会社のサービスも受けられる。

●**格安航空券**　一部の旅行会社や格安チケットショップなどで販売している。ただし、利用できる便が限定されたり、キャンセル待ちになるなど、制約があることも多い。

●**格安航空会社の航空券**　LCC（ローコストキャリア）と呼ばれ、はじめから格安運賃を設定した航空会社の航空券。ただし、食事や飲み物、荷物預けなどは別料金、座席が狭い、マイレージがないなど、サービスは一般航空会社には及ばない。

|  | 成田 | | 羽田 | | 関西 | | | 札幌 | 函館 | 旭川 | 花巻 | 仙台 | 茨城 | 静岡 | 中部 | | 富山 | 小松 | 岡山 | 広島 | 高松 | 福岡 | | 北九州 | 佐賀 | 宮崎 | 熊本 | 鹿児島 | 那覇 | | 石垣島 |
|---|---|---|---|---|---|---|---|---|---|---|---|---|---|---|---|---|---|---|---|---|---|---|---|---|---|---|---|---|---|---|---|
|  | 桃園 | 高雄 | 台中 | 松山 | 桃園 | 高雄 | 台南 | 桃園 | 桃園 | 桃園 | 桃園 | 桃園 | 桃園 | 桃園 | 桃園 | 高雄 | 桃園 | 桃園 | 桃園 | 桃園 | 桃園 | 桃園 | 高雄 | 桃園 | 桃園 | 桃園 | 桃園 | 桃園 | 台中 | 高雄 | 桃園 |
| CI | ● |  | ● |  | ● | ● | ● | ● |  | ● |  |  |  | ● | ● |  |  |  | ● |  | ● | ● | ● |  |  | ● | ● | ● | ● |  | ● |
| BR | ● | ● |  |  | ● |  |  | ● |  |  |  |  |  | ● |  |  |  |  |  |  |  | ● |  |  |  |  |  | ● |  |  |  |
| NH | ● |  |  | ▲ |  | ▲ |  | ▲ |  |  |  | ▲ |  |  | ▲ |  |  |  | ▲ | ▲ |  |  |  |  |  |  |  | ● |  |  |  |
| JL | ● | ● |  | ▲ | ▲ | ▲ |  | ▲ |  |  |  |  |  | ▲ | ● |  |  |  | ▲ | ▲ |  | ▲ |  |  | ▲ | ▲ | ▲ | ● |  | ▲ |  |
| IT | ● |  |  |  | ● | ● | ● | ● |  |  |  |  |  |  | ● |  |  |  |  |  |  | ● |  |  |  |  |  | ● |  |  |  |
| MM |  |  |  |  | ● |  |  |  |  |  |  |  |  |  |  |  |  |  |  |  |  |  |  |  |  |  |  | ● |  |  |  |
| CX | ● |  |  |  | ● |  |  |  |  |  |  |  |  | ● |  |  |  |  |  |  |  |  |  |  |  |  |  |  |  |  |  |
| 3K |  |  |  |  | ● |  |  |  |  |  |  |  |  |  |  |  |  |  |  |  |  |  |  |  |  |  |  |  |  |  |  |
| TR | ● |  |  |  |  |  |  | ● |  |  |  |  |  |  |  |  |  |  |  |  |  |  |  |  |  |  |  |  |  |  |  |
| AE |  |  | ● |  |  |  |  |  |  |  |  |  |  |  |  |  |  |  |  |  |  |  |  |  |  |  |  | ● |  |  |  |
| JW | ● | ● |  |  | ● |  |  |  |  |  |  |  |  |  | ● |  |  |  |  |  |  |  |  |  |  |  |  | ● |  |  |  |
| GK | ● |  |  |  |  |  |  |  |  |  |  |  |  |  |  |  |  |  |  |  |  |  |  |  |  |  |  |  |  |  |  |
| PR |  |  |  |  |  |  |  |  |  |  |  |  |  |  |  |  |  |  |  |  |  |  |  |  |  |  |  |  |  |  |  |
| D7 |  |  |  |  |  |  |  |  |  |  |  |  |  |  |  |  |  |  |  |  |  |  |  |  |  |  |  |  |  |  |  |
| DJ |  |  |  |  |  |  |  |  |  |  |  |  |  | ● |  |  |  |  |  |  |  |  |  |  |  |  |  |  |  |  |  |
| 7G |  |  |  |  |  |  |  |  |  |  |  |  |  | ● |  |  |  |  |  |  | ● |  |  |  |  |  |  |  |  |  |  |

▲はコードシェア便

# ホテルを決める

## ホテルの種類と料金目安

　台湾では、大飯店、飯店、酒店、賓館などと呼ばれるホテルは、ほとんどが政府公認のホテルで、国際観光ホテルや観光ホテルレベルの客室設備やレストラン、アメニティーを備えている。海外からの利用者も多く安心して泊まれる。宿泊費は、台北の場合一流ホテルでシングル／ツイン（S/T）8000元くらいから。ビジネス用中級レベルでシングル4000元、ツイン5000元くらいからが目安となる。ホテルランクにこだわらないリピーターなら2000〜3000元クラスのビジネスホテル（商務飯店）でも十分だろう。部屋料金には平日割引やインターネット割引が設定されている場合も多いので、確認をおすすめする。地方都市では、台北より2割程度は安く泊まれる。

　いま台湾で注目されているのがレジャー農場＆民宿。民宿といってもホテル並みの宿泊施設が整っている。各農場が個性的なテーマを打ち出しているのが特徴で、果樹園や牧場を併設したり、自家菜園でのオーガニック料理を出したり、木工や手作り、お菓子作りや伝統工芸を教えたりと多彩。料金はほぼホテルと同等だが、さまざまなイベント参加費が含まれていることが多い。

## ホテルの予約方法

### ●ホテルを探して予約する場合

　台北のホテルをインターネットで探す場合、大きく分けて、1)ホテル予約サイト（右欄参照）を利用する方法と、2)台湾情報専門サイト（台北ナビ、旅々台北など）を利用する方法がある。1)のホテル予約サイトは取り扱いホテルの数が多く、料金順、ホテルランク順や、地図を表示して交通や立地条件を確認しながら選ぶなど、検索方法がいろいろ用意されている。2)の台湾情報専門サイトには、各サイトが独自に取材したホテル情報を豊富な写真で見ることができるので、安心感がある。

### ●泊まりたいホテルが決まっている場合

　1)旅行会社の窓口やサイトから予約、2)ホテル公式サイトの予約システムを利用する、3)インターネットのホテル予約サイトを利用する、4)ホテルに直接電子メールまたはファックスする、などの方法がある。ホテル料金比較サイトが発達したために、予約方法による料金の差は、縮まりつつある。

### ●予約の確認と決済

　インターネットで予約をする場合には、クレジットカードで予約時に決済する方法と、ネットでは予約受付のみで、現地で決済する方法がある。カードでデポジット（保証金）の支払いが必要な場合もある。いずれにしろ、バウチャーと呼ばれる予約・支払い確認書がメールで送られてくるが、予約を確定する前に、キャンセル条件はしっかり確認しておく必要がある。

## ホテル予約サイト

　世界的にホテルを網羅したホテル予約サイト。台北のホテルも数多く扱っている。

●エクスペディア
URL https://www.expedia.co.jp

●ホテルズドットコム
URL https://jp.hotels.com/
TEL 0120-288-309

●ブッキングドットコム
URL https://www.booking.com/
TEL 03-6743-6650

●ホテリスタ
URL https://www.hotelista.jp/
TEL 03-6907-0826

●agoda（アゴダ）
URL https://www.agoda.com/
TEL 03-5767-9333

●JHC（ジェイエッチシー）
URL http://hotel.jhc.jp/
TEL 03-3543-7010

ホテル予約サイトの画面例。上：エクスペディア、下：アゴダ

※台湾にはシングルルームのないホテルが多い。1人泊の場合は、ダブルルーム／ツインルームのシングルユースとなる。

# 旅の必需品
# パスポート

5年用　　10年用

### 申請に必要な書類

①一般旅券発給申請書1通（各都道府県あるいは市区町村の旅券窓口に置いてある）
②戸籍抄（謄）本1通（6カ月以内に発行されたもの。切替申請の場合は不要）
③写真（縦4.5cm×横3.5cm、顔の縦の長さなど規制が多いので、詳細は旅券課資料参照）
④本人確認の書類は次のとおり。コピーは不可
　有効中または失効6カ月以内のパスポート、運転免許証、運転経歴証明書（平成24年4月1日以降交付のもの）、住基カード（写真付）、マイナンバーカード、船員手帳、宅地建物取引士証など公益団体が発行した写真付身分証明書のいずれか1点、もしくは以下のAとB各1点、またはAのみ2点
A：健康保険証などの被保険者証、国民年金などの証書か年金手帳、印鑑登録証明書など
B：学生証、会社の身分証明書、公の機関が発行した写真付資格証明書、失効パスポート（失効後6カ月を経過したもので本人確認できるもの）
⑤以前取得したパスポート（切替発給の場合必要）
●受領時には、申請時の受領証、手数料が必要。
＊手数料：5年用は1万1000円、12歳未満は6000円、10年用は1万6000円。受取りは本人のみで代理は不可。

## ■旅券（パスポート　Passport）

　海外旅行に必携。外国にいる日本人の身柄を日本国政府が保証する公文書で、海外滞在中の身分証明書でもある。
　有効期間が5年（紺色）か10年（赤色）のいずれかを選択できるが、20歳未満の場合は5年間有効のもののみ。また、パスポートは年齢にかかわらず1人に1冊必要。子連れで旅行をするときは注意のこと。

### ●新規申請

　必要な書類（左記）をすべて揃えて、住民登録をしている都道府県庁の旅券課に申請する。取得までは休日を除いておおよそ7～10日間。詳しくは、各都道府県庁旅券課へ問い合わせを。自分の申請先がわからない場合は、旅行会社でも調べてくれる。また、外務省のホームページで、全国の申請窓口を調べられる。
🔗 https://www.mofa.go.jp/mofaj/toko/passport

### ●台湾への渡航とパスポートの残存有効期間

　日本国籍を持っていれば、台湾にノービザで渡航することができる。ビザなしで台湾に入国した場合に、滞在できる期間は90日間まで。入国するときに、予定滞在日数以上の残存有効期間があるパスポートと、復路航空券（または船の乗船券）あるいは第三国への航空券を所持していることが条件となる。パスポートは、残存有効期間が1年未満になったら更新の申請ができるので、残存有効期間が3カ月を切ったら、旅行に間に合うように余裕をもって切替申請をしておこう。なお、残存有効期間は新しい旅券に加算されない。

### ●そのほかの変更申請など

　結婚による姓の変更などによる訂正申請、住民登録地以外での申請、代理人申請、紛失による新規発行などは、旅行会社や各都道府県庁の旅券課で詳しく聞くこと。

## ■査証（ビザ　Visa）

　パスポートと間違えやすいが、ビザは相手国政府が発行する入国許可証。通常はパスポートの査証欄にスタンプが押されるかたちで発行される。日本人が台湾に入国する場合、到着日の翌日から90日以内の滞在で、パスポートの残存有効期間が3カ月以上あり、帰り、もしくは第三国への予約済み航空券があればビザは不要なので、一般観光客には縁が遠い。
　ただし、それ以上の長期滞在を希望する場合には、短期停留ビザ、一年数次停留ビザ、商務目的一年数次停留ビザ、日本人退職者に180日有効のマルチビザ、語学研修ビザ、長期滞留（居留）ビザから、目的のビザを申請することになる。発給に必要な日数、書類、条件、手数料などは、ビザの種類によって異なるので、事前に台北駐日経済文化代表処のホームページ等で確認すること。
🔗 https://www.taiwanembassy.org/jp_ja

# 通貨とクレジットカード

## ■通貨と両替

台湾通貨の正式名称は「新台幣（シンタイビー）」「NT＄（ニュー台湾ドル）」だが、一般的には「台湾元（タイワンユエン）」「台幣（タイビー）」「元（ユエン）」と呼ばれる。ただし、日常会話では「元」を「塊（クァイ）」と通称することがほとんどである。なお、紙幣やコインの表記には「圓」の字が使われる。本書の料金表示はすべて「元」で統一している。（→p.8）

両替は、台湾入国後に両替したほうがレートがよいので、わざわざ出発前に日本で両替する必要はない。台湾で入国審査が終わったあと、入国ロビーにある銀行窓口で両替するのがおすすめだ。ホテルのフロントやデパートの両替窓口などでも可能だが、レートはよくない。旅行中に台湾元が必要になったら、ATMから引き出すのがよい。

## ■クレジットカード

台湾では、VISA、MasterはもちろんJCB、AMEX、DINERSなど、名の通ったクレジットカードはほとんど通用する。中国語でクレジットカードは「信用卡」と表記される。旅行中こまかく両替するくらいなら、積極的にカードで支払うことをおすすめする。ただし、街中の小さな商店や食堂などでは使えないこともあるので、最小限の現金は必要だ。また、クレジットカードはホテルでの宿泊や携帯電話、車や自転車のレンタルのときのデポジット（預け金）に要求される場合があるし、身分証明書代わりの役目を果たすこともある。手持ちの現金が不足してきたときにはATMで現地通貨をキャッシングすることも可能なので、ぜひ持参したい。

クレジットカードにはオプションで海外旅行傷害保険を付加したり、現地で困ったときに日本語でサービスを受けたりできるものもある。

## ■デビットカード

デビットカードは、カードでの買い物ができて、ATMで現地通貨を引き出すこともできるクレジットカードの一種で、使い方は一般のクレジットカードと同じ。異なるのは、カードを使った時に、金額が登録した自分の銀行口座から即時に引き落とされるところ。VISAデビットで知られるが、現在は多くの金融機関がVISAデビットやJCBデビットと提携したデビットカードを発行している。

ATM（自動提款機）の例

台北松山空港の銀行両替窓口

### 両替はどのくらい必要？

台湾の空港に着いて、手持ちの台湾元がなかったらさっそく両替しよう。台湾ではほとんどの店でクレジットカードが使えるが、ホテルに向かうバスやMRTに乗るにも、タクシーを使うにも現金が必要だ。市場や屋台ではカードは使えない。では、どのくらいの現金が必要だろうか。大口の支払いはカードで、という人なら、2泊3日の旅で3000～5000元程度あれば足りるだろう。

### 主なデビットカード

**VISA系デビットカード**

●三菱UFJ-VISAデビットカード
www.bk.mufg.jp/tsukau/debit/visa/

●りそなVisaデビットカード
www.resonabank.co.jp/kojin/visa_debit/

●ソニー銀行WALLET（Visaデビット付きキャッシュカード）
moneykit.net/lp/sbw/daily/

●デビットカード（SMBCデビット）
www.smbc.co.jp/kojin/debit/

●ジャパンネット銀行（VISAデビット）
www.japannetbank.co.jp/service/payment/cardless/

**JCB系デビットカード**

●セブン銀行デビット付きキャッシュカード
www.sevenbank.co.jp/

●楽天銀行デビットカード
www.rakuten-bank.co.jp/card/debit/jcb/

# 知っておくと便利
# 保険、運転免許証、国際学生証ほか

### 主な保険会社

- 損保ジャパン日本興亜
  https://www.sjnk.co.jp/
- AIG損保
  https://www.aig.co.jp/
- ジェイアイ傷害火災
  https://www.jihoken.co.jp/
- エイチ・エス損保
  https://www.hs-sonpo.co.jp/

### 免許証翻訳窓口

運転免許証の翻訳文

- JAF総合案内サービスセンター
  ナビダイヤル 0570-00-2811
  http://www.jaf.or.jp/

### 国際学生証申請窓口

▶大学生協組合員
　所属する大学生協のISIC発行店舗へ
▶大学生協組合員でない場合
　ISIC JAPAN ホームページからオンライン発行が可能
　https://www.univcoop.or.jp/uct/

### TRS問い合わせ先

- 外籍旅客e化退税服務網（日本語あり）
  https://www.taxrefund.net.tw
  （ショップリストのページもあり）

## ■海外旅行保険（海外旅行傷害保険）

　病気やケガなどに備えて海外旅行傷害保険には、ぜひ加入しておきたい。保険に加入していれば、金銭的な補償以外に、日本語対応の緊急ダイヤルを利用して、救急医療機関の紹介や手配、アドバイスなどのサービスを受けることもできる。
　クレジットカードに海外旅行保険が付帯しているものがあるが、海外で高額になりがちな治療費や救援者費の無制限保証などはついていない場合が多く、別に加入する価値は十分にある。また、クレジットカード付帯保険と組み合わせて加入できるプランなどもあるので、チェックをおすすめする。
　申込みは、旅行会社の他、保険会社のホームページからも可能。保険は出国前に申し込むのが原則で、台湾では申し込めない。空港にも保険会社のカウンターや自動加入機があり、出発当日でも加入できるが、自宅から空港までは適用外なので、加入するなら事前に手続きしておこう。

## ■運転免許証

　台湾では、日本の国外運転免許証で運転することは認められていない。そのかわりに日本の運転免許証とその翻訳文を所持していれば、台湾国内で自動車等の運転ができる。翻訳文は日本台湾交流協会もしくは日本自動車連盟（JAF）が作成したものに限られるので、日本国内で取得する場合は、日本自動車連盟支部に申請する。作成手数料は3394円で原則として即日発行。翻訳文の有効期間は免許証の有効期限と同一だが、入境後運転できる期間は1年なので、長期滞在の場合は台湾の運転免許証の取得が必要。詳細は日本台湾交流協会（→p.242）HPで。

## ■国際学生証（ISICカード）

　国際的に通用する学生身分証明証カード。中・高・短大・大学・大学院・専門学校・専修学校生に発行される。台湾では「学割」はメジャーではないが、故宮博物院の入場料が割引になるなど、持っていると便利。また、国際交流のツールや身分証明書としても使える。有効期限は学生年度＋4カ月で、最大16カ月。手数料1750円（郵送の場合は2300円）。

## ■TRS（特定商品還付）制度

　外国人旅行者向けの営業税還付制度。「TRS（特定商品還付）マーク」が張ってある店舗（有名デパートや有名ブランド店が中心。左記HPにリストが掲載）で、還付金額が1000元以内（購入金額2000～4万8000元）であれば、購入当日、その店で5％の税金分が還付される（少額税金還付）。また、還付金額が1001元以上（購入金額20001元以上）の場合は、空港の「外国人旅客税還付カウンター」で当該商品を提示すると還付が受けられる。いずれの場合にもパスポートの提示が必要だ。

# 日本での情報収集

## 台湾観光協会

　台湾観光協会は、台湾交通部観光局が運営する台湾の公立観光サービス機関。台湾各地に服務中心（サービスセンター）があり、日本にも東京と大阪に事務所がある。台湾と日本は正式な国交がないので、政府レベルでの情報が得にくいなかで、台湾に関する最新の観光情報を提供してくれる便利なところだ。

　日本語の台湾各地のパンフレットをはじめ、名所旧跡やイベントに関する小冊子を入手できる。また、観光ガイドだけではなく、ホテルや交通機関に関する情報も揃っている。電話・FAXとも日本語で対応してくれるので、わからないことがあったら相談してみるのもいいだろう。資料の郵送にも応じてくれるので、地方の人は遠慮なく頼んでみよう。

## インターネット

　台湾に関する情報は、インターネット上でいろいろ集めることができる。下記に台湾関連の主なホームページを掲載したが、個人のホームページやブログも役に立つことがある。本書では、できるだけ紹介ポイントの公式ホームページを掲載しているので、記事と併せて参照していただきたい。

台湾観光局日本語版ホームページ

### ●台湾関連の主なホームページ

**台湾観光局**　http://jp.taiwan.net.tw
　台湾の最新観光情報がわかる
**台北駐日経済文化代表処**　https://www.roc-taiwan.org/jp_ja/
　在日大使館に相当する台湾の政府機関
**日本台湾交流協会**　https://www.koryu.or.jp/
　台湾で日本大使館に代わる業務を行う
**TAIPEI navi 台北ナビ**　https://www.taipeinavi.com/
　台北中心に台湾の現地情報を紹介
**旅々台北.com**　https://tabitabi-taipei.com/
　台湾・台北観光の現地情報が満載
**台湾観光バス**　https://www.taiwantourbus.com.tw/
　観光局お墨付きの観光ツアーバス紹介
**台湾好行**　https://www.taiwantrip.com.tw/
　主要観光地へのシャトルバス情報の紹介
**國立故宮博物院**　https://www.npm.gov.tw/
　最新の展示情報をチェック

### 台湾観光協会の連絡先

●**東京事務所**
東京都港区西新橋1-5-8 川手ビル3F
TEL 03-3501-3591
FAX 03-3501-3586
開 9:30～17:30

●**大阪事務所**
大阪市北区西天満4-14-3 リゾートトラスト御堂筋ビル6F
TEL 06-6316-7491
FAX 06-6316-7398
開 9:30～18:00

〈共通〉
休 土・日曜、祝日・旧正月元旦・国慶節（10月10日）

### 渡航先の安全情報を事前に確認する

●**外務省領事サービスセンター**
（海外安全相談班）
TEL 03-3580-3311
（内線2902、2903）
開 9:00～12:30、13:30～17:00
休 土・日曜、祝日

●**外務省海外安全ホームページ**
https://www.anzen.mofa.go.jp/

●**海外安全アプリ**
　スマートフォンのGPS機能を利用して、今いる旅先の安全情報が入手できる。外務省が提供しており、App StoreやGoogle playで無料で手に入る。

# どんな服装、なにが必要か？
# 気候と服装

### 温泉は水着持参で

台湾の温泉ホテルでは、水着と帽子着用のSPAや屋外温泉のスタイルをとるところが多い。貸し水着や販売もあるが、荷物の中に水着と水泳帽を入れておけば、台湾温泉の楽しみを逃さないですむ。

### 現地調達するなら

●デジカメのメモリーカード
メモリーカード、ICカードなどの電子部品は、台湾のほうが安い。台北駅前のNOVA、八徳路の電脳街や光華商場に行けば、安く売っている店がたくさんある。
●化粧品・雑貨類
菓子や雑貨も扱う屈臣氏（ワトソンズ）やCOSMED（コスメ）をはじめとするドラッグストアが街のいたるところにあるので、日本で手に入るものはほとんど現地調達できる。おみやげ探しも兼ねてこれらの店をのぞいてみよう。

### 手みやげの準備

旅行していると、思いがけない出会いや交流が生まれるもの。そんなときに、ちょっとした手みやげがあるととても喜ばれる。ストラップ類、布小物など、かさばらず、だれにでもあげられる物だと重宝する。

## ■台湾に何を着ていくか （季節の特徴はp.8参照）

台湾は亜熱帯、熱帯に属した「暑い国」だ。しかし、中央部の山岳地帯には富士山よりも高い4000m級の山が連なり、時には降雪すら見られる。

四季は不明瞭だが短い冬と長い夏があり、5月下旬～6月には日本の梅雨のような雨期がある。7～9月には台風の通り道となり、年に何回かは大型の台風に見舞われる。12～2月の台北は雨が多く、冷え込むこともある。一日の寒暖差、日によっての寒暖差が大きいのが特徴だ。

## ■季節と服装

日本の春から初夏の服装が基準となるが、一年を通して長袖の羽織るものが必携だ。

| 3～5月<br>9～11月 | 半袖の日本の初夏の服装を基本に、朝晩羽織る長袖やジャケットを持参。 |
|---|---|
| 6～8月 | 日本の真夏の服装が基本。日差し除けと室内の冷房対策に長袖の羽織るものをプラス。 |
| 12～2月 | 日本の秋の服装を基本に、朝晩羽織る長袖やジャケットを。北部ではジャケットが必携。 |

## ■夏の台湾は十分な熱中症対策を

熱帯、亜熱帯の国だけあって、夏の台湾はかなり暑い。湿度が高く日差しも強い。日焼け止めのクリームは必ず準備したい。ペットボトルや水筒を持参し、水分をこまめに補給しよう。かき氷など冷たいデザートも暑さ対策の一つ（ほどほどに！）。日差しに過敏な人は、帽子、サングラス、長袖など十分な対策を。

一方、ホテルやレストラン、デパート、乗り物などは、強力に冷房されている。冷風除けの長袖は常に持ち歩こう。

## ■雨対策

台湾は南部をのぞけば、一年を通して比較的雨が多い。そのため季節を問わず、折りたたみ傘は持参したい。5～9月にかけては、熱帯地方特有のスコールのような激しい雨が降る。靴も濡れることを想定して選ぶのがよい。通気性がよく、濡れても乾きやすいウォーキングシューズがおすすめ。夏場なら、ストラップでしっかりホールドできるサンダルもよい。

また、冬の北部の雨はとても冷えるので、しっかりした寒さ対策が必要だ。

※ホテルの客室が冷えきっているときは、室内清掃のあと、冷房を切っておいてもらうようにリクエストしよう。

# 持ち物チェックリスト

| チェック | 持ち物 | チェックポイント |
|---|---|---|
| ● | パスポート | 早めに申請する |
| ● | パスポートのコピー&写真5枚 | 紛失時の「帰国のための渡航書」用に |
| ● | eチケット控え | |
| ● | ホテル予約確認書 | 個人手配旅行か |
| ● | 旅程表・ツアーのしおり | ツアーかで違ってくる |
| ● | 海外旅行傷害保険 | 契約書控えと説明書 |
| ● | 現金(日本円) | クレジットカードを活用しよう |
| ● | クレジットカード | |
| ● | 時計(腕時計など) | 旅では時間の確認は重要 |
| ● | 「わがまま歩き㊲台北」 | 本書を旅のお供に |
| ● | 上着(羽織るもの) | 通年、夏も冷房対策に必需品 |
| ■ | 服・下着類 | 滞在日数に必要な枚数を |
| ● | 筆記用具&メモ帳 | 台湾は漢字で筆談できる |
| ● | 辞書・会話集 | 挨拶はできれば暗記しよう |
| ■ | パジャマ | あるとくつろげる |
| ● | 帽子・サングラス・日焼け止め | 日差し対策に |
| ■ | 折りタタミ傘・レインコート | 雨対策に |
| ● | 薬・絆創膏など | 転ばぬ先のつえ |
| ● | ポケットティッシュ | 台湾では意外に高い |
| ● | ハンカチ・ハンドタオル | 汗かきの人は必需品 |
| ■ | 歩きやすい靴・サンダル | あちこち見て歩きたい人に |
| ■ | サブバッグ | 帰りの荷物が増えたときに |
| ■ | 水着・水泳帽 | 温泉の露天風呂やスパで必要 |
| ● | 携帯・スマホ・タブレット | 国際ローミングやWi-Fiに対応 |
| ■ | デジタルカメラ | 予備のメモリーカードやバッテリーも |
| ■ | 果物ナイフ | おいしい果物を現地で味わう |
| ● | ウェットティッシュ | 外での食べ歩きに重宝 |
| ● | 密閉袋・密閉容器 | 食べ残り料理の持ち帰りに便利 |
| ● | 携帯灰皿 | スモーカーの最低限のエチケット |
| ■ | 洗面用具・ドライヤー | 都市のホテルならほとんど常備 |
| ● | スリッパ | ホテルによっては常備している |
| ■ | ビニール袋・粘着テープ | 荷物整理などあればなにかと便利 |
| ■ | 生理用品 | 持っていたほうが安心 |
| ■ | 化粧品 | 液体、チューブは機内持ち込み禁止 |
| ■ | 手みやげ | コミュニケーションがスムーズに |

●=機内持ち込み　■=受託手荷物(チェックインのときに預ける)

※リチウム電池を受託手荷物に入れることは禁じられている。(カメラ等にセットされた状態ならOK)予備のリチウム電池やモバイルバッテリーは、機内持ち込み手荷物に入れること。

絶対に必要なもの / あれば便利なもの / 必要があれば持っていくもの

## 機内持込み手荷物に関する制限

機内に持ち込める手荷物は、各辺の長さが56×36×23cm以内、重さが7kgのもの1個が基本。(チャイナ エアライン、エコノミークラスの場合。航空会社によって異なるので要確認)

パソコン、破損しやすいもの、金銭、貴重品、重要書類、リチウム電池などは機内持ち込み手荷物にする。ベビーカーや車椅子の持ち込みは航空会社によって扱いが異なる。

## 液体類の持込みは要チェック

テロ防止のため、化粧品や飲み物など、液体類の機内持込みが規制されている。持ち込む場合は100mℓ以下の容器に入れ、密封可能な容量1ℓ以下のビニール袋に収めるという厳重さ。

## 無料預入れ荷物に関する制限

飛行機に搭乗するときに1人が無料で預けられる荷物(受託手荷物)の規則は、航空会社によって異なる。チャイナ エアラインの場合は下記。

ビジネスクラス40kg以内、プレミアムエコノミークラス35kg以内、エコノミークラス30kg以内のもの1個。これを越えると追加料金が必要となる。

## ついうっかり、に注意

飛行機に乗る前に受ける手荷物検査では、思いがけない物が制限される。果物ナイフ、万能ナイフはもちろん、裁縫用ハサミ、ペーパーナイフ、カメラ用三脚も持ち込み禁止だ。プリンやジャムも液体物扱いでダメ。逆に、使い捨てライターは預入れ荷物に入れてはいけない。1個のみ、機内持ち込み可だ。

トラベルインフォメーション[日本編] 気候と服装/持ち物チェックリスト

# 空港に行く 成田国際空港

成田国際空港インフォメーション
☎0476-34-8000
ウェブサイト…https://www.narita-airport.jp/

日本最大の国際線就航数を誇る空港で、東京都心から60kmの千葉県成田市にある。第1～第3の3つのターミナルからなり、鉄道もバスも下車駅が異なる。東京寄りが第2ターミナルビル駅で、第1ターミナルへは終点の成田空港駅へ。両ターミナル間は無料連絡バスが日中約7分おきに運行。

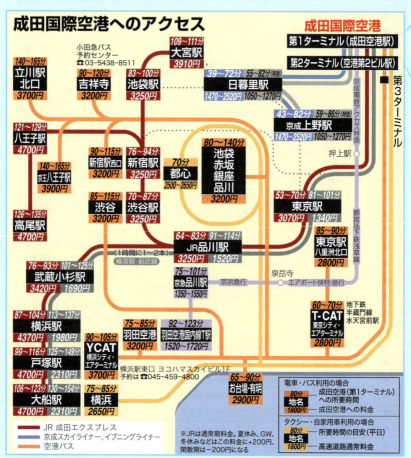

## 成田エクスプレス
### 時間に正確、大きな荷物も安心！

東京、神奈川、埼玉の主要駅と成田空港を結ぶJRの特急で、荷物を置くスペースも完備。1日27便。八王子や大宮からは少なくとも1日2本のみ。夏期には横須賀、鎌倉からの臨時便も運行。「立席特急券」はないが、かわりに乗車日と乗車区間のみ指定の「座席未指定特急券」を導入。料金は指定特急券と同額。

## 横須賀・総武線でも

特急にくらべ時間はかかるが、JRの普通列車でも成田空港に行ける。横須賀線・総武線直通運転の快速エアポート成田は、日中ほぼ1時間に1～2本の運行。特急券は不要で、乗車券のみで利用できる。ただし車両は普通の通勤用なので、大きな荷物があると不便。
JR東日本お問い合わせセンター……………
☎050-2016-1600

 鉄道ダイヤの乱れや道路渋滞で遅れて飛行機に乗れなかったとしても、航空券の弁償はしてもらえない。ツアーの場合は旅行会社、個人旅行の場合も利用航空会社の緊急連絡先は控えておき、すぐに連絡をして善後策を相談。

# Airport Guide

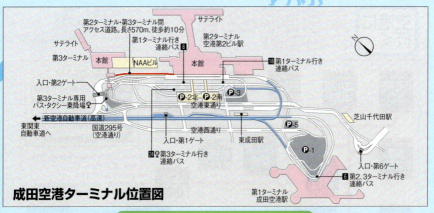

## 成田空港ターミナル位置図

### 台湾に就航中のエアライン

**第1ターミナル 南ウイング**
- 全日空(全日空)
- エバー航空(長榮)

**第3ターミナル**
- バニラ・エア(香草)
- ジェットスタージャパン(捷星)

**第2ターミナル**
- 日本航空(日航)
- チャイナエアライン(中華)
- タイガーエア台湾(台湾虎航)
- スクート(酷航)
- マンダリン航空(華信)
- キャセイパシフィック航空(國泰)

空港に行く　成田国際空港

## スカイライナー
### 世界標準のアクセスタイムを実現
　成田スカイアクセス線経由のスカイライナーは、日暮里と成田空港駅(第1ターミナル)間を最速38分で結ぶ。料金は2520円。18時以降は京成本線経由のイブニングライナーが1470円と安くて便利。特急料金不要のアクセス特急は青砥から所要約45〜50分、1140円。上野からだと京成本線経由の特急が1時間2〜3本運行、1050円。
京成お客様センター……………☎0570-081-160

### 京急線、都営地下鉄からでも
　京浜急行、都営浅草線からも直通のエアポート快速特急とエアポート急行などが成田スカイアクセス線及び京成本線経由で毎日23本運行。20分近く時間短縮となり便利。
京急ご案内センター……………☎03-5789-8686

## リムジンバス
### 乗り換えなしでラクチン
　乗り換えが多いなどの理由でJRや京成電鉄の利用が難しいなら、自宅近くからリムジンバスや高速バスが出ていないか要チェック。都心や都下の主要ポイントを運行する東京空港交通(リムジンバス)のほかに、京王、小田急、神奈川中央バス、京成バスなどが関東や静岡などの主要都市から数多く運行している。
リムジンバス予約・案内センター…☎03-3665-7220
　……https://www.limousinebus.co.jp/
京王高速バス予約センター(聖蹟桜ヶ丘、多摩センター、調布など)………☎03-5376-2222
小田急バス予約センター(たまプラーザ、新百合ヶ丘など)………………☎03-5438-8511
神奈中高速バス予約センター(茅ヶ崎、藤沢、相模大野、町田など)………☎0463-21-1212

## 格安バス
### 都心から格安で成田へ直行
　東京駅八重洲口、銀座、大崎から成田空港まで1000〜2000円(深夜早朝便)の格安バスが運行されている。(問い合わせ先は下記)

格安バスの問い合わせ先。東京シャトルHYPERLINK及び有楽町シャトル www.keiseibus.co.jp、THEアクセス成田 accessnarita.jp、成田シャトル travel.willer.co.jp

# 空港に行く 東京国際空港（羽田空港）

東京国際空港ターミナル
インフォメーション
☎03-6428-0888
ウェブサイト…http://www.haneda-airport.jp/inter/

## 羽田空港へのアクセス

### 台湾に就航中のエアライン
- 全日空（全日空）
- 日本航空（日航）
- タイガーエア台湾（台湾虎航）
- エバー航空（長榮）
- チャイナエアライン（中華）
- ピーチ（樂桃）

## ■ 電車

京浜急行と東京モノレールを利用。京浜急行の場合は品川から快特・エアポート急行で11～23分、300円。横浜駅から16～31分、340円。新橋から都営浅草線直通の快特・エアポート急行で22～34分、420円。

モノレールの場合、山手線浜松町駅から13～21分、500円。日中は3～5分間隔で運行。
京急ご案内センター…………☎03-5789-8686
東京モノレールお客さまセンター……☎03-3374-4303

## ■ 空港バス

都内各方面、神奈川・埼玉県など各地からリムジンバスが運行している。新宿・渋谷・横浜などでは深夜・早朝便を割増料金で運行。
リムジンバス予約・案内センター…☎03-3665-7220
京浜急行バス京浜島営業所…☎03-3790-2631

東京国際空港位置図

## ■ クルマ

首都高速湾岸線湾岸環八出口から国際線ターミナルまで約5分。国際線ターミナルの南側に国際線駐車場（24時間2140円。以後24時間ごと2100円、72時間超えた場合は1日の上限1530円）がある。ハイシーズンは満車の場合が多いので予約がベター。予約料1400円。
国際線駐車場……………………☎03-6428-0121

! 2020年3月から「国際線旅客ターミナルビル」の名称が「第3ターミナルビル」に変更される。また「国際線駐車場」は「第5駐車場」となる。東京モノレール、京急電鉄の駅名も変更になる。

# Airport Guide

## 空港に行く 関西国際空港

関西国際空港総合案内所
☎072-455-2500
ウェブサイト…https://www.kansai-airport.or.jp/

### 電車

京都、大阪と関空を結ぶJRの特急「はるか」がある。京都から日中はほぼ30分に1本。京橋または天王寺発なら関空快速がある。
JR西日本お客様センター……☎0570-002-486
難波から関空に行くのが、南海電鉄「ラピートα」「ラピートβ」で、停車駅が異なる。合わせて31本運行。
南海テレホンセンター…………☎06-6643-1005

### 空港バス

関西から一部四国まで路線が充実。2週間有効の往復乗車券が割引でおすすめ。
関西空港交通………………☎072-461-1374

京都・神戸・芦屋エリアから関空まで乗合タクシーが走っている。料金は京都から1人4200円、神戸・芦屋2500〜4200円など。予約は、MKスカイゲイトシャトル（京都☎075-778-5489／神戸・芦屋☎078-302-0489)、ヤサカ関空シャトル（京都☎075-803-4800）へ。

## 空港に行く 中部国際空港（セントレア）

セントレアテレホンセンター
☎0569-38-1195
ウェブサイト…https://www.centrair.jp/

### 中部国際空港へのアクセス

**鉄道**
名古屋、岐阜、犬山などと中部国際空港間は名鉄を利用。快速特急（ミュースカイ）を使えば名古屋からだと最速で28分で空港に。料金はミューチケット360円込みの1230円。
名鉄お客さまセンター……☎052-582-5151
https://www.meitetsu.co.jp/

**空港バス**
名古屋市内や近郊、愛知県各所、四日市、桑名、浜松、掛川ICなどから高速バスが運行している。乗り換えしなくてすむのが便利だ。

名鉄お客さまセンター……☎052-582-5151
三重交通四日市営業所……☎059-323-0808
桑名営業所……☎0594-22-0595
知多乗合お客様センター……☎0569-21-5234
遠州鉄道空港バス係……☎053-451-1595

**船**
三重県の津から高速艇が中部国際空港まで運航。通常ダイヤで1日13便。定期整備のための減便ダイヤあり。料金2520円。
津エアポートライン……☎059-213-4111（津）

## 空港に行く 福岡空港
福岡空港国際線案内……☎092-621-0303
https://www.fukuoka-airport.jp/

## 空港に行く 仙台国際空港
仙台空港総合案内所……☎022-382-0080
https://www.sendai-airport.co.jp

## 空港に行く 新千歳空港
新千歳空港総合案内……☎0123-23-0111
http://www.new-chitose-airport.jp/

# 出国手続きの流れ

空港には飛行機の出発時刻の2時間前には到着していることが原則。チェックインの手続きは通常、出発時刻の3時間前から開始。Webチェックインをすませ、預け入れ荷物（受託手荷物）がなければ1時間前でも間に合う。

## チェックイン

空港に着いたら、利用航空会社のチェックインカウンターに行き、パスポートを提示してチェックインする。チェックインカウンターには列ができていることが多いが、自動チェックイン機を使えば、並ばずにすむ。チェックインが無事にすむと、搭乗券（ボーディングパス）が受け取れるので、搭乗ゲートに集合する時刻をチェックしておく。

預ける荷物がある場合は、カウンターで荷物を預ける手続きが必要。荷物の重量は、ここでチェックされる。荷物と引き換えにクレームタグ（荷物の預かり証）が渡されるので、なくさないようにしよう。

預けた荷物は、ベルトコンベアーに載せられて、カウンター後方のX線装置で検査される。自分の荷物が通過したことを見届けてから、その場を離れよう。

※ダブルブッキングなど、万一のトラブルに備えて、航空券を購入したときに使ったクレジットカードは、すぐに出せるように用意しておくとよい。
※荷物にモバイルバッテリーや予備のリチウム電池、不審物が入っていると、荷物を開けるように指示される。
※海外旅行傷害保険は保安検査場に入る前なら、出発前の空港でも加入できる。

## 保安検査場（セキュリティーチェック）

機内持ち込み手荷物のX線検査と、金属探知機での身体検査がある。見送りの人は、ここから先には入れない。液体物は持ち込めないので、持参の水などは前もって捨てておく。ポケットのコインや腕時計、ベルトのバックルなどに反応することもあるので、小物類はトレイにのせるか、荷物の中に移しておくと検査がスムーズ。

検査を通過したら、そのまま出国審査のカウンターへ向かう。

※パソコンは検査のときは手荷物から出しておく。
※上着や帽子は脱ぐこと求められる。ブーツも脱ぐように指示されることがある。
※保安検査場が混雑している場合には、早めに通過しておこう。

## 出国審査

出国審査場では、日本人の出国手続きをスムーズに進めるために、顔認証ゲートが導入されている。顔認証ゲートでは、自分でパスポートの写真ページを読み取り画面に起き、カメラが組み込まれたミラーの前に正面を向いて立つだけ。顔認証ゲートでは、パスポートのICチップに記録が残されるので、認証スタンプを受けることなく手続きが完了する。記念にスタンプが欲しい場合には、職員のいるゲートに行くと、押してもらえる。

## 搭乗ゲート

出国審査を終えたあとは、搭乗券に指定された時刻まで、しばしの自由時間。すでに免税エリアに入っているので、ここでの買い物は免税となる。成田空港など広い空港では搭乗ゲートまで時間がかかる場合があるので、余裕を持って行動しよう。搭乗ゲートでも、搭乗券とパスポートの提示を求められる。

※飛行機の整備の都合などで、搭乗ゲートが変更になることもあるので、早めに搭乗ゲートを確認しておくとよい。
※搭乗時刻に遅れると飛行機の離陸を遅らせることになり、多大な迷惑をかけるので、絶対に遅れることのないようにしよう。

# 空港利用のプラスワザ

## 荷物は空港宅配サービスで

　スーツケースなど重い荷物を空港まで運ぶのは大変。宅配便を利用すればそんな苦労も無縁。帰りも空港から自宅に荷物を送ることができる。航空会社と提携したサービスを使えば、マイレージが付くなどのメリットも。2日前までに荷物を出し、空港の配送会社カウンターで受け取る。

●ヤマト運輸空港宅急便（国内17空港）
☎0120-01-9625
☎050-3786-3333（IP電話から）
www.kuronekoyamato.co.jp
（ネット申し込み可）
（料金例）関東から成田空港へ。160サイズ（3辺合計160cm以内、重さ25kgまで）2678円。復路も空港カウンターから発送可能。

●主要空港宅配便連絡先
JAL ABC（成田・羽田・関空・中部）
☎0120-919-120　☎03-3545-1131（携帯から）
www.jalabc.com/（ネット予約可）
ANA手ぶら・空港宅配サービス（成田・羽田・関空）
☎0570-029-333
www.ana.co.jp/ja/jp/international/prepare/baggage/delivery/

## Webチェックインで時間を有効活用

　パソコンやスマホからチェックインができるサービスがWebチェックイン。eチケットがあれば誰でも可能。出発の72時間前からでき、座席指定も可能。搭乗券を印刷するかモバイル搭乗券をスマホで受け取れば完了。その代表例がANAの「オンラインチェックイン」や日本航空の「QuiC」。当日預ける手荷物がなければそのまま保安検査場へ。ある場合は手荷物専用カウンターで預けてから。空港には搭乗60分前までに着けばいいので楽だ。詳細は各航空会社のHPで。

## 手ぶらサービスで荷物を現地空港まで

　日本航空と全日空は、成田・羽田・関空・中部（中部は日本航空のみ）発の国際線（グアムやハワイを含む米国路線、米国経由便、共同運航便を除く）の利用者に対して、自宅で宅配便に預けたスーツケースを渡航先の空港で受けとれる手荷物チェックイン代行サービスを行なっている。前述のWebチェックインと併用すれば、空港での手続きがなく楽。料金は、日本航空が従来の空港宅配便プラス210円、全日空がプラス324円。
　申し込みは日本航空はwww.jalabc.com/。全日空はwww.ana.co.jp/ja/jp/international/prepare/baggage/delivery/。

## 定番みやげは予約宅配で

　旅先で限られた時間を、みやげ探しに費やしたくない。そんな場合に活用したいのが、海外旅行みやげの予約宅配システム。成田にある海外おみやげ予約受付（第1北4F）では、チョコレートやお酒など、世界各国の定番のおみやげを豊富に揃えており、全国一律972円で指定の日に配達してくれる。出発前に商品カタログを自宅に取り寄せて（☎0120-988-275）申し込むか、空港の受付で注文しておけば、身軽に海外旅行が楽しめる。羽田、関空、中部にも同様のサービスがある。

## 成田空港までマイカーで行くなら

　成田空港までのアクセスに車を使う場合、問題になるのが駐車場。空港周辺の民間駐車場をネット予約すれば、空港までの送迎付きで4日間3000円、7日間で5000円くらい。高速代を加味しても、同行者がいるなら成田エクスプレス利用よりは安くなるが、時間がかかる。
　成田空港の駐車場を利用すると利便性は高まるが、料金は民間より高くなる。第1ターミナルならP1かP5駐車場、第2・第3ターミナル利用ならP2かP3駐車場が近くて便利。このうち予約ができるのはP2とP5のみ。料金はP1、P2駐車場の場合、5日駐車で1万300円。それ以降は1日につき520円加算となる。GWや夏休みは混むので、予約は早めに。

成田空港駐車場ガイド（民間）
www.narita-park.jp/
成田国際空港駐車場案内
www.narita-airport.jp/jp/access/parking/

# トラベルインフォメーション［台北編］

| | |
|---|---|
| 入国ガイド | p.226 |
| 帰国ガイド | p.228 |
| 台湾桃園国際空港 | p.230 |
| 台北松山空港 | p.232 |
| 空港から台北市内へ | p.233 |
| 台北市内交通利用ガイド | |
| 　MRT（捷運） | p.234 |
| 　タクシー（計程車） | p.236 |
| 　バス（公車） | p.237 |
| 　台鉄 | p.238 |
| 　台北駅構内 | p.239 |
| 実用情報 | |
| 　国際電話、Wi-Fi | p.240 |
| 　レストラン | p.241 |
| 旅の安全と健康 | |
| 　トラブル、盗難、病気など | p.242 |

TRAVEL INFORMATION

# 入国ガイド
# いよいよ台湾へ第一歩

## 入国カード＝入國登記表の書き方

台湾に入国するには、入国審査のときにパスポートを提示すると同時に、入国カード（入國登記表＝ARRIVAL CARD）を提出する。

入国カードは飛行機内で配られるので、受け取ったら着陸までに記入しておくと、スムーズに入国審査に進むことができる。免税額を超える人は中華民國海關申報單（下記）も受け取っておく。

入国カードは中国語（漢字）と英語で併記されている。漢字は楷書で、アルファベットはブロック体で記入すること。

|  |  |
|---|---|
| 1 | 姓（パスポートと同じスペル）|
| 2 | 名（〃）|
| 3 | パスポート番号 |
| 4 | 生年月日（西暦）|
| 5 | 国籍 |
| 6 | 性別 |
| 7 | 日本からの便名（搭乗券に書いてある）|
| 8 | 職業 |
| 9 | ビザの種類（取得者のみ）|
| 10 | ビザ番号（〃）|
| 11 | 現住所（パスポート記載の現住所を都道府県から記入）|
| 12 | 台湾での滞在先（ホテル名など）|
| 13 | 旅行目的（特別のビザがない限り観光にチェック）|
| 14 | 署名（パスポート署名欄と同じサイン）|

### ＜中華民國海關申報單について＞

出入国時に携帯できる外貨、ニュー台湾ドル（NT＄）に規制があるので、注意しよう。

**外貨**／1万US＄相当額以上の現金を持って出入国する場合、税関申告書に明記して申告をする。申告をしておかないと、出国時に没収される。

**ニュー台湾ドル**／10万元が限度額。それを越える場合、出入国前に中央銀行に許可申請をして、証明書が必要となる。旅客簽名は本人のサイン。パスポートの署名欄と同じサインを。

### チェックポイント
- 機内での入国カード記入に備え、筆記具やパスポート、eチケット控えは手元に置いておくとよい。
- 英語表記の場合はブロック体、漢字も崩して書かない。
- 入国カードの記入は飛行機内で済ませておくと、到着後の手続きもスムーズ。

## 空港到着から空港出口まで

台北の空の玄関口は、台湾桃園国際空港と台北松山空港の2ヵ所。飛行機の着陸から、到着ロビーの出口を抜けるまでの流れはどちらも同じで、指示に従って歩けばよい。パスポートと入国カードだけは、取り出しやすいように準備しておくこと。

### 1 飛行機から空港ビルへ

飛行機が着陸後、ベルト着用のサインが消え、降機のアナウンスが流れたらいよいよ台湾へ入国だ。飛行機から降りたら、案内板の「入境／ARRIVAL」の指示に従って進む。到着サテライトのコンコースには動く歩道も一部備えられている。係員も迎えてくれるので、指示通り進めば問題ない。

### 2 入国審査（入境審査）

入国ロビー（入境證照査驗大廳）に入る手前で検疫カウンターを通過する。モニターで体温を自動測定していて、特に体温の高い人は呼び止められ再測定を求められる場合がある。

入国審査は、「持中華民國護照旅客」（中華民國国籍パスポート）と「持非中華民國護照旅客」（外国人パスポート）に分かれているが、混雑している場合は外国人でも中華民國国籍用に誘導されることがある。審査台の手前で順番を待ち、パスポートを提示し、入国カード（入國登記表）を提出して、入国スタンプをもらう。審査は簡単で、観光が目的の場合はほとんど質問されることはない。

桃園国際空港では入国ロビーにも銀行の両替所がある。入境審査が混雑しているときには、先にここで両替するのもよい。

### 3 荷物のピックアップ（提領行李）

入国審査が済んだら「提領行李／BAGGAGE CLAIM」の案内に従い1階へ降りる。ここで、搭乗時に預けた荷物を受け取る。手荷物受取所（提領行李區）にはターンテーブルがあり、それぞれの台の上に便名の表示が出ている。30分以上たっても出てこないような場合や、荷物が見つからない場合は荷物引替証（クレームタグ）を係員に見せて探してもらおう。

### 4 税関（入境海關検査）

荷物を受け取ったら、つぎは税関検査。課税対象になるものを持っていない場合は、緑ラインの「快速海關検査台」へ。検査もなくスムーズに通れる。課税の場合には、赤ラインの「一般海關検査台」で審査を受け、所定の税金を納付しなければならない。税関を通過するとすぐに出口がある。

### 5 出口（到着ロビー）

出口を抜けると、目の前に到着ロビーが広がり、台湾での第一歩が始まる。旅行社やホテルなどの出迎えがある場合は、迎えの人が出口の前でそれぞれのサインボードを掲げて待っている。

---

**台湾入国時の免税範囲**

葉巻き25本または紙巻きタバコ200本、酒1ℓ以内（本数制限なし）、外貨は1万US＄または相当額まで、台湾ドルは10万元まで、食品は非発病地域からのものに限る、フルーツや肉類は全面不可。

国際空港での関税の支払いにはクレジットカードが使用できる。

詳細は、台湾交通部観光局HP内の「出入国案内」を参照（日本語）。
http://jp.taiwan.net.tw

**両替のタイミング**

日本円から台湾元への両替は、レートのよい台湾の空港にある銀行窓口がおすすめ。ツアーの場合は、出口を出るとすぐに団体行動になってしまうので、出口手前の両替所で、個人旅行ならあわてず、出口を出てからの到着ロビーの両替所でじゅうぶん。

台北松山空港到着ロビーの両替所

**電子タバコは持ち込み禁止**

台湾では、電子タバコ（加熱式たばこも含む）の国内への持ち込みは禁止されていて、国内で販売もされていない。機内持ち込み手荷物でも、受託手荷物でも持ち込み不可なので、注意が必要。

# 帰国ガイド
# 日本への帰国準備と手続き

### 主な航空会社の台北での連絡先

- **チャイナ エアライン（CI）**
  コールセンター
  TEL 02-412-9000
- **エバー航空（BR）**
  TEL 02-2501-1999
- **日本航空（JL）**
  FREE 00801-81-2727
- **全日空（NH）**
  FREE 00801-81-4750

### 帰国便が遅い場合

ホテルのチェックアウトはほとんどが12時。帰国便が夕方以降の場合には、チェックアウトを済ませて、スーツケースなど大きな荷物はホテルに預けて行動するのがおすすめ。帰国便に合わせてホテルに荷物を取りに戻ればいいので、買い物などに有効に時間が使える。

### 台北駅でチェックイン

桃園国際空港と台北を直結するMRT桃園機場線の台北車站駅で、チャイナエアラインとエバー航空の2社のインタウンチェックインが可能になった。桃園空港発の便の離陸3時間前まで受け付けている。台北車站駅でセルフチェックインし、受託手荷物を預け、手軽に空港に向かったり、出発まで街歩きを楽しむことができるようになった。

台北車站駅のセルフチェックイン機

## 帰国準備

### ●Webチェックインや座席予約

個人手配で購入した航空券では、チケットの種類によって24時間前のWebチェックインや座席の事前予約が可能な場合がある。また、現在のeチケットでは、基本的にリコンファーム（帰国便の予約確認）は不要だ。

### ●パッキング（荷造り）

荷物の整理は、出発日前日までに終わらせておこう。スーツケースの重量オーバーが心配な場合は、ホテルのはかりを借りるとよい。

機内持ち込み禁止品を、受託手荷物に入れることを忘れないように。ジャムや蜂蜜、ゼリーなども液体扱いで持ち込めない。旅行中に使ったハサミや果物ナイフも忘れないように。

一方、リチウム電池（モバイルバッテリーやカメラの予備電池）は機内持ち込みに。税関で免税証明を受ける免税品も、必ず機内持ち込みにすること。

### ●ホテルのチェックアウト

ホテルの部屋を出る前に、忘れ物がないか確認しよう。金庫や冷蔵庫、クローゼット、洗面所など、ひと通りチェック。最近多いのが携帯電話の充電器の抜き忘れ。コンセントのチェックを忘れないように。

## 台湾出国

### ●チェックイン（搭乗手続き）

空港でのチェックインは、出発3時間前から受け付けているので、遅くとも出発時刻の1時間半くらい前までには空港に着くようにしたい。台湾桃園国際空港（→p.230）は、混雑によりチェックインに時間がかかったり、広い空港内の移動に時間がかかるので、余裕をみて空港へ向かおう。

台北松山空港（→p.232）へはMRT（捷運）の利用が可能だが、荷物がある場合にはタクシー利用が便利。台北市内ならだいたい30分以内で到着できる。

桃園国際空港には第1と第2の2つのターミナルビルがある。バスを利用する場合は間違えないように下車しよう。万一、間違えた場合には、ターミナル間を結ぶ電車（Sky Train、2～8分間隔で運行）かシャトルバス（10～30分間隔で運行）を利用する。

空港では、航空会社のチェックインカウンターで、eチケット控えとパスポートを提示してボーディングパス（搭乗券）を受け取る。荷物を預ける場合にはクレームタグ（荷物預かり証）も受け取る。

また、税関に申告したいものがある場合には、ここで税関申

## ここがポイント！
- 空港へは渋滞も考慮して早めに移動。出発1時間前にチェックインしないと搭乗できないこともある。
- 台湾元から日本円への再両替は出国チェックインロビーと出国審査後の待合ロビーの銀行窓口で可能。
- 「携帯品・別送品申告書」の提出は、帰国する日本人全員と義務づけられている。機内で記入しておくとよい。

告書＝中華民國海關申報單をもらっておく。

### ●出国手続き
余った台湾元は日本円へ再両替しよう。空港内では台湾元から日本円への再両替ができる（帰国後、成田空港などでも紙幣の台湾元から日本円への再両替はできるがレートは悪い）。出国審査後の免税店や喫茶店では台湾元のほか、日本円やクレジットカードも使えるので再両替しても大丈夫だ。

いよいよ出国。セキュリティチェック（手荷物検査）を受け、出国審査場へ。ここではパスポート、搭乗券を提示するだけ。税関申告品がある場合には、税関申告書も提出する。持ち出し禁止品がなければ、特に問題はなく、出国ロビーへ向かう。

### ●搭乗まで
出国審査のあとのロビーには免税店、みやげ物店、レストランなどがあり、ショッピングや軽い食事が楽しめる。ただし、搭乗券に指定された時間（だいたい出発30分前）までには搭乗ゲートに着いていること。特に桃園国際空港は広く、移動に時間がかかるので要注意。

## 日本への入国

### ●機内で「携帯品・別送品申告書」の記入
日本到着が近づくと乗務員が「携帯品・別送品申告書」を配布する。帰国する人全員が税関で同申告書を提出することが義務付けられているので、免税範囲であっても提出が必要。別送品がある場合は2通必要。ただし、家族が同時に税関検査を受ける場合は、代表者が1通提出するだけでよい。

### ●入国の流れ
空港ではまず検疫のカウンターがある。旅行中に病気になった人や体調に異変がある人はここで申し出よう。続いて日本人用の入国審査カウンターに並び、パスポートを提出する。係官が入国スタンプを押して返してくれれば、無事日本に帰国したことになる。あとは搭乗便名が表示されたターンテーブルで荷物が出てくるのを待つ。荷物が多い時には、カートを用意しておこう。

荷物が見つからない場合は、クレームタグを係員に見せて探してもらおう。荷物を受け取ったら、必要に応じて動植物検疫、または税関検査を受け到着ロビーへ。

### ●税関
買い物したものが免税範囲なら緑の表示の検査台で、免税範囲を超えるか別送品がある場合は赤い表示の検査台で、パスポートと携帯品・別送品申告書を提出し、荷物のチェックを受ける。免税範囲を超えた場合は、提示された税額を納付する。

---

### 空港渡しの免税品を忘れずに
空港渡しの免税品がある人は出国審査のあとに受け取る。引き換え証を忘れないように。

### 動植物検疫
ワシントン条約で持ち込みが禁止されていない植物、種、生花、ドライフラワーなどを台湾で購入して持ち帰る時は、植物防疫所で検査を受ける。土は持ち込みできないので、植物を持ち込む時には台湾出国前に落としておくこと。

また、肉、ハム、ソーセージなどの肉製品をおみやげとして持ち帰る時には、輸出国政府機関発行の検査証明書が必要。免税品店の販売員から日本へ持ち込みできると言われたものであっても、台湾からは肉製品の類は一切日本に持ち込むことはできない。また、輸出国内の家畜伝染病の発生状況によっては、検査証明書があっても輸入禁止となる場合があるので、動物検疫所のホームページで必ず確認すること。詳細は下記へ。
- 植物防疫所
  http://www.maff.go.jp/pps/
- 動物検疫所
  http://www.maff.go.jp/aqs/

### 免税範囲（成人1人）
- 酒類（未成年はなし）
  3本（1本760cc程度）
- タバコ（未成年はなし）
  紙巻き200本または葉巻き50本またはその他250g、日本製タバコは別枠で200本免税。外国に居住している人は免税範囲が2倍
- 香水
  2オンス（約56cc）
- その他の品目
  1品目ごとの海外市価合計が1万円以下のものは全量免税。それ以外のものの合計20万円までが免税。ただし、1つであっても20万円を超えるものは全額課税

# 空港ガイド
## 台湾桃園国際空港 TPE
https://www.taoyuan-airport.com/japanese/

台湾桃園国際空港は台北市街の南西約42kmにある国際線専用空港だ。台北にはもう1カ所、国内線と共用で使われている台北松山空港（→p.232）があるが、羽田空港からの便に限られる。

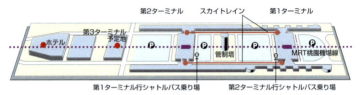

### 第1ターミナル　出国サービスカウンター☎03-398-2143〜4

日本からの便は、キャセイパシフィック航空（CX）、ジェットスター・アジア航空（3K）、タイガーエア台湾（IT）、ジェットスタージャパン（GK）、エアアジアX（D7）、エアアジア・ジャパン（DJ）、フィリピン航空（PR）、スクート（TZ）、ピーチ（MM）、バニラ・エア（JW）が第1ターミナルに発着する。

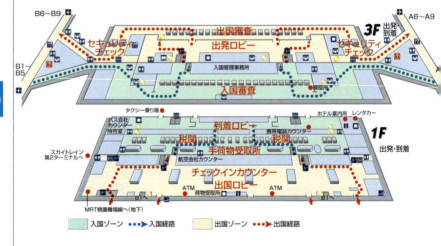

### レンタカー

「台日自動車運転免許証の相互承認」により日本の免許証とその翻訳文を所持していれば、台湾国内で自動車やバイクの運転ができる(p.214)。桃園国際空港内にはレンタカー会社が窓口を設けている。車を借りるには事前予約が必要。
第1ターミナル：慶賓レンタカー（☎03-398-3979）
第2ターミナル：和運レンタカー（☎03-398-3636）

### 桃園国際空港から台湾各地へ

　高鉄（新幹線）を利用して台中、台南、高雄などの各都市へ向かうには、高鉄桃園駅を利用する。空港からは統聯客運の直通バスで約20分、タクシーで約15分の距離。

　空港から台湾中・南部の各地へバスで移動するなら、台北都心に入らないで、空港発の長距離バスを利用することもできる。台中へは統聯客運の直行バスがある。台南、高雄などへは、統聯客運、桃園客運などのバスで中壢まで行き、各方面行きバスに乗り換える。

　国内線航空便を利用する場合は、台北松山空港へ移動する必要がある。台北松山空港へは國光客運か飛狗巴士のバスもしくはタクシーを利用する。所要時間は通常約1時間。国内線に搭乗する際には、桃園空港到着後3時間程度の余裕が必要だ。

## チェックポイント
- 入国時の日本円から台湾元への両替は3階と1階のどちらでもできる。
- 市内へ向かう直通バスの表示は「市區巴士（Express Bus）」となっている。
- 空港内はすべて禁煙。喫煙は1階の出入口脇（外側）でしかできない。

## 第2ターミナル　出国サービスカウンター☎03-398-3274、398-3294

日本からの便は、チャイナ エアライン（CI）、日本航空（JL）、エバー航空（BR）、全日空（NH）が第2ターミナルに発着する。

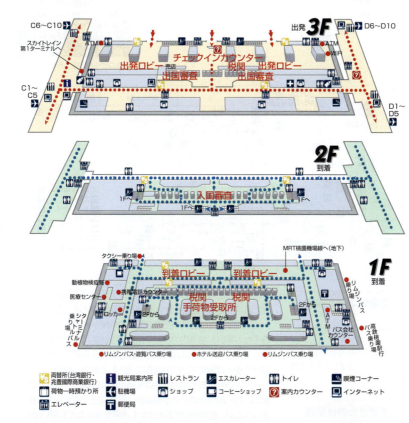

## 両替（銀行両替窓口・ATM）

銀行両替窓口は桃園国際空港では、第1ターミナル入国側は3階入国審査ロビーの両側、1階の手荷物受取フロア、到着ロビーに出て両側。出国側は出発ロビーや出国審査後の出国フロアにある。第2ターミナル入国側は、2階入国審査ロビー両側、1階の税関を出てすぐ、到着ロビー、出国側は3階の出国ロビー、出国審査カウンター両側にある。地下のMRT駅近くにもある。

便がある間は開いていて、レートは台北市内の銀行と同一。日本円から台湾元に両替した両替票は、台湾元から日本円への再両替時に必要なので紛失しないように注意しよう。ATMは送迎ロビーに複数設置されている。

桃園国際空港から台北駅に向かうMRT桃園機場線急行車内では、30分間の無料Wi-Fiが利用できる。

# 空港ガイド
## 台北松山空港

TSA
https://www.tsa.gov.tw/

問い合わせ TEL 02-8770-3456

到着ロビーの出迎え風景

### 空港のネット環境

桃園、松山の両空港とも、Wi-Fiが利用できる。Wi-Fiは旅行者向けの無料Wi-FiサービスiTaiwanに登録しておくと便利（→p.240）。

### 空港ビル内は禁煙

桃園、松山の両空港とも、ターミナルビル内は全面禁煙で喫煙所はない。喫煙する場合は建物外の指定場所で。

喫煙場所は建物外

　台北への空の玄関口は2カ所。台北市街から南西約40km離れた台湾桃園国際空港と台北市街にある台北松山空港だ。
　桃園国際空港は台湾の空の玄関口で規模が大きく、国際線発着便数も多い。空港内の移動や出入国手続きに時間がかかるので、スケジュールには余裕が必要だ。台北市内への交通は、MRTを使えば最短37分で台北駅に出られるので、問題はない。
　一方、市内にある松山空港は交通の便はいいが、滑走路は1本だけの小規模空港。日本発着便は東京羽田空港からの8便に限られるが、空港内の移動も少なく通関手続きなども早いので、楽で使いやすい。空港内施設、特にショップの数は桃園空港のほうが圧倒的に勝っている。帰国時のみやげ物探しにも困らないが、松山空港は20にも満たない数で物足りない。
　両空港とも到着ロビーには、外貨両替所（外弊兌換）、観光案内所、ホテル案内所、携帯電話レンタルやレンタカーのカウンターなど、旅行者に必要な施設がそろっている。案内表記は、中国語と英語の併記でわかりやすい。桃園から市内へのバスの表示は、「客運巴士（Bus to city）」となっている。
　帰国時、桃園国際空港はターミナルビルが2つに分かれているので間違えないように。万一間違えても、Sky Trainという電車で移動できるのであわてる必要はない。松山空港は国内線と国際線の共用だが、ターミナルビルは1つなので心配はない。

# 空港から台北市内へ

## 桃園国際空港から市内へ

台北市内までの主な交通手段は、①MRT桃園機場線、②エアポートバス、③タクシーの3通り。それぞれメリット、デメリットがあるので上手に選択しよう。

### ●MRT桃園機場線

第1ターミナルの駅名は「機場第一航廈」、第2ターミナルは「機場第二航廈」で、両駅ともターミナルビル地下にあるので便利。台北までは普通車（各停）と直達車（急行）があり、直達車で所要時間は37分。終点の台北車站駅は、台鉄や高鉄（新幹線）の台北駅、他のMRT台北車站駅とは離れている（徒歩7～10分）ので、乗り換えはやや不便だが、タクシー乗り場は目の前にある。荷物が少なく、到着後すぐに観光を始めるには、ベストの手段といえる。運行時間は6時～23時30分。運賃160元。

### ●エアポートバス

市内へ向かうバスは4社が運行。到着ロビーから「客運巴士（Bus to city）」の指示に従って進むと、チケット売り場と乗り場がある。市内までの所要時間は交通がスムーズなら約1時間だが、渋滞に巻き込まれると2時間近くかかることもある。荷物が大きく、宿泊ホテル近くにバス停がある場合には便利な手段だ。会社ごとに路線が違うので、事前にバス会社と停留所名を確認しておく必要がある。運賃120～130元。

### ●タクシー

タクシー（計程車）乗り場から乗車する。所要時間は通常1時間以内。料金はメーター表示額の5割増し＋高速料金で、1100～1300元が目安。

## 台北松山空港から市内へ

空港が台北市街にあるので、市内への交通はとても便利。MRT（捷運）文湖線松山機場駅の乗り場はターミナルを出るとすぐ目の前。忠孝復興駅で板南線に乗り換え台北車站駅まで約20分。タクシーでも台北駅まで約20分200元前後、市内の主なホテルまではタクシーで10～30分ぐらいで行ける。

## 台湾各地へ

桃園空港から台湾各地へは、①台北松山空港へ行き、国内線に乗り換える、②中部、南部へは台北駅まで行き台鉄か高鉄に乗る、または空港から直接高速バスに乗る、③東部へは台北駅まで行き、台鉄または高速バスに乗るのが一般的。

松山空港からは、台北駅まで行き、高鉄、台鉄、または高速バスで各地へ向かうのが一般的。台北駅まではMRTが使えるが、忠孝復興駅での乗り換えがちょっと不便。大きな荷物がある場合は、タクシー利用がおすすめ。

### ▼ 高鉄桃園駅から新幹線で台北へ

高鉄桃園駅へは、MRT桃園機場線または接駁（直通）バスで20分。MRTは普通車で台北駅とは反対方向、環北行きに乗車。高鉄桃園駅から台北駅までは所要時間20～24分。ただし、桃園駅に停車する列車の本数は少ないので、新幹線に乗ってみたいならともかく、一般的にはおすすめできない。運賃はバスまたはMRT30元＋160元。

### ▼ ホテルバス

台北のホテルは、空港からの交通手段としてエアポートバスかタクシーの利用をすすめている。一部の一流ホテルでは送迎バスやハイヤーを用意しているところがある（有料）。

### ▼ 空港タクシー

空港のタクシー乗り場で客待ちできるタクシーには、ステッカーが貼られている。荷物が積めるワゴンタイプの車も多い。

車体に貼られたステッカー

桃園空港第2ターミナルの市内行きエアポートバス乗車券売り場カウンター

# 台北市内の交通
# 便利なMRT（捷運）を利用しよう

使い勝手のよい悠遊カード

### 悠遊カードの
### チャージ（加値）

「加値機」でチャージする方法は、次の通り。
①1に悠遊カードを置く。
②二つある2のうち、下のスロットに紙幣を入れる。
③画面で金額を確認し、OKなら「下一步（次へ）」を押す。
④明細書を希望するなら「列印」を押すと、3から印字シートが出てくる。

### 悠遊カードの払い戻し

カードはMRT窓口などで払い戻しが可能。払戻金額はチャージ残高から手数料20元を引いた額で、カード代は戻ってこない。カードには使用期限はないので、残高が少量なら、次の機会まで持っているのもおすすめ。

### ガムや飲食は禁止！

MRTでは、喫煙、ガムやビンロウを噛むことが禁止されている。車内や飲食禁止エリアでは飲み物も含め、飲食は禁止。紙くずなどのゴミを捨てることも禁止されている。違反すると、1500～7500元の罰金が科されるので要注意。

## MRT（捷運）の路線（路線図は裏表紙裏）

MRTとは、Mass Rapid Transitの略称。現地では捷運（チエユン）と呼ぶ新交通システムのこと。路線の相互乗り入れや将来計画などもあって路線名は複雑だが、路線図が色分けされているのでわかりやすい。市街地の大半は地下を、郊外では地上を走る。運行時間は朝6時から深夜24時まで。運行本数が多く、台北市街の主要な観光ポイントはほとんど網羅しているので、旅行者にとって大変利用しやすい交通機関だ。MRT路線図（裏表紙裏）を参考にして、大いに利用しよう。

## 乗車券の種類　初乗り料金は20元

●単程票（トークン）（片道切符）
片道1回限り用のプラスチックトークンの切符。ICが組み込まれていて、改札機を通るときはセンサーにタッチ、出るときは回収するので投入口に投入する。当日限り有効。

片道用の単程票（トークン）

●一日票（1日乗車券）と24小時票（24時間乗車券）
便利なカード式1日乗車券がある。一日票は150元で発売当日に限り乗り放題。24小時票は180元で最初に使ってから24時間以内が乗り放題。

●バスもOKのTaipei Pass（観光パスポート）
一方、市内バスも利用できる乗り放題カードがTaipei Pass（観光パスポート）。一日券（180元）、猫空ロープウェイにも乗れる一日券（250元）、二日券（310元）、三日券（440元）、五日券（700元）の5種類がある。これらカードの購入はMRT窓口で。

一日票でMRT乗り放題

## 悠遊卡（悠遊カード）　交通機関は何でもOK

悠遊卡（悠遊カード、Easy Card）は、日本のSuicaやPasmoと同じように、幅広く使える交通系プリペイド式ICカードだ。MRT（捷運）、市内バス、台鉄、長距離バス、大手会社のタクシー、U-Bike（貸し自転車）などの交通機関はもちろん、駅売店、コンビニなどの買い物にも使える。

1枚100元で、MRT駅窓口や自動販売機、コンビニなどで販売。すぐに使えるように購入と同時にチャージしておくとよい。チャージは100元単位で最大1万元まで可能。台北市内で購入するなら100元、桃園空港で購入しMRT桃園機場線を利用するなら400元は、とりあえずチャージしておきたい。

悠遊カードには、MRT運賃が2割引、MRTからバスに1時間以内に乗り継ぐとバス運賃が割引などの特典がある。

# MRT（捷運）の乗り方

## 乗車券の買い方

●**単程票（片道切符）**

駅構内のタッチパネル式自動券売機で購入する。券売機の1～3の順に従うだけでよいので、とても簡単だ。
①路線図を見て、運賃を確認。
②1のタッチパネルで金額、枚数を選択。
③2の投入口に硬貨または紙幣を投入。
④3の取り出し口からトークンとお釣りを取り出す。

単程票の券売機。初乗り料金は20元

●**悠遊カード**

駅構内のタッチパネル式悠遊カード自動販売機兼チャージ機で購入する。駅窓口やコンビニなどでも購入できる（→左ページ）。
①パネルに触れて、新規購入（購買悠遊卡）を選ぶ。
②紙幣を投入する。
③カードを取り出す。

悠遊カードの販売兼チャージ機

## 改札口の通り方

●**入るとき**

ホームに入るときには、自動改札機のタッチパネルに、トークン（単程票）またはICカードをタッチする。タッチパネルにはトークンとカードの絵が描いてあるのですぐにわかる。センサーが感知すると、ピッと音がして改札機のゲートが開く。

改札口は完全自動ゲート

●**出るとき**

片道切符のトークンで出るときには、トークンを回収するので投入口に投入する。悠遊カードの場合には、タッチパネルにカードをタッチする。液晶パネルに残高が表示される。

出るときにトークンは回収

## MRT（捷運）は自転車もOK

台北はちょっとした自転車ブーム。郊外にはサイクリングロードも整備されている。こうした動きに合わせて、MRTは土・日曜日、祝祭日に限って、一部の駅から自転車の持ち込みが可能になっている。持ち込みOKの駅には、エレベーターが設置され、MRT路線図には自転車マークが付いている。

### MRT路線は5色＋記号で表示

台北のMRT（捷運）路線は、5色＋記号で区別されわかりやすい。路線はU字型、L字型に走り、乗り換え駅が分散されているので、とても便利に使える。

主要5路線のほかに、新北投支線、小碧潭支線、猫空ロープウェイ、淡水郊外に新設されたLRTの淡海軽軌がある。桃園機場線は、別会社の運営。（MRT路線図は表裏紙裏）

| | | |
|---|---|---|
| BR | 文湖線 | Wenhu Line |
| R | 淡水信義線 | Tamsui-Xinyi Line |
| G | 松山新店線 | Songshan-Xindian Line |
| O | 中和新蘆線 | Zhonghe-Xinlu Line |
| BL | 板南線 | Bannan Line |

### 必携のアプリ「台北捷運Go」

スマホを持っているなら、台北MRTの公式アプリ「台北捷運Go」を入れておこう。路線図はもちろん、到着時間もわかるし出口案内もあって、とても便利だ。（中国語）

# 台北市内の交通
# タクシー利用ガイド

### 無線タクシー情報

- 女性専用無線タクシー配車サービス
  携帯から551789、55850
  FREE 0800-055850（24時間・中国語のみ）
  台北市政府が無線タクシー会社22社と提携して設置している。
- 主な無線タクシー会社
  台湾大車隊
  ☎02-405-88888
  携帯から55688
  大都会計程車
  ☎02-4499-178
  携帯から55178

### タクシーの乗り降りは要注意

台湾では、タクシーのドアは乗客が自分で開閉するのが原則。交通量の多い台北では、スクーターが停車中の車のわきをすり抜けるように走ってくることも多い。タクシーに乗り降りするときは、必ず後方を確認してからドアを開くように注意しよう。

## 台北市内のタクシー（計程車 ジーチョンツァー）

台北のタクシーは派手な黄色で、屋根の上に「計程車」の表示灯があるのですぐにわかる。5人乗りの中型車に混じって、小型車の数も多い。「流し」は日本と同様に、手をあげれば拾える。料金も安く、市内めぐりから郊外の遠出まで、使い勝手はかなりよい。特に3～4人のグループ旅行者なら、目的地までの移動時間も早く快適なうえ、バスよりも割安な場合もある。

外国語を理解できる運転手は少ないが、地図で行き先を指すか、住所を書いたメモなどを見せれば、コミュニケーション成立。たいていの運転手が目的地の真ん前に着けてくれる。

自動ドアではないので、自分でドアを開けて乗降すること。

### ●タクシー料金

台北のタクシー料金は、初乗りが1.25kmまで70元、以降200mごとに5元、時速5km以下では1分20秒ごとに5元が加算される。また、深夜早朝時間帯（23:00～6:00）は夜間料金として20元が加算される。また、無線呼出しと後部トランクの使用にはそれぞれ10元のサービス料が加算される場合がある。

桃園国際空港から利用する場合には特別料金が加算される。タクシーメーター横のステッカーに加算額が表示されている。ホテルの場所にもよるが、空港からの料金は1100～1300元ぐらいが目安となる。

郊外への遠出や観光コースを回る1日貸切りの場合は料金交渉が必要だが、4000～5000元が目安となる。

## とっておき情報

### タクシー交渉用カードを利用しよう

タクシーを安全・確実に利用するには、行き先をはっきり運転手に告げることがポイント。目的地の名称と住所をはっきり示そう。

台北では住所の地番を運転手に聞かれることがよくある。これは地番が偶数か奇数かで、通りのどちら側かが決まるからだ。運転手はルートを選んで正面に車を着けてくれる。

何カ所かを回りたい場合には、かかる時間やおよその料金を確認したい。そんなときには左のタクシー交渉用カードをコピーして使ってみよう。返事は運転手に記入してもらう。

---

請到（以下のところまで行ってください）

_____

_____

再回來（往復の場合のみ。片道の場合は二重線で消す）

大概要多少時間？（時間はどのくらいですか？）

多少錢？（料金はいくらですか？）

---

※タクシー内に忘れ物をした場合は、警察廣播電台（02-2388-0066または0800-000-123、中国語）へ。定期的にタクシー運転手にラジオで遺失物の情報提供をしている。

# 路線充実の市内バス

## 市内バス（公車コンツァー）

　台北が初めての人には難しいかもしれないが、何度目かの訪問ならぜひ市内バスで移動してみよう。路線は市内を網羅しているので、市内ならバスで行けないところはないといっても過言ではない。

●**目的地の路線番号を確認**
　トライするなら、ルートのはっきりした路線がおすすめ。台北駅から天母や、故宮博物院から台北駅などにトライしたい。バス停の標識には、バスの路線番号とルートが表示されている。

市内バスは路線番号で識別

## 市内バスの乗り方

●**悠遊カードでラクラク乗車**
　市内バス利用の際にも、MRT（捷運）と共通で利用できるICカードの悠遊カードが便利だ。
　ワンマンバスで、乗車時（上車）の前払いと下車時（下車）の後払いがあるが、悠遊カードでは、乗車時と下車時の2回のタッチが必要。市内路線の運賃は距離によって15元、30元、45元の3通り。市内はだいたい15元内だが、郊外に延びる路線の運賃はまちまちだ。乗車時に乗車票を渡され、下車時に料金といっしょに運転手に返す方式もある。
　現金で乗車する場合は運賃箱に直接コインを入れる。お釣りは出ないので、乗る前に小銭を用意しておこう。

悠遊カードはここにタッチする

●**乗りたいバスには手で合図**
　複数の路線が走っていることの多い台北のバス停では、乗る意思をしっかり伝えないとバスは通り過ぎてしまう。タクシーを拾うときと同じように、手を上げてしっかりと合図しよう。

●**車内アナウンスと降車方法**
　ほとんどのバスの車内には電光掲示があり、車内アナウンスも流れるので、しっかり注意しておこう。乗車時に、あらかじめ運転手に降りるバス停を伝えておくのもよい。降りるバス停が近づいたら、降車ボタン（下車鈴）を押し、運転手に知らせる。

新型バスの表示はわかりやすい

### 市内バス運行案内

● 台北市公共運輸処
TEL 02-2727-4168
URL https://ebus.gov.taipei/

### 近郊・長距離バスターミナル

● 台北轉運站（台北バスステーション）
（台鉄台北駅北側）
TEL 02-7733-5888
URL http://www.taipeibus.com.tw/

● 市府轉運站（市府バスステーション）
（MRT市政府駅直結）
TEL 02-8780-6252
URL http://zh-tw.facebook.com/TCHBS/

● 國光客運台北駅バスターミナル
TEL 02-2361-7965
URL http://www.kingbus.com.tw/

台北バスステーション

### U-Bikeを使う

　市内でMRT、タクシー、バスに次ぐ第4の交通手段が、レンタサイクルのU-Bike。市内200ヵ所以上のレンタルステーションでセルフで借りたり返したり。1回ごとのクレジット払いも可能だが、悠遊カードに事前登録しておくと、タッチだけで支払いが可能になる。

# 市外への交通／鉄道
# 台鉄切符の買い方

## 切符の買い方　悠遊カードが断然便利

　台北から市外に向かう鉄道には、在来線の台鉄（台湾鐵路）と新幹線の高鉄（高速鐵道）がある。台鉄に乗るには、自動券売機か窓口で切符を買うのだが、最近は悠遊カードが使えるので、一枚持っていると便利だ。（→p.234）

　自動券売機での切符購入方法は下記に記したが、わかりにくければ、行き先と枚数を記入したメモを見せて窓口で購入するとよい。

　高鉄の切符購入には、自動券売機が便利。一路線でわかりやすく、画面を見ながら簡単に購入できる。ただし、グループで席をまとめて取りたい場合などは、窓口が便利。

駅構内の旅行インフォメーション。日本語のできるスタッフがいるところも多くある

### 切符の種類

　切符の種類は以下のとおり。
**全票**＝大人
**半票／孩童**＝子供（6歳以下）／全票の半額
**敬老殘障**＝老人、障害者／全票の半額
**來回票：全票（來回）**＝大人用往復券
　　　　　**半票（來回）**＝子供用往復券
※往復券＝普快車・普通車は片道80km未満で当日のみ有効、300km未満は1日、300km以上600km未満は2日、600km以上は3日間有効。復興号以上のクラスは81km以上で15日間有効。運賃は1割引き。

窓口で購入した切符
自動券売機で購入した切符

### ■自動券売機（自動售票機）の使い方

　自動券売機は、手順が番号で表示されているので非常にわかりやすい。支払いはコインのみで、紙幣の利用はできない。券売機には購入できる区間が表示されている（右の写真の券売機は台北～新竹もしくは台北～基隆までの切符が購入できる）。

1. 運賃表（票價表）で運賃を確認し、その金額を入れる。1～50元のすべてのコインが使用できるが、「禁用新50元硬幣」の表示があるものは新しい50元は使えないので、注意。
2. 切符の枚数（人数、1～4張）を選択。
3. 列車の種類（復興号と区間車、普通車と普快車はそれぞれ同じボタン）を選択。
4. 切符の種類（上記参照）を選択。
5. 目的地を選択すれば、下の車票及找零出口に切符とお釣りが出てくる。

2の枚数ボタンの横には入場券（月台票、6元）のボタンがある。見送りの際にはこの切符でホームに入る。

台北駅の自動券売機（右は指定席券用）

### 切符を旅の記念に

　改札口には切符を領収証にするための「購票證明」スタンプがある。降車駅で、押せば切符を持って帰ることができる。（上の写真参照）

### 切符を買ってもすぐには乗れない

　台湾のほとんどの駅では列車ごとに改札をするので、改札が開始されるまで待つことになる。改札が開始されるのは発車時刻5分前なので、気長に待とう。ただし、改札の案内板はしっかり見ておいて、列車に乗り遅れないように。

# 台北駅構内

## 台鉄利用の実際

台北近郊の観光では、台鉄を利用すると便利な場所がたくさんある。九份へは瑞芳駅まで行ってバスに乗り換え。ローカル線の平溪線の旅も瑞芳駅で乗り換えだ。陶器の町、鶯歌は鶯歌駅下車、廟口夜市のある基隆は新装なった基隆駅下車だ。宜蘭県の宜蘭や羅東も台鉄が使える。各地とも台北市内からバスも出ているので、最終的にどこに行くかによって、使い分けるとよい。

これまで台鉄の切符を購入するのは面倒と思われていたが、ICカードの悠遊カードが導入され、自動改札でタッチするだけですむようになったので、台鉄利用のハードルがぐんと低くなった。

台鉄急行の自強号（タロコ号やプユマ号も含む）や莒光号などの急行列車は全席が指定席（對號という）なので、長い区間を乗る場合は座席指定券が必要だが、上記のように普通電車（区間車）が走っている区間では指定券は不要。席が空いていれば座っても構わない。指定券を持っている人が来たら席を空ければよい。

**新幹線の切符は券売機で**

台中、台南、高雄など西部や南部の都市に行くのに便利な新幹線（高鉄）だが、台北近郊でも桃園、新竹へは新幹線が便利だ。チケット購入は自動券売機が便利。画面はわかりやすく表示に従って（英文あり）手順を追えばよい。クレジットカードも使用できる。

## 台北駅構内案内

MRT淡水信義線と板南線の乗り換え、台鉄や高鉄への乗車、MRT桃園機場線への連絡など、使用頻度の高い台北駅だが、地下の構造は複雑。台北駅がスムーズに利用できれば、もう台北の達人！タクシー乗り場は地下の西區駐車場と、地上の東3出入口を出たところにある。

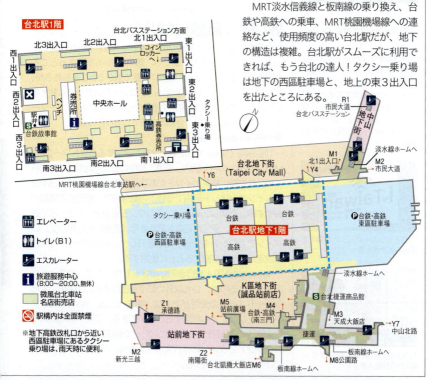

※台北駅のコインロッカーは、北1出入口地下にある。大きな荷物は、東3出入口を出てタクシー乗り場先の別棟にある手荷物預かり所に預けられる。

## 実用情報
# 国際電話、Wi-Fi

### 郵便・小包

日本への所要日数はエアメールで5～7日。料金は、はがきは10元、封書は10gまで13元（それ以上は10gごとに9元加算）。小包は500gまで425元（それ以上は500gごとに55元加算）。急ぐ場合は30元アップで速達（快郵）にできる。宛名は日本語でOKだが、「日本国」「AIR MAIL」を忘れずに。

ポストは緑は国内向けなので、海外向け（航空郵便）の赤いポストに投函する。

### 国際電話

スマホの普及で、国際通話にも無料のLINEやSkypeを利用することが多くなったが、Wi-Fi環境がない場合には、国際電話を利用することになる。

国際ローミング（海外でも日本国内で使っている携帯電話が使えるサービス）が可能な携帯電話を持っていない場合、日本への国際電話はホテルからダイヤル直通でかけるのが一般的。ただし10％程度の手数料がかかる。

**ダイヤル直通** 相手に直接つながるのが、ダイヤル直通通話。公衆電話やホテルの部屋から直接日本に電話できる。ホテルの部屋からは、指定の外線番号★（通常0が多い）を押してから利用する。通話料は3分100元が目安。ホテルの部屋からかけると手数料がプラスされることを承知しておこう。

外線番号（ホテルの部屋からかける場合のみ）

### ★-002-81-市外局番-相手の電話番号

市外局番の最初の0は省く。
携帯電話も最初の0は省略
日本の国番号
中華電信の国際電話発信番号（他社の009も可）

### iTaiwanとTPE-Free

iTaiwanとTPE-Freeは相互に乗り入れしていて、どちらかで登録をしておけば、両方のネットワークを利用することが可能。新北市のNewTaiwan、台中市のiTaichung、台南市のTainan-Wi-Fiとの相互利用も可能。

このステッカーが貼られた場所でiTaiwanが使える

台北MRT駅構内にあるフリーWi-Fiの接続スポット

## Wi-Fi（無線LAN）

台湾ではほとんどのホテルや民宿に、無料Wi-Fiが完備している。レストランやカフェでも、無料でWi-Fiが使えるところが増えている。パスワード（密碼）不要で繋がるところもあるが、パスワードを要求される場合は、フロントやスタッフに教えてもらおう。常時Wi-Fiの接続を望むなら、台湾用Wi-Fiルーターをレンタルするとよい。台北の空港でも借りられる。

●TPE-FreeとiTaiwan

TPE-Free（Taipei Free）は台北市が運営するネットワークで、MRT（捷運）の各駅構内、空港、街中の公衆電話ボックス、多くの公共施設に接続ポイントがあり、利用機会が多い。日本からもインターネット経由で登録が可能なので、旅行前の登録がおすすめ。ただし、ログインアカウントをショートメールで送ってくるので、受信が可能な電話番号（携帯電話）が必要。ログインアカウントを受信したら登録して、パスワード（密碼）を設定、現地で接続するときに使用する。

iTaiwanは外国人旅行者向けのネットワークで、台湾全土に広がっているので、台北以外の都市も旅行するには便利。またショートメールの受信ができない端末（ipod、Wi-Fi専用のタブレットなど）でも利用することができる。空港や各地にある旅遊服務中心（旅行サービスセンター）で登録を手伝ってくれる。ログインアカウントにはパスポート番号、パスワード（密碼）には生年月日を使用する。

国際電話の問い合せ先●KDDI：FREE 0057 http://www.001.kddi.com/　●ソフトバンク：☎0800-2223-151 https://www.softbank.jp/　●NTTコミュニケーションズ：☎0120-506506 https://www.ntt.com

# レストラン

## レストラン

### ●店のスタイルと予算の目安

台湾の飲食店にはさまざまなスタイルがあるが、TPOを考えると次の5つに分類できる。高級餐廳（レストラン）、中級餐廳、大衆食堂、屋台から発展したような小吃店、そして屋台だ。予算は順に安くなっていくのだが、どこで食事をするかを決める重要な要因はむしろ人数。1人で食事をするのか、数人か、多人数のグループかで店を選ぶとよい。円卓は1卓10人が基本で、「合菜（6菜1湯）3000元」とあれば、1卓10人、料理6種、スープ1種のセット料金のこと。

### ①高級餐廳　予算1人700元以上

高級ホテルやレストラン街にある店。店内は豪華で清潔、円卓がいくつもあり、個室が用意されている店もある。最低でも2人以上で行くことが望ましいが、フランス料理のようにプレートで出すコース料理の店なら問題ない。サービスも一流。接待で使われることも多く、予約してから行くのが望ましい。店の名物料理1品を注文するだけとか、一番安いものを1品だけ注文するようなことは避けたい。

### ②中級餐廳　予算1人300～700元

比較的気軽に入れるレストラン。サービスや礼儀もまあいい。店内は豪華ではないが、円卓もある。やはり最低2人以上で食事をするべき。家族連れや気心の知れたグループにおすすめ。

### ③大衆食堂　予算1人100～300元

店と外とを仕切る窓ガラスやドアがない。テーブルや椅子を歩道にも出していて、外でも食事できることが多い。麺類や丼の類が多く、自慢料理1～3品だけで商売しているところもある。人数プラス1品を目安にいろいろ注文して取り分けるのがおすすめだ。1人でも居心地よく食べられる店も多い。

### ④小吃店　予算1人30～150元

屋台と合体したような店や看板メニューの1品だけで営業している店も多い。店内にはせいぜい10人ぐらいしか入れない。屋台が成功して店に発展したところもあり、基本的に麺類や屋台料理を食べる場所。1人でもOK。逆に大勢で押し掛けるのは、ほかのお客さんの迷惑になりかねない。ランチなどに利用しやすい。

### ⑤屋台　予算1人30～150元

夜市の屋台街で夕方から深夜にかけて出店しているか、朝食の時間帯や昼休みのオフィス街などに見られる。観光地にも多い。屋台にイスだけを並べたり、そばにイスとテーブルを置いたりしている。屋台街では、隣の屋台で買ってきたものも原則として持ち込み可。街歩き中に小腹を満たしたり、夕食後に遊びがてら行くのによい。1人から数人まで。

※市場や屋台ではクレジットカードは使えない。また、個人経営の小さな店では使えない場合もある。

### 営業日、定休日、予約

餐廳（レストラン）の営業時間は、11～15時と17～21時くらいのところが多く、小吃店やファストフード店は早朝から夜遅くまで営業している。屋台は夕方6時ぐらいからの営業がほとんど。

年中無休を掲げている店でも、除夕（旧正月の前日）と春節（旧正月）は休む場合が多いので注意しよう。

ホテル内のレストランや一流店、個室を利用する場合には予約が必要。

### 台湾で食べる四大中国料理

台湾には、さまざまな理由で中国大陸から移住してきた人たちと共に、たくさんの腕利きの料理人もやってきた。本場大陸の料理店と肩を並べる名店も数多くあり、中国料理の博覧会といえるほどだ。代表的な中国料理の北京料理、広東料理、四川料理、上海料理はもちろん、湖南料理、雲南料理、杭州料理、天津料理、さらに最近では刷刷鍋（しゃぶしゃぶ風鍋料理）なども人気を呼んでいる。

### どんな街にもある朝食屋

台湾では、たいていの人が朝から外食だ。家の近くの朝食屋で食べる人もいれば、テイクアウトして家に持ち帰ったり、会社や学校に持参して食べる人も多い。なのでオフィス街や学校周辺にはたいてい朝食屋台が開いている。ときにはホテルを出て、街の朝食を食べてみるのもおもしろい。

## 安全と健康
# 楽しい旅行にするために

### トラブル時の連絡先

※必ずしも英語や日本語が通じるとは限らない。
- 警察・交通事故 ☎110
- 火事・救急車 ☎119

● 台北市警察局外事科外事服務站
TEL 02-2556-6007（中国語ができない場合。24時間対応）

### 相談先は日本台湾交流協会へ

台湾には日本大使館がないので、重大なトラブルに遭遇した場合には、日本台湾交流協会に相談を。土・日曜と台湾の祝日と一部の日本の祝日は休み。
URL https://www.koryu.or.jp/
■台北事務所
　MAP p.21-G
　慶城街28号 通泰商業大樓
　TEL 02-2713-8000
　FAX 02-2713-8787
　領事関係の業務時間は9:15〜11:30、13:45〜17:00
■東京本部
　港区六本木3-16-33 青葉六本木ビル7階
　TEL 03-5573-2600

### カード会社の連絡先

**JCBプラザ・台北**
　MAP p.25-H
　住 中山北路二段71号1階（JTB内）
　TEL 02-2523-4952（台北市内からかける際「02」不要の場合あり）
　営 9:00〜17:30
　休 年中無休

**三井住友VISAカード・VJデスク**
　TEL 02-2568-1008

**Masterカード**
　FREE 00801-10-3400

**アメリカン・エキスプレス・カード**
　FREE 00801-65-1168

## トラブルを避けよう

### ● 台湾の治安と交通ルール

　台湾は比較的治安がよく、安心して旅行できる外国として人気が高い。そうはいっても旅行中は油断禁物。スリや引ったくり、置き引きなどには注意が必要だ。貴重品は体から離さないようにしよう。また白タクや客引きの勧誘に安易にのることは、思わぬトラブルの元になるので注意しよう。
　交通ルールの面では、日本のように歩行者優先が徹底していない。青信号で横断歩道を渡っていても、右折や左折の車がどんどん割り込んでくるので、細心の注意が必要だ。

## 紛失、盗難の場合には

### ● 現金や荷物を盗まれたら

　現金はまず戻ってこないと考えたほうがよい。また、荷物も短い滞在期間中に手元へ戻る可能性はまずない。盗難の被害にあったら、まず警察へ届け出る。添乗員やガイド、またはホテルに通訳を頼める人がいれば相談してみるといいだろう。警察の連絡先は左欄参照。
　海外旅行傷害保険の携帯品補償に加入している場合やパスポートなど証明書類が盗まれた場合には、警察で遺失（盗難）証明書を発行してもらう。スリやひったくりなどの被害で、警察にできることは遺失（盗難）証明書の発行くらいと覚悟を。

### ● パスポートの紛失、盗難

　パスポートの新規発行には2週間以上必要。そのため、台湾で日本の大使館の公務を代行している交流協会で、「帰国のための渡航書」を発行してもらい、帰国後に新規発行を申請したほうがよい。
　「帰国のための渡航書」発行に必要なものは、①入出国及移民署発行の事案発生証明書（写真2枚必要）、②紛失一般旅券等届出書（写真1枚必要）、③免許証など日本国籍を確認できるもの、④6カ月以内に撮影した顔写真2枚、⑤手数料900元。パスポートのコピーと顔写真は、パスポートとは別の場所に保管しておきたい。所要日数は原則として当日発給（土・日曜、日台両国の祝日を除く）。

### ● クレジットカードの紛失、盗難

　現地デスクもしくは日本のカード発行会社へすぐに連絡し、利用停止の手続きを依頼する。その時、カード番号と有効期限を聞かれるので、控えをカードとは別の所に保管しておこう。

### ● eチケット控えの紛失

　航空券に代わって発行される「eチケット控え」を紛失しても、パスポートさえ所持していれば、搭乗手続きをすることができ

## ここがポイント！
- トラブル時にはあわてずに落ち着いた行動を。1人で解決しようとせず助けを求めよう。
- 現金をなくした場合には、まず戻ってこない。海外旅行傷害保険でもカバーされない。保管は厳重に。
- 台湾人のお年寄りの中には日本語が通じる人も多い。困った時には近くのお年寄りに話しかけてみよう。

るが、スムーズに手続きするために紛失には注意したい。

## 病気、けがの場合には

### ●食べ物と熱中症に要注意
　台湾旅行中の体の不調で一番多いのはお腹をこわすことだろう。旅行の疲れに脂っこい料理が重なったり、水が合わなくて下痢になることが多い。お腹の具合が悪くなったらメニューを素食（菜食）に切り替えるのも1つの方法だ。お腹の弱い人は常備薬を持参するとよい。
　また、夏の台湾はかなり蒸し暑いし、陽射しも強烈だ。体がだるい、生あくびが出る、気持ちが悪い、頭痛が始まる、などの熱中症の初期症状が見られたら、すぐに涼しいところに移動し、首筋や脇の下を冷やすこと。早めにホテルに戻りエアコンをきかせて休憩する決断も必要だ。

### ●病気になったり、けがをしたら
　ホテルならまずはフロントに相談しよう。近くの病院を手配してくれるだろう。台湾の医療水準は高く、安心して治療を受けることができる。症状が軽ければ近くの薬局を紹介してもらって、薬を購入してもよい。
　外出先だったら、近くの人に助けを求めよう。多少日本語のわかる人がきっといるはずだ。

### ●海外旅行傷害保険に加入している場合
　加入している保険会社の台湾での連絡先に電話をすれば、病院の手配やアドバイスなどのアシスタントサービスが日本語で受けられる。保険の定款は分厚いことが多いが、台湾関連の部分だけは持参しよう。通院に使ったタクシー代も請求対象になるので、領収書（發票）をもらうのを忘れずに。

### 日本語が通じる医師のいる病院
- **台安醫院**
  住 八徳路二段424号
  ☎ 02-2771-8151
  🌐 https://www.tahsda.org.tw/jp/
- **馬偕紀念醫院**
  住 中山北路二段92号
  ☎ 02-2543-3535
  🌐 http://www.mmh-imsc.org/ja/

### ワンポイント中国語（病院・薬局編）
- 醫院＝総合病院
- 診所＝診療所
- 牙科＝歯科
- 救護車＝救急車
- 醫生＝医師
- 發燒＝発熱（熱がある）
- 肚子痛＝腹痛
- 頭痛＝頭痛
- 感冒＝風邪

## とっておき情報

### 未然に防ぐタクシートラブル
　台湾のタクシーは料金は安いし、大都市ではたくさん走っていて利用価値は大きい。ほとんどのタクシーは親切で問題ないが、トラブルも皆無ではない。いくつか注意してトラブルを未然に防ぎ、楽しい旅をしよう。

- **●きれいな車体のタクシーを選ぼう**
  汚れがひどかったり、傷が多い車は避ける
- **●行き先を正確に告げよう**
  中国語が不得意なら、メモに行き先と住所を書いて見せる
- **●タクシー乗り場から乗車しよう**
  流しでも問題ないが、近くにホテルや駅のタクシー乗り場があったら利用するとよい。
- **●深夜は無線タクシーを呼ぼう**
  常識的なことだが、夜間に女性がひとりでタクシーに乗るのは危険。特に深夜に乗るときは、レストランやホテルでタクシーを呼んでもらうか、無線タクシーを呼ぶとよい。
- **●メーター料金とは限らない**
  観光地などでは、取り決めで行き先までの料金が決まっていることがある。事前に納得してから乗車しよう。

# 目的別さくいん

## 使い方

このさくいんは、主な地名、見どころ、レストラン、ショップ、ホテルを**日本語類推読み**の五十音順で並べています。日本語の漢字がないものは「現地語」として最後に掲載。【 】内は、台北近郊の掲載地域名。

## 見る・歩く・遊ぶ

### あ
| | |
|---|---|
| IVY BRIDE | 121 |
| 伊蕾絲国際美髪名店 | 139 |
| 烏來 | 188 |
| 烏來温泉【烏來】 | 189 |
| 烏來観光台車（トロッコ列車）【烏來】 | 189 |
| 烏來泰雅民族博物館【烏來】 | 190 |
| 烏來老街【烏來】 | 190 |
| 占い横丁（行天宮） | 104 |
| 占い横丁（龍山寺） | 104 |
| 雲仙楽園【烏來】 | 189 |
| 永康街 | 110 |
| 永康公園 | 110 |
| 延吉街 | 49 |
| 延三観光夜市 | 133 |
| 圓山 | 50 |
| 小川源【烏來】 | 189 |
| 鶯歌 | 176 |
| 鶯歌陶瓷博物館【鶯歌】 | 177 |
| 鶯歌陶瓷老街【鶯歌】 | 177 |
| 黄金神社【金瓜石】 | 167 |
| 黄金博物園區【金瓜石】 | 166 |
| 黄金博物館【金瓜石】 | 167 |

### か
| | |
|---|---|
| 夏威夷養生行館 | 137 |
| 凱達格蘭文化館【北投温泉】 | 119 |
| 華西街観光夜市 | 43 |
| 華山1914文創園區 | 47 |
| 霞海城隍廟 | 102 |
| 活脚足體養身世界 | 137 |
| 環河道路【淡水】 | 63 |
| 關渡宮 | 103 |
| 希望廣場農民市集 | 47 |
| 基隆 | 184 |
| 基山街【九份】 | 163 |
| 行天宮 | 103 |
| 行天宮前地下道（占い横丁） | 104 |
| 漁人碼頭 | 131 |
| 金瓜石 | 162、166 |
| 金山 | 169 |
| 金山青年活動中心温泉健身館【金山】 | 170 |
| 金包里老街【金山】 | 170 |
| 金楽足體養生會館 | 136 |
| 舊金山総督温泉【金山】 | 170 |
| 九份 | 162 |
| 九份風箏博物館【九份】 | 165 |
| 九芎埕藝術廣場【宜蘭】 | 192 |
| 宜蘭 | 191 |
| 宜蘭酒廠【宜蘭】 | 192 |
| 健康歩道 | 105 |
| 香格里拉休閒農場【宜蘭】 | 194 |
| 公館 | 54 |
| 公館夜市 | 135 |
| 皇家苔里経典養生会館 | 139 |
| 猴硐 | 175 |
| 紅毛城【淡水】 | 63 |
| 豪門世家理容名店 | 136 |
| 國父紀念館 | 53、105 |
| 國立海洋科技博物館【基隆】 | 186 |
| 國立故宮博物院 | 106 |
| 國立台湾博物館 | 116 |
| 國立傳統藝術中心【宜蘭】 | 194 |
| 國立歴史博物館 | 116 |
| 五番坑【九份】 | 165 |

### さ
| | |
|---|---|
| 三峡 | 176、178 |
| 三峡染展示中心【三峡】 | 179 |
| 三峡歴史文物館【三峡】 | 179 |
| 三峡老街【三峡】 | 178 |
| 三葉足体養生館 | 137 |
| 慈護宮【金山】 | 170 |
| 四四南村 | 115 |
| 市政府 | 52 |
| 師大路 | 54 |
| 師大夜市 | 133 |
| 指南宮 | 57 |
| 清水巖祖師廟【淡水】 | 63 |
| 清水祖師廟【三峡】 | 178 |
| 自由廣場 | 40、105 |
| 酋長文化村【烏來】 | 190 |
| 袖珍博物館 | 118 |
| 豎崎路【九份】 | 164 |
| 十分【平溪線】 | 174 |
| 十分瀑布【平溪線】 | 174 |
| 朱銘美術館【金山】 | 171 |
| 順益台湾原住民博物館 | 117 |
| 饒河街観光夜市 | 132 |
| 礁溪温泉【宜蘭】 | 193 |
| 城隍廟【新竹】 | 182 |
| 情人塔 | 129 |
| 城中市場 | 41 |
| 自來水博物館 | 115 |
| 士林 | 58 |
| 士林市場 | 59、132 |
| 士林官邸・公園 | 59 |
| 士林夜市 | 59、132 |
| 信義 | 52 |
| 深坑老街 | 57 |
| 新竹 | 182 |
| 新平溪煤礦博物園區【平溪線】 | 174 |
| 瑞芳【平溪線】 | 173 |
| 晴光市場 | 45 |
| 菁桐【平溪線】 | 174 |
| 青山宮 | 103 |
| 西門紅樓 | 42 |
| 西門町 | 42 |
| 西門町峨嵋街 | 43 |
| 世界宗教博物館 | 119 |
| 赤峰街 | 14 |
| 象山 | 128 |
| 雙城街夜市 | 45、135 |
| 総統府 | 114 |
| 雙連朝市 | 100 |
| 蘇澳冷泉園區【宜蘭】 | 194 |

### た
| | |
|---|---|
| 大河之戀皇后號【關渡】 | 130 |
| 大溪 | 180 |
| 大溪橋【大溪】 | 181 |
| 太子賓館【金瓜石】 | 167 |
| 大稻埕戯苑 | 120 |
| 大稻埕慈聖宮 | 103 |
| 台大醫院旧館 | 115 |
| 台北戯棚（Taipei EYE） | 120 |
| Taipei 101 | 53、129 |
| 台北故事館 | 51 |
| 台北孔廟 | 50 |

| | |
|---|---|
| 台北車站（駅）南部 | 40 |
| 台北車站（駅）北部 | 44 |
| 台北市立動物園 | 56 |
| 台北市立美術館 | 119 |
| 台北探索館 | 117 |
| 台北當代藝術館 | 118 |
| 台北二二八紀念館 | 116 |
| 台湾大学 | 54 |
| 淡水 | 62 |
| 淡水老街【淡水】 | 62 |
| 地熱谷【北投温泉】 | 61 |
| 忠孝東路 | 46、48 |
| 中山公園 | 105 |
| 中山北路周辺 | 44 |
| 中山堂 | 114 |
| 中正紀念堂 | 40 |
| 中正公園【基隆】 | 185 |
| 中正公園【大溪】 | 181 |
| 忠烈祠 | 51 |
| 迪化街 | 12、112 |
| 天燈【平溪】 | 175 |
| 天母 | 58 |
| 桃源街 | 41 |
| 頭城休閒農場【宜蘭】 | 192 |
| 東門市場 | 100 |
| 東門観光夜市【宜蘭】 | 192 |
| 鄧麗君（テレサ・テン）墓園【金山】 | 171 |
| 敦化南路 | 48 |
| **な** | |
| 内湾線【新竹】 | 183 |
| 内湾老街【新竹】 | 183 |
| 南機場夜市 | 134 |
| 南門市場 | 101 |
| 二二八和平紀念公園 | 41、105 |
| 寧夏夜市 | 45、134 |
| 猫空 | 56 |
| 猫空纜車（ロープウェイ） | 130 |
| **は** | |
| 白色階梯極緻攝影 | 121 |
| 剥皮寮歷史街区 | 43 |
| 髪集市 Hair kiss | 139 |
| 八里渡船【淡水】 | 130 |
| 八斗子観光漁港【基隆】 | 186 |
| 萬里（加投）温泉 | 171 |
| Being Spa | 138 |
| 廟口夜市【基隆】 | 185 |
| 美麗華摩天輪 | 129 |
| 富錦街 | 64 |
| 福仁宮【大溪】 | 181 |
| 平溪【平溪線】 | 174 |
| 平溪線 | 172、173 |
| 坪林 | 187 |
| 坪林茶業博物館【坪林】 | 187 |
| 北投温泉 | 60 |
| 北投温泉博物館【北投温泉】 | 61 |
| 北投文物館【北投温泉】 | 61 |
| 保安宮 | 51 |
| 北埔【新竹】 | 183 |
| **ま・や** | |
| MAJI MAJI集食行樂（MAJI SQUARE） | 15 |
| 松江市 | 101 |
| 松江路周辺 | 45 |
| 松山慈祐宮 | 103 |
| 松山文創園區 | 53 |
| 木柵 | 56 |
| 木柵観光茶園 | 57 |
| 艋舺観光夜市 | 133 |
| 野柳 | 169 |
| 野柳地質公園【野柳】 | 171 |

| | |
|---|---|
| 湯圍溝温泉公園【宜蘭】 | 193 |
| 夢工場魔法写真館 | 121 |
| 陽明山 | 168 |
| 陽明山公園 | 168 |
| 四連型日式住宅【金瓜石】 | 166 |
| **ら・わ** | |
| 羅東夜市【宜蘭】 | 194 |
| 蘭陽博物館【宜蘭】 | 193 |
| 龍山寺 | 42、102 |
| 龍山寺地下算命街（占い横丁） | 104 |
| 遼寧街夜市 | 135 |
| 林安泰古厝民俗文物館 | 114 |
| 臨江街観光夜市 | 135 |
| 林森北路 | 45 |
| 6星集足體養身会館 | 136 |
| 露天温泉浴池【北投温泉】 | 60 |
| 和平島公園【基隆】 | 186 |
| 和平老街【大溪】 | 180 |

## 餐廳・レストラン・カフェ

| | |
|---|---|
| **あ** | |
| 青田七六 | 111 |
| 青田茶館 | 122 |
| 青葉 | 66 |
| 阿柑姨芋圓【九份】 | 164 |
| 阿水獅豬腳大王 | 75 |
| 阿宗麵線 | 69 |
| 阿妹茶酒館【九份】 | 165 |
| R9 Café | 125 |
| 餡老満（吉林店） | 77 |
| 郁坊小館 | 85 |
| 一番大溪港亀山島海鮮 | 87 |
| 逸郷園 | 83 |
| 于記杏仁豆腐 | 92 |
| 梅子餐廳 | 66 |
| 永康街高記 | 70 |
| 永楽米苔目 | 69 |
| 王朝餐廳 | 81 |
| **か** | |
| 佳客多牛肉麵 | 110 |
| 卡奈基餐廳（カーネギー） | 140 |
| 閒居賦 | 109 |
| 寛心園 | 89 |
| 驥園川菜 | 85 |
| KIKI餐廳 | 78 |
| 喫飯食堂 | 110 |
| 九份茶坊【九份】 | 164 |
| 極簡咖啡館 | 124 |
| 許記生煎包 | 73 |
| 桐花客家私房料理 | 83 |
| 金雞園（好公道的店） | 71 |
| 金山客家小館 | 83 |
| 金蓬萊 | 67 |
| 金包里鴨肉ㄜ【金山】 | 170 |
| 串門子茶館 | 110 |
| 苦茶之家 | 94 |
| 鶏家荘 | 73 |
| 黒岩黒砂糖剉冰 | 92 |
| 劍江萬肉圓王 | 75 |
| 古意梅舗 | 94 |
| 紅磡新飲茶 | 80 |
| 好記担仔麵 | 87 |
| 皇宮茶坊【平溪線】 | 175 |
| 公鶏咖啡 Rooster Café & VIntage | 14 |
| 礦工食堂【金瓜石】 | 167 |
| 好小子海鮮 | 87 |
| 紅翻天 | 87 |

| | |
|---|---|
| 好樣情事 VVG action | 11 |
| 紅樓咖啡館【淡水】 | 131 |
| 咖啡小自由 | 111 |
| Gordon Biersch | 98 |
| 故宮晶華 | 109 |
| 國賓大飯店川菜廳 | 78 |
| 古早味豆花 | 92 |
| 御蓮齋 | 89 |

**さ**

| | |
|---|---|
| 濟南鮮湯包 | 71 |
| 山珍溫泉飯店【烏來】 | 190 |
| 四川吳抄手 | 78 |
| 紫藤廬 | 122 |
| 勺勺客餐館 | 85 |
| 上海故事 | 79 |
| 上海老天祿 | 73 |
| 衆流素食 | 89 |
| 朱記餡餅粥店 | 77 |
| 種福園 | 76 |
| 春水堂（松菸店） | 124 |
| 小南鄭記台南碗粿 | 75 |
| Jolly brewery＋Restaurant | 98 |
| 水心月茶房【九份】 | 131 |
| Su蔬食料理【北投溫泉】 | 89 |
| 盛園 | 71 |
| 鮮芋仙（忠孝店） | 95 |
| 穿石CHANTEZ | 125 |
| 雙連圓仔湯 | 93 |

**た**

| | |
|---|---|
| 台一牛奶大王 | 93 |
| 大三元酒樓 | 81 |
| 大來小館 | 67 |
| 台湾媳婦 | 66 |
| 竹里館 | 123 |
| 長白小館 | 84 |
| 潮品集 | 80 |
| 陳三鼎 | 95 |
| 鼎王麻辣鍋 | 84 |
| 鼎泰豐 | 71 |
| 天香回味 | 84 |
| 天香樓 | 79 |
| 點水樓（復興店） | 79 |
| 天厨菜館 | 76 |
| 豆花莊 | 93 |
| 東區粉圓 | 94 |
| 度小月 | 74 |
| 塗姆埔里小吃 | 74 |

**な・は**

| | |
|---|---|
| 人和園雲南菜 | 81 |
| 合歡茶宴風味餐廳【坪林】 | 187 |
| 蜂大咖啡 | 125 |
| 半畝院子 | 123 |
| 糜家莊 | 80 |
| 悲情城市（小上海茶樓）【九份】 | 165 |
| 美食廣場（フードコート） | 90 |
| フードコート | 90 |
| 富貴陶園【鶯歌】 | 177 |
| 北義極品 | 98 |
| 北平都一處 | 76 |
| 北埔食堂【新竹】 | 183 |
| 北海漁村 | 87 |
| 波麗路（ボレロ） | 113 |

**ま・や**

| | |
|---|---|
| 馬祖麵店 | 69 |
| MAYU CAFÉ | 124 |
| 丸林魯肉飯 | 73 |
| 明月湯包（支店） | 71 |
| 村子口眷村風味小館 | 73 |
| 茂園 | 67 |

| | |
|---|---|
| 耀紅名茶 | 123 |
| 姚茶館 | 181 |

**ら**

| | |
|---|---|
| La Brasserie | 140 |
| 蘭花廳 | 74 |
| 龍門客棧餃子館 | 77 |
| 林東芳牛肉麵 | 69 |
| 老王記桃源街牛肉麵 | 69 |
| 老牌公園號 | 95 |

**現地語**

| | |
|---|---|
| 你家我家客家菜 | 83 |
| 鈺善閣 | 89 |

## ショップ・商店街

**あ**

| | |
|---|---|
| IT街（電子街） | 46、157 |
| à la sha | 153 |
| 阿蘭草仔粿【九份】 | 164 |
| 蔵藁手工布包 | 153 |
| 意思意思 | 155 |
| 一成蔬果店 | 97 |
| 印花樂 | 151 |
| 雲彩軒 | 148 |
| 烏來瑪拉斯【烏來】 | 190 |
| 永久號 | 144 |
| 永樂市場 | 152 |
| 站前地下街 | 157 |
| ExPO | 10 |
| 遠東SOGO復興館 | 156 |
| 圓融坊 | 149 |

**か**

| | |
|---|---|
| 佳徳糕餅 | 143 |
| 花生騷 | 151 |
| 合勝堂 | 112 |
| 家樂福Carrefour重慶店 | 145 |
| 薰風堂 | 147 |
| 建國假日玉市／花市 | 47、155 |
| 光華観光玉市 | 155 |
| 光華商場（光華數位新天地） | 157 |
| 康喜軒【三峽】 | 179 |
| 紅海棠 | 158 |
| 好,丘（MAJI SQUARE） | 15 |
| 好,丘（四四南村） | 148 |
| 香草舗子 | 11 |
| 廣方圓 | 146 |
| 故宮博物院ショップ（多寶格） | 109 |
| 小熊媽媽DIY | 153 |
| 5號深藍【九份】 | 165 |
| 伍宗行 | 144 |
| 五分埔 | 157 |

**さ**

| | |
|---|---|
| The Nine 烘焙坊 | 143 |
| 山山來茶 | 11 |
| 三普古董商場 | 155 |
| 鹿皮商店 Loopy | 14 |
| 繡 Xiu Crafts | 153 |
| 眾藝埕 | 113 |
| 16工房 | 149 |
| 小格格鞋坊 | 153 |
| 小器生活道具 | 14 |
| 小藝埕 | 12、112 |
| 小茶栽堂（永康旗艦店） | 146 |
| 新光三越百貨信義新天地店 | 156 |
| 臻味茶苑 | 147 |
| 信義商圏 | 52 |
| 新純香 | 147 |
| 新亦勝 | 144 |

| | |
|---|---|
| 神農市場 | 15、158 |
| 誠品信義店 | 156 |
| 誠品生活松菸店 | 10 |
| 誠品敦南店 | 49 |
| 雙連朝市 | 100 |

**た**

| | |
|---|---|
| 戴記茶坊【三峽】 | 179 |
| 大潤發RT-MART中崙店 | 145 |
| 台北之家 | 151 |
| 台湾好,店 | 148 |
| 達文西瓜芸文館【大溪】 | 181 |
| 頂好商圏 | 49 |
| 頂好Wellcome超市長春店 | 145 |
| 冶堂 | 110 |
| 長安樂器 | 154 |
| 天和鮮物 | 158 |
| 東區商圏 | 49 |
| 陶作坊鶯歌旗艦店【鶯歌】 | 178 |
| 糖村Sugar & Spice | 143 |
| 東門市場 | 100 |
| 問屋街（華陰街） | 157 |

**な〜ま**

| | |
|---|---|
| 南門市場 | 101 |
| Have a Booday 蘑菇 | 150 |
| 東區商圏 | 49 |
| 微熱山丘 | 143 |
| 百果園 | 97 |
| 百勝堂 | 113 |
| 富宇茶行 | 147 |
| 風清堂【鶯歌】 | 178 |
| 文化壺藝茗坊【鶯歌】 | 178 |
| 松江市場 | 101 |
| MaMa手創精品 | 150 |
| 繭裏子 | 150 |
| 萬年商業大樓 | 156 |
| 民藝埕 | 13、113 |

**や・ら**

| | |
|---|---|
| 有記名茶 | 146 |
| 李堯棉衣店 | 149 |
| 李鵠餅店【基隆】 | 186 |
| 林復振 | 113 |
| 林豐益商行 | 113 |
| 禮好 LiHo | 11 |
| 聯藝埕 | 13 |
| 六安堂 | 113 |

## ホテル・旅館

**あ**

| | |
|---|---|
| 亞都麗緻大飯店（ランディス） | 197 |
| 逸寛文旅大安館（ホームホテル） | 200 |
| 圓山大飯店（グランド） | 199 |
| 王朝大酒店（サンワールド・ダイナスティ） | 199 |

**か**

| | |
|---|---|
| 凱統大飯店（KDM） | 204 |
| 華泰王子大飯店（グロリア・プリンス） | 200 |
| 華麗大飯店（フェラリー） | 203 |
| 喜瑞飯店（アンビエンス） | 204 |
| 京都商務旅館（キョウト） | 203 |
| 兄弟大飯店（ブラザー） | 200 |
| 九重町客棧【九份】 | 163 |
| 君品酒店（パレ・デ・シン） | 196 |
| 慶泰大飯店（ガーラ） | 201 |
| 香格里拉台北遠東國際大飯店（シャングリ・ラ） | 198 |
| 康華大飯店（ゴールデン・チャイナ） | 201 |
| 國聯大飯店（ユナイテッド） | 204 |

**さ**

| | |
|---|---|
| 三徳大飯店（サントス） | 201 |
| 三二行館（ヴィラ32）【北投温泉】 | 127 |
| 燦路都飯店（サンルート） | 203 |
| 春天酒店（スプリング・シティ）【北投温泉】 | 126 |
| 城市商旅（台北南西館）（シティ・スイート） | 200 |
| 捷絲旅（西門町館）（ジャスト・スリープ） | 203 |
| 新驛旅店（台北車站二館）（シティ・イン） | 203 |
| 新驛旅店（西門捷運店）（シティ・イン） | 203 |
| 神旺大飯店（サン・ウォント） | 200 |
| 新仕商務旅店（シンシー） | 204 |
| 水美温泉会館（スイート・ミー）【北投温泉】 | 126 |
| 誠品行旅 | 197 |

**た**

| | |
|---|---|
| 台北大倉久和大飯店（オークラ プレステージ台北） | 197 |
| 台北凱撒大飯店（シーザーパーク） | 198 |
| 台北華國大飯店（インペリアル） | 198 |
| 台北寒舍艾美酒店（ル・メリディアン） | 196 |
| 台北君悦酒店（グランドハイアット） | 196 |
| 台北國賓大飯店（アンバサダー） | 199 |
| 台北晶華酒店（リージェント） | 199 |
| 台北商旅（慶城館）（レ・スイート） | 199 |
| 台北西華飯店（シャーウッド） | 197 |
| 台北W飯店（ダブリュー） | 196 |
| 台北喜来登大飯店（シェラトン） | 196 |
| 台北花園大飯店（ガーデン） | 199 |
| 台北福華大飯店（ハワード・プラザ） | 198 |
| 台北馥華商旅（フォワード） | 201 |
| 台北馥敦飯店馥寓（フラートン） | 201 |
| 台北碧瑤飯店（バギオ） | 202 |
| 丹迪旅店（天津店）（ダンディ） | 202 |
| 長榮桂冠酒店（エバーグリーン） | 198 |
| 天成大飯店（コスモス） | 202 |
| 東呉大飯店（トンウー） | 204 |

**は**

| | |
|---|---|
| 蜂巢旅店（ビーハウス） | 204 |
| 美麗信花園酒店（ミラマーガーデン） | 199 |
| 富園國際商務飯店（リッチガーデン） | 201 |
| 馥華商旅敦北館（シンプルホテル） | 200 |
| 福泰桔子商旅（林森店）（オレンジ） | 201 |
| 福容大飯店淡水漁人碼頭（フーロン・タンスイ）【淡水】 | 197 |
| 璞石麗緻温泉会館（ボーズ・ランディス）【烏來】 | 127 |

**や・ら**

| | |
|---|---|
| 優美飯店（ヨミ） | 202 |
| 緑峯大飯店（グリーン・ピーク） | 201 |
| 老爺大酒店（ロイヤル・タイペイ） | 198 |

# Staff

Producer
　㈲海風　Hyfong Ltd.
　　横山　透　Toru YOKOYAMA
Writers & Editors
　　川合章子　Shoko KAWAI
　　高砂雄吾　Yugo TAKASAGO
　　張　素鷺　Suluan ZHAN
　　横山和希　Kazuki YOKOYAMA
　　国永美智子　Michiko KUNINAGA
　　倉島姿寿賀　Shizuka KURASHIMA
　　古屋順子　Junko FURUYA
　　岩城真衣子　Maiko IWAKI
Photographers
　　淵崎昭治　Aki FUCHISAKI
　　横山　透　Toru YOKOYAMA
　　福村晃司　Koji FUKUMURA
Designers
　　保田　薫　Kaoru YASUDA
　　浅石久美子　Kumiko ASAISHI
　　岡本倫幸　Tomoyuki OKAMOTO
　　オムデザイン　OMU
　　　道信勝彦　Katsuhiko MICHINOBU
　　山戸公尚　Kimihisa YAMATO

Cover Designer
　鳥居満智栄　Machie TORII
Map Production
　㈱千秋社　Sensyu-sya
　　小島三奈　Mina KOJIMA
Map Design
　㈱チューブグラフィックス　TUBE
　　木村博之　Hiroyuki KIMURA
Desktop Publishing
　㈱千秋社　Sensyu-sya
　　竹入寛章　Hiroaki TAKEIRI
Editorial Cooperation
　㈱千秋社　Sensyu-sya
　　田川文子　Ayako TAGAWA
　　舟橋新作　Shinsaku FUNAHASHI
　㈲ナノネット　NANO-NET
　　宮川典子　Fumiko MIYAKAWA
　　阿多静香　Shizuka ATA
Special Thanks to :
　　台湾観光協会東京事務所
　　台北駐日經濟文化代表處
　　中華民国交通部観光局
　　台湾休閒農業発展協会（邱　翔羚）
　　國立故宮博物院
　　卜　文孝　Eric BU
　　曾　嘉汝
　　周　怡伶

わがまま歩き…㊲「台北」　　　　　　　　　　　　　ブルーガイド
2019年11月25日　第5版第1刷発行

編　集 ………ブルーガイド編集部
発行者 ………岩野裕一
ＤＴＰ ………㈱千秋社
印刷・製本 … 大日本印刷㈱

発行所 ……株式会社実業之日本社　www.j-n.co.jp
　　〒107-0062　東京都港区南青山5-4-30　CoSTUME NATIONAL Aoyama Complex 2F
　　　電話【編集・広告】☎03-6809-0452　【販売】☎03-6809-0495

●本書の一部あるいは全部を無断で複写・複製（コピー、スキャン、デジタル化等）・転載することは、法律で定められた場合を除き、禁じられています。
また、購入者以外の第三者による本書のいかなる電子複製も一切認められておりません。
●落丁・乱丁（ページ順序の間違いや抜け落ち）の場合は、ご面倒でも購入された書店名を明記して、小社販売部あてにお送りください。送料小社負担でお取り替えいたします。ただし、古書店等で購入したものについてはお取り替えできません。
●定価はカバーに表示してあります。　●実業之日本社のプライバシー・ポリシー（個人情報の取扱い）は、上記サイトをご覧ください。
©Jitsugyo no Nihon Sha, Ltd. 2019　ISBN978-4-408-06046-0（第一BG）　　Printed in Japan